JULES DE GAULTIER

De Kant à Nietzsch

PARIS

SOCIÉTÉ DV MERCVRE DE FRANCE

XV, RVE DE L'ÉCHAVDÉ-SAINT-GERMAIN, XV

MCM

DE KANT A NIETZSCHE

JUSTIFICATION DU TIRAGE

JULES DE GAULTIER

DE KANT

A NIETZSCHE

PARIS
SOCIÉTÉ DV MERCVRE DE FRANCE
XV, RVE DE L'ÉCHAVDÉ-SAINT-GERMAIN, XV

MCM

1,

INTRODUCTION

Sous ce titre *De Kant à Nietzsche* quel sera l'objet de ces pages? Une histoire complète et érudite des systèmes métaphysiques apparus depuis l'un jusqu'à l'autre de ces philosophes, un précis ou une encyclopédie de la pensée humaine durant un siècle? Nullement. Non pas qu'il soit sans intérêt de traiter la philosophie comme une science historique, d'en assembler indifféremment toutes les manifestations et de les présenter comme des documents sur les formes diverses de la mentalité. Mais en dehors de cette valeur de faits physiologiques, de pétitions d'un tempérament donné, à laquelle se réduisent la plupart des systèmes philosophiques et par où ils ne nous renseignent que sur les particularités ethniques ou les catégories cérébrales de leurs auteurs, on reconnaîtra ici, avec Kant, à la philosophie, définie et restreinte en des limites précises, la valeur d'une science exacte, susceptible d'une construction complète. Avec Kant la philosophie sera considérée comme critique de la Connaissance, comme description des modalités et des limites de la faculté de connaître. Ainsi circonscrite, elle bénéficiera du caractère de certitude dévolu à toutes les sciences qui, comme les mathématiques, la géométrie et la logique, traitent de la forme seulement de l'esprit et ne s'aventurent pas, à la suite des sciences naturelles et historiques, à explorer son contenu. Tandis que celles-ci sont réduites à n'assembler qu'un système de causes et d'effets plus ou moins étendu, sans pouvoir atteindre jamais une cause première qui nécessite toutes les autres et les résorbe finalement en elle-même, tandis qu'elles sont ainsi condamnées à demeurer toujours inachevées, les sciences qui n'ont trait qu'à la forme de la Connaissance comportent une construction immédiate et définitive : chacune de leurs propositions entraîne avec elle un caractère de nécessité.

C'est cette science de la forme et des limites de notre faculté de connaître dont on se propose ici de préciser les conclusions, de définir le rôle et la portée, de mettre en scène en quelque sorte l'épopée. Or, il nous faudra parvenir, à travers les détours de la pensée philosophique, jusqu'à *la Critique de la raison pure*, simplifiée et fortifiée par les commentaires analytiques de Schopenhauer, pour découvrir les axiomes et les théorèmes qui composent cette législation de la mentalité. N'y a-t-il pas lieu de s'étonner de ce qu'une science aussi élémentaire et qui décide de la légitimité de toutes les autres ait été formulée pour la première fois à une époque aussi récente et après tant de siècles de spéculations métaphysiques? N'y a-t-il pas lieu de s'étonner davantage si l'on considère que, à peine constituée, cette science a été reniée par celui-là même qui l'avait déduite?

La période qui s'étend depuis Kant jusqu'à Nietzsche offre, au point de vue de cet étonnement et du problème qu'il suscite, un spectacle d'un intérêt prodigieux : car tandis qu'au cours des âges précédents les lois de l'Intellect sont cachées, elles sont alors exposées en plein jour. Or, si l'on met à part Schopenhauer — et quelques esprits philosophiques qui surent dès lors se confiner dans la science — on constate que jamais aucune époque ne vit éclore floraison plus abondante de systèmes métaphysiques conçus au mépris de toutes les lois de l'Intellect. Sous des apparences rationnelles, tous les concepts de l'ancienne théologie, malgré la condamnation qui les a bannis, sont accueillis et remis en honneur. Jamais l'esprit des philosophes ne déploya tant d'artifices, de ruse subtile, d'obstination et d'ardeur qu'il n'en fit voir alors pour assurer la restauration de ces principes détrônés. Jamais on n'enfla de telle sentimentalité pathétique d'aussi creuses idées. Mais cet effort est symptomatique : il nous signifie qu'un grand combat se livre ici entre les forces cachées qui mènent la Vie — et nous invite à pénétrer le mystère de ces combattants masqués. On recherchera donc dès le début de cette étude une explication de nature à prévenir l'étonnement, à faire connaître quelles sont les conditions de la lutte engagée, quel enjeu s'y trouve disputé. On comprendra alors, sous le jour de cette initiation, que si la partie est inégale entre l'évidence scientifique et les illusions anciennes, ce n'est pas de la façon qu'on eût pu croire.

On sera de la sorte averti qu'aucun appoint ne doit être négligé, si l'on veut dégager la science de la Connaissance des embûches dressées contre elle et la faire apparaître en sa réalité devant quelques esprits plus soucieux de connaître que de croire — c'est là une catégorie que l'on institue, et rien de plus. Aussi mettra-t-on à profit la clairvoyance de Schopenhauer et, du haut Hymalaïa retrouvé où il a conduit l'esprit spéculatif, montrera-t-on la brèche déloyale que pratiqua Kant lui-même pour s'évader, sur l'aile des vieux dogmes, du royaume de l'Intellect qu'il avait circonscrit. On considérera avec curiosité le même exode accompli par nombre de philosophes vers les terres anciennes de la théologie érigées en provinces rationalistes, puis on clora d'une palissade cette brèche par où la philosophie d'état, outrepassant les bornes scientifiques de la connaissance, continue d'enseigner, non sans piété, la mythologie bourgeoise de la *raison pratique*.

Cette entreprise aura pour effet de réunir en un faisceau lumineux les lois strictes de l'Intellect. La projection de cette lumière assemblée, dissipant les fantômes de la théodicée, créera au point de vue de l'ancienne métaphysique un état de nihilisme absolu. Or ce nihilisme qui ne laisse place à aucune des idées de *chose en soi*, de *cause première*, de *finalité dernière*, de *substance*, *d'unité*, de *bien en soi*, de *liberté*, ce nihilisme métaphysique a été accepté dans son intégrité et sans arrière-pensée par Nietzsche, premier des philosophes idéalistes.

Montrer le progrès de la Critique idéaliste depuis Kant jusqu'à Nietzsche, telle sera donc la première étape de cette marche à travers les idées. La course du lendemain se poursuivra à travers des espaces où croissent obstinément les interrogations et les inquiétudes de la conscience humaine au sujet de sa destinée. Car il faut se garder d'oublier que cette angoisse est seule mère de la pensée, a seule engendré tous les moyens de la recherche philosophique. Un pourquoi enfantin, devenu urgent et douloureux chez ceux qui atteignent la puberté de l'esprit, telle est la source et la justification des méditations les plus abstraites. Kant l'entendait bien ainsi. A sa définition de la philosophie critique prise comme science des limites de la faculté de connaître, il en oppose une autre fondée sur la considération concrète du besoin moral. Mais, préjugeant les conclusions de sa première enquête, il les formule ainsi : « Les problèmes inévitables de la raison pure sont *Dieu*, la *liberté* et l'*immortalité*; on appelle *métaphysique* la science dont le but dernier est la solution de ces problèmes et dont toutes les dispositions sont uniquement dirigées vers cette fin. »

Avec le même souci de maintenir cette recherche dans les limites de son objet immédiat et humain, on se montrera toutefois strictement respectueux des conclusions négatives de la Critique. On se demandera si ces conclusions, demeurées avec Kant lettre morte, formules algébriques, accessibles à un petit nombre d'esprits spéculatifs, reniées d'ailleurs par le parti pris de moralité ancienne de leur auteur, ne sont pas destinées avec Nietzsche à accomplir une révolution dans les consciences. Kant ne fut qu'un cerveau scientifique, ordonné avec perfection, évoluant dans l'abstrait, loin du réel, dépourvu de toute chaleur, de tout rayonnement. Il ne possédait aucune des qualités requises pour propager, l'eût-il voulu, ses idées dans la vie. Nietzsche, par contre, est une sensibilité d'une violence extraordinaire : l'idée abstraite, conçue par lui avec une merveilleuse clarté, a d'immédiats retentissements dans l'homme tout entier, déchaîne le drame intérieur, se transmue en sentiments, en passions, en colères, en dédains, en toutes choses vivantes et qui s'épandent. Son scepticisme d'esprit est dogmatisme de volonté. Son indifférence même est frénésie. Nietzsche est poète et la violence de son âme se transmue tout entière en l'ardeur de son verbe. A travers les mots des langues étrangères, comme à travers ceux de sa langue natale, la trépidation de sa pensée communique son rythme à l'esprit des lecteurs. Il agit sur les tempéraments mêmes; il est une suggestion et une hypnose ; il soulève les volontés et les déplace, seule manière qui soit efficace pour changer les convictions. Il est donc permis de supposer qu'une telle force de persuasion mise au service de déductions logiques, de concepts évidents et comme mathématiques, est appelée à faire irruption hors des limites de la curiosité purement philosophique, à atteindre et à modifier le sentiment moral en manifestant l'évidence jusqu'ici méconnue de la Critique négative Kant.

Dans l'hypothèse de cette prévision réalisée, le problème philosophique sera posé en ces termes auxquels Nietzsche a souscrit : étant donné que la chose en soi, qu'une substance simple et libre ne sont point objets de connaissance, quel est d'une part le sens de la Vie? Une explication de l'Univers est-elle possible? L'inquiétude métaphysique peut-elle être assouvie et calmée? D'autre part, comment vivre? Une morale peut-elle être constituée? Si elle peut l'être, quelles seront les données de cette morale?

L'INSTINCT VITAL, PLATON, LE JUDAISME

> Reconnaître le non-vrai comme condition de vie.
> (NIETZSCHE, *Par de là le Bien et le Mal.*)

I. Le non-vrai étant posé comme condition de vie, comment une science de la connaissance est-elle possible ? — II. Loi générale selon laquelle se forme dans un groupe humain la fiction nécessaire à la Vie. — III. Le monothéisme, fiction vitale des races d'Occident depuis dix huit cents ans. Sa double source : la Grèce et la Judée. — IV. Platon, transformant une théorie de la Connaissance en une ontologie, fonde le theisme rationaliste. — V. Formation dans la Bible du monotheisme dogmatique; le Dieu hors du monde devient logiquement un Dieu hors de la raison. — VI. Comment, sous la protection du dogme, le rationalisme theiste se fortifie; sa bassesse intellectuelle et son utilite vitale. — VI. Comment dans le sanctuaire le plus pur du dogme, la raison pure est respectee. — VII. Attitude de Kant en presence de la fiction platonicienne.

I

Nietzsche a hasardé d'abord, pour la mettre en lumière ensuite avec une force singulière, cette hypothèse : se pourrait-il que la vérité ne fût pas une condition de vie ? Il a posé le problème de la valeur du vrai, et a conclu à la nécessité d'une enquête. « Quelle que soit, a-t-il dit, la valeur qui pourrait échoir à ce qui est vrai, véridique et désintéressé, peut-être faudrait-il reconnaître à l'apparence, à la volonté d'illusion, à l'égoïsme, au désir, une valeur plus haute et plus fondamentale pour tout ce qui concerne la vie (1). » « La fausseté d'un jugement, exprime-t-il encore, n'est pas pour nous une objection contre un jugement... La question est celle-ci : dans quelle mesure entretient-il la vie (2)? » et il incline à penser que les jugements les plus faux sont les plus indispensables à l'existence.

On sait que Nietzsche, en réaction contre le pessimisme de Schopenhauer, en raison d'un ascétisme qui fut le principe déterminant de ses actes et de ses préférences, s'est constitué le champion de la Vie. Qu'elle soit bonne ou mauvaise, elle est donnée, elle est ce qui existe; il veut être avec elle. Il a résolu de se réjouir de son exubérance, d'aimer ce qui la favorise et la rend plus intense, de haïr et de combattre ce qui la déprime et l'avilit. « S'il m'est démontré, a-t-il dit, que l'erreur et l'illusion peuvent servir au développement de la vie, je dirai « oui » à l'erreur et à l'illusion ; s'il m'est démontré que les instincts qualifiés de *mauvais* par la morale actuelle, — par exemple, la dureté, la cruauté, la ruse, l'audace téméraire, l'humeur batailleuse sont de nature à augmenter la vitalité de l'homme, je dirai « oui » au mal et au péché (3). » Il n'est pas besoin, pour l'intérêt de ce qui va suivre, de se prononcer avec Nietzsche en faveur de la Vie ou de la condamner avec Schopenhauer. L'une et l'autre de ces sentences sont

(1) Fredéric Nietzsche · *Par dela le Bien et le Mal*, traduit par L. Weiscopf et G. Art, p. 5. Ed. in-8 du Mercure de France.

(2) *Ibid.*, p. 6.

(3) Henri Lichtenberger : *La Philosophie de Nietzsche*, p. 104. Alcan.

également légitimes ; elles ne font qu'exprimer le rapport avec l'existence de celui qui les porte. La vie est glorifiée ou répudiée, affirmée ou niée selon qu'elle est perçue en joie ou en douleur, cela revient à dire, selon qu'elle apparaît avec intensité en celui-ci et y fait éclater la joie orgueilleuse de sa force, ou selon qu'elle se retire de celui-là et y défaille. — Mais qu'il y ait antinomie entre existence et connaissance, que l'exubérance de la vie soit en raison directe de la solidité du mensonge qui soutient la vie, tels sont les postulats en faveur desquels on emprunte créance jusqu'à ce qu'ils apparaissent, à la suite de l'analyse des lois de la Connaissance, comme la conséquence nécessaire ou le substratum de ces lois mêmes.

A l'hypothèse hasardée, puis acceptée par Nietzsche, selon laquelle la vie a pour support une illusion, un mensonge, on ajoutera ce corollaire : l'état de connaissance va à détruire la Vie. Parmi tous les instincts qui, selon la juste remarque de Nietzsche, tendent tour à tour à philosopher, à s'ériger en cause première, en premier mouvement, l'Instinct de Connaissance occupe un rang à part. Il ne vient pas en concours avec les autres, mais d'un côté sont tous ces autres instincts qui favorisent la Vie, — dans un camp opposé se tient seul l'Instinct de Connaissance, qui menace toujours de l'anéantir.

Cette constatation explique la lenteur de la métaphysique à se constituer comme science de la Connaissance. Tandis qu'elle n'est d'aucune utilité pour entretenir et développer la Vie, tandis qu'elle est même pour la Vie un danger, il est des illusions fécondes : ce sont elles qui de tout temps ont été enseignées sous le nom de théologie ou de philosophie, et c'est à juste titre que les sociétés, les états, les gouvernements favorisent cet enseignement ; on ne saurait, en effet, s'étonner de ce que, représentants de la Vie dans l'humanité, ils s'efforcent de propager ce qui fortifie la Vie. Une illusion ancienne n'est jamais détruite et ne peut l'être que par une illusion nouvelle venant commander à son tour. Lorsqu'une morale s'élève à l'encontre d'une précédente, ses chances de triomphe sont liées à l'erreur qu'elle dissimule, au principe d'illusion plus ou moins fécond dont elle dotera l'humanité. Les grands hommes d'action ne se placent jamais à un autre point de vue. Ils se préoccupent de l'efficacité d'une idée, de son aptitude à produire des actes. On conçoit, d'autre part, que des artistes se préoccupent de sa beauté représentative ; mais qui la vérité d'une idée saurait-elle intéresser ? Pourtant ce souci existe chez quelques-uns : c'est là ce dont il convient maintenant de s'étonner et de rechercher la raison d'être. *Comment la Vie laisse-t-elle place à la manifestation de son contraire, l'état de Connaissance qui, dissipant l'illusion nécessaire à la Vie, met la Vie en péril ?*

Cette singulière complaisance ne peut s'expliquer que par une arrière-pensée, par un dessein prémédité, par un calcul, en quelque sorte, politique. Etant donné que la Vérité, prise comme fin de la Connaissance, favorise un état contraire à la Vie, on conçoit que l'appétit de connaître va se manifester chez ceux-là en qui la Vie décline. Or, que cet état de déclin parvienne à se formuler, qu'il soit toléré avec les divulgations qu'il comporte, avec la trahison qu'il implique des intérêts mêmes de la Vie, cela ne peut avoir qu'un sens, cela nous avertit qu'un semblable état peut être encore utilisé — pour la Vie. Et, de fait, si la vérité ne parvient jamais à s'instaurer elle-même, on la voit parfois merveilleusement efficace à briser le ressort des illusions anciennes. Ainsi, elle prépare et facilite l'avènement d'un nouveau mensonge : « Donne-moi donc, je te prie..., un masque de plus, un second masque (1) », demande le passant énigmatique de l'œuvre de Nietzsche, au curieux compatissant qui le veut secourir. La Vie est possédée d'un besoin de dissimulation plus profond que ce passant qui, par pudeur, cache sa plaie. Qu'elle cache son néant ou son mystère, elle se montre pourvue d'un assortiment inépuisable de masques de toute espèce. Aussi dès que l'un de ceux-ci commence à se détacher de sa surface vaut-il mieux sans doute qu'il soit arraché. L'Instinct de Connaissance remplit ici son office destructeur, il le remplit tout entier : « Je suis l'esprit qui toujours nie et certes avec raison », prononce le Méphistophélès de Gœthe; « car tout ce qui existe n'est bon qu'à s'en aller en ruines et il serait mieux s'il n'existait rien. » L'Instinct de Connaissance pourrait tenir le même discours. Il en assume sans effroi la responsabilité. Son essence

(1) *Par delà le Bien et le Mal*, p. 241.

est nihiliste : il n'apparaît point qu'il ne ruine. Mais en accomplissant cette tâche où il se satisfait, il n'est, à vrai dire, qu'un moyen utilisé par un instinct plus fort. Car si les vieilles idoles sont par lui renversées, la Vie, toute puissante et multiforme, en élève aussitôt de nouvelles. L'intervention de la Connaissance a donc en définitive pour effet de faciliter l'avènement d'un culte nouveau mieux en rapport avec les conditions modifiées du spectacle, avec l'obscurité variable en degré, mais toujours nécessaire à la Vie tant qu'elle assiste aux projections magiques sur la toile phénoménale des ombres où elle se représente et tâche de se saisir.

Un moyen et une menace pour la Vie, telle apparaît donc la science de la Connaissance pure : ce double aspect explique en même temps comment *la Critique de la Raison pure* fut possible, pourquoi elle fut conçue à une époque aussi tardive, comment, à peine constituée, elle fut reniée puis combattue avec outrance. Qu'elle puisse être un moyen, cela nous engagera à rechercher si, à ce titre, elle a déjà accompli toute sa tâche. Y a-t-il donc quelque chose de modifié à la suite de sa courte intervention, se demandera-t-on, et n'est-ce point toujours l'heure d'un nouveau décor? La venue d'un philosophe à la manière de Nietzsche semble une réponse à cette interrogation et nous induira à rechercher, derrière l'illusion actuelle, à supposer qu'elle soit réellement compromise et moribonde, les modes possibles d'une illusion nouvelle, plus solide, protégeant mieux la Vie, entretenant plus sûrement l'ombre où elle prospère.

Ainsi, sous les idées abstraites qui semblent occuper à travers les âges la scène philosophique, se tiennent cachées les réalités les plus concrètes. Comme des dieux mythologiques masqués derrière les apparences naturelles, l'Instinct de Connaissance et l'Instinct vital, dissimulés sous les apparences métaphysiques, sont aux prises. Les pages qui vont suivre seront une sorte de récit légendaire, dont il a fallu, ainsi que dans les vieux mystères, présenter les personnages et faire pressentir les péripéties. Si l'action comporte entre les deux antagonistes des épisodes tragiques, un comique transcendant n'y fait point défaut. D'autre part, le spectacle de la Vie continuant son cours nous renseigne d'avance sur l'issue du duel engagé. Nous savons que l'Instinct vital est le triomphateur toujours élu par le sort. Cela n'empêchera pas sans doute que, parmi les spectateurs de ce combat, il n'en soit quelques-uns que d'intimes analogies inclineront à prendre parti pour le vaincu et à sourire de la grossièreté du vainqueur. Ils trouveront, au cours de ce récit, pâture pour leur sympathie secrète : car jamais l'Instinct vital ne fut plus dangereusement menacé et n'apparut en posture moins noble que durant cette période où, terrassé par *la Critique de la Raison pure*, il emploie pour se défendre les procédés de la lutte la plus discourtoise, les attitudes les plus burlesques, les arguments de la dialectique la plus creuse.

II

A vrai dire, lorsque l'Instinct vital se formule dans une race, il n'est question, à l'origine, ni du vrai, ni du non-vrai, mais seulement de ce qui est utile à cette race.

Un groupe humain est d'abord semblable à un corps de la nature, doué de vertus chimiques auxquelles il obéit aveuglément, à une plante qui réclame des conditions spéciales d'atmosphère et de lumière, que des circonstances favorables développent et multiplient, que l'hostilité du milieu atrophie. C'est la véritable réalité de ce groupe, d'être un élément *distinct* d'autres éléments, pourvu de propriétés *particulières*, d'actions et de réactions précises et *spéciales*. C'est par là qu'il est cette chose mystérieuse, rebelle à tout pourquoi, la Vie. Mais le groupe humain prend *lui-même* conscience de *lui-même*, de ce qui lui est nuisible, de ce qui lui est utile. Il va faire pour lui-même ce que tout savant fait pour les corps chimiques qu'il veut conserver, ce que tout horticulteur fait pour la plante qu'il cultive. Le savant place ses cristaux dans les conditions de sécheresse qui leur sont propices, il les protège par des enveloppes de verre hermétiquement closes contre l'humidité possible de l'air. Il entretient autour de ses mélanges la température stricte qui leur convient. L'horticulteur témoigne pour ses plantes du même souci. Si le sol est trop pauvre ou trop riche autour d'elles, il le modifie. Il les défend aussi contre elles-mêmes, modère l'exubérance de leur sève, émonde leurs feuilles et leurs branches. Le groupe humain prend contre le milieu ambiant et contre sa propre tendance intérieure les mêmes mesures de défense. Tout ce qui lui est utile, il se le prescrit, tout ce qui lui est nuisible, il se l'interdit.

Quelque grand homme apparaît à l'origine de tout peuple qui se fonde; il est celui en qui l'instinct de la race prend la meilleure conscience de lui-même, de ses besoins, de ses nécessités vitales. Il est le législateur et le sacerdote : au nom de l'Instinct vital, de l'Instinct de bonheur du groupe, il formule une hygiène physique et morale, il codifie toutes les mesures propres à régler les attitudes, à déterminer les actes en vue d'assurer la force, la durée, le bonheur, la puissance du groupe. Pour garantir l'observance de ces préceptes, il leur donne le caractère de lois extérieures, il édicte un système de peines et de récompenses immédiates, puis institue des fictions riches de promesses et de menaces afin d'agir, par des images, au delà des contraintes exécutoires, sur l'esprit des hommes. C'est ainsi que l'Instinct vital, dans la plénitude de sa force, mais prévoyant son déclin, investit le mensonge conservateur d'une autorité souveraine. Il n'a en vue que vivre et prolonger sa durée. Aussi confère-t-il l'existence réelle à tout ce qui peut le servir. Il ordonne avec les morales l'ensemble des manières d'être qui lui sont favorables; pour fortifier l'empire des morales, il invente les paradis, fonde des théogonies, des religions, une philosophie élémentaire renfermant une conception plus ou moins nette de la personne humaine, de ses destinées, du monde et de son principe. Cet ensemble de notions est formulé en dehors de tout contrôle intellectuel, de toute donnée expérimentale : mais par ce fait, et c'est là ce qu'il faut fortement concevoir, même lorsqu'il comporte des assujettissements cruels, des pratiques douloureuses, des menaces terribles et précises en regard de promesses vagues et conditionnelles, cet ensemble de notions émane du meilleur instinct du groupe social, de son instinct le plus conservateur de soi-même. Il représente, à l'époque où il s'est formé, et pour un long avenir, le maximum de bonheur ou de vitalité réalisable par ce groupe. Tout ce qui sera entrepris contre cette somme sera combattu par le meilleur instinct du groupe, par l'élément demeuré en lui le plus vital.

Les fictions qui seront utiles plus tard au groupe social se donnent donc tout d'abord pour des lois sans souci de justifier leur réalité. Elles se présentent sous forme de dogmes. Tant que le groupe demeure animé de toute sa force, il ne songe point à les discuter et à leur demander leurs titres. Mais sitôt que cette force décroît, sitôt qu'une vitalité moindre se traduit par une aptitude moindre à créer l'illusion nécessaire à la vie, comme une plante que sa propre sève ne maintient plus rigide et qu'il faut soutenir par un artifice, le groupe social réclame pour sa foi l'appui d'un argument. Il ne lui suffit plus que les fictions soient utiles, il faut qu'il les estime *vraies*. Ce qui était, pour un groupe particulier, une attitude d'utilité particulière devra, pour conserver son autorité sur ce groupe, se farder de l'apparence d'une utilité universelle. Avec cette prétention, l'Instinct de Connaissance entre en scène : il est armé déjà pour détruire, mais il est sous l'entière dépendance de l'Instinct vital qui détourne à son profit sa force naissante. Il est assujetti à former, à côté de la fiction dogmatique, une fiction nouvelle, à côté du dogme religieux, un dogme philosophique. Il a pour mission singulière d'établir l'identité entre l'*utile* et le *vrai*, tel que la notion vient d'en être formée. Cette tâche accomplie par l'Instinct de Connaissance au service de l'Instinct vital, c'est ce qu'on a coutume de nommer une philosophie. Le vœu despotique de l'Instinct vital, sanctionné par les conclusions d'une telle philosophie, c'est ce qu'on a coutume de nommer la *vérité*. Ainsi l'Instinct vital, prévoyant les attaques futures de l'Instinct de Connaissance, s'efforce de le compromettre à sa solde, de le pervertir et de le déformer avant qu'il n'ait atteint sa croissance. Il le contraint à construire lui-même une des façades de l'édifice mensonger qu'il devra plus tard renverser, s'il parvient jamais à échapper au joug qui l'opprime.

Un mensonge religieux et un mensonge rationaliste, un dogme et une philosophie, tels sont les doubles remparts derrière lesquels tout Instinct vital prévoyant abrite ses pétitions et ses besoins, assure sa durée par delà la période de sa force et de sa spontanéité première. Tels sont les deux fantômes que la lumière crue de la Connaissance devra dissiper quand le temps sera venu d'ordonner l'intrigue phénoménale selon une affabulation nouvelle.

III

Le fiction instituée depuis environ dix-huit cents ans par l'Instinct vital pour être le ressort de son évolution parmi les races d'Occident est d'un mot le monothéisme. Un Dieu hors du monde et créateur du monde, une loi révélée soit miraculeusement, soit naturellement à la conscience de l'homme, lui signifiant un bien à pratiquer, un mal à éviter, l'homme pourvu d'un libre arbitre qui lui permet d'observer ou d'enfreindre les règles imposées, responsable donc de ses actes, capable de mérite et de démérite, justiciable de peines et de récompenses conçues tantôt selon le réalisme le plus grossier, tantôt sous des formes plus épurées, tel est le système de fictions qu'embrasse la conception monothéiste sous son aspect chrétien, après que l'on en a isolé le monothéisme musulman, plus simple et plus entièrement dogmatique. Telle quelle, il nous faut penser que cette conception fut la plus apte à favoriser le développement des races qui la formulèrent, qu'elle fut pour celle-ci l'attitude d'utilité la plus favorable. Quelle fut donc cette utilité ? Celle-ci : *susciter l'effort chez des races capables d'un effort*. Or ce mot « effort » est un terme illusoire : du moins faut-il l'interpréter. Il représente, dans le langage psychologique, et appliqué à l'activité dite humaine, strictement le même phénomène que représente le mot élasticité lorsqu'il s'agit d'une activité réputée purement physique. L'élasticité d'une force, c'est sa propriété d'évoluer entre un minimum et un maximum sous l'action de circonstances données. Or cette évolution s'accomplit fatalement dès que viennent en contact avec cette force les circonstances opportunes. Tout corps capable de se contracter sous l'action d'un refroidissement se contracte nécessairement dès que le refroidissement est donné. Il en est de même des forces plus complexes du monde physiologique. Tout être vivant pourvu d'une énergie capable de s'accroître sous l'action d'un certain climat voit son énergie s'accroître sitôt que le climat est donné. Tel est le cas de l'être humain : mais comme il prend conscience de cet accroissement de son énergie au moment précis où les circonstances déterminent cet effet, comme il est le sujet même de la modification qui se produit alors, il croit en être la cause et l'auteur méritoire. C'est dans ce sens qu'il nomme effort la réaction de son élasticité intime sous l'action des causes extérieures, réaction dont il s'attribue l'initiative et qu'il se croit maître de susciter à volonté. Or, pour cet être qui se croit libre et responsable, et dans le cas spécial de nos races d'Occident, la fiction monothéiste, avec le cortège des autres fictions qu'elle commande, — libre arbitre, mérite et démérite, responsabilité, — va représenter le phénomène extérieur qui fera produire au phénomène extérieur *homme* tout son rendement. La foi dont il s'attachera à cette fiction et l'autorité qu'il lui accordera représenteront le degré précis de son élasticité, et la mesure de l'accroissement dont pourra s'amplifier son énergie au contact des circonstances favorables. On conçoit donc comment la résistance opposée par l'Instinct vital à l'Instinct de Connaissance, menaçant de détruire la fiction utile, sera d'autant plus forte que sera plus intacte, plus favorisée par le milieu, l'énergie du groupe social où cette fiction s'est formée. Ainsi l'utilité supérieure que représente ce mensonge rendra compte de son ascendant sur toutes les parties saines du groupe social, expliquera comment il peut faire accepter, par des consciences intéressées à le croire, les raisonnements les plus manifestement faux, comment les armes les plus rouillées et les plus antiques se tournent à son service en engins redoutables dès qu'il les emploie à combattre les assauts de la Connaissance.

Tout instinct vital qui s'objective tire, a-t-on dit, la fiction qui signifie sa force d'une double origine. La fiction monothéiste n'échappe pas à cette loi et se montre avec deux racines distinctes dont l'une, vigoureuse, droite et profonde, plonge dans le tuf le plus ancien du terrain judaïque, tandis que l'autre, éparpillée en mille radicules, se crispe à la surface du sol grec. L'une avec la Bible alimentera l'arbre mensonger de la sève qui gonflera les fruits du dogmatisme, l'autre avec la dialectique platonicienne formera de ses sucs les fruits douceâtres du rationalisme dont les métis de la Connaissance et du Dogme sauront goûter la fadeur. C'est à cette seconde source qu'il nous faut étudier d'abord l'origine de la fiction monothéiste. Constituée par les soins des philosophes, elle en vient de suite aux prises avec la Connaissance. On verra donc comment celle-ci, domestiquée pour un temps, accouplée de force avec les postulats de l'Instinct vital, engendre le mensonge commandé, mensonge difforme et boiteux toutefois, blessé par les incisions de l'acier, estropié par le forceps des sophismes au moyen desquels il fallut l'arracher de la matrice violée de la raison pure.

IV

On n'est point un juge équitable des esprits si l'on ne tient compte de l'époque à laquelle ceux-ci se manifestent et du degré de la contrainte intérieure qu'ils subissent. Les conclusions de la philosophie platonicienne prêtent à sourire; mais l'invraisemblance qu'on y remarque aujourd'hui, et qui choque à vrai dire seulement quelques esprits clairvoyants, a pour cause l'influence despotique exercée à cette époque par l'Instinct des races qui aspiraient à vivre. Le monothéisme se forme au sein du polythéisme dont, à vrai dire, il diffère peu. Il en maintient le moyen essentiel : l'anthropomorphisme pris comme principe explicatif de l'Univers. Il y trouve les idées de création et de cause première qui dénotent, entre le milieu où il se prépare et celui où il va se développer, des aspirations et la forme d'une mentalité identiques. Platon est tenu, en qualité de philosophe au service de l'Instinct vital, de donner un corps à ces fictions. Or, malgré cette nécessité qui le contraint, il n'en a pas moins, à la suite des Eléates, posé sous son vrai jour et en partie résolu le problème de la Connaissance.

Poser le problème de la Connaissance, c'est s'étonner pour la première fois et s'inquiéter du rapport qui peut exister entre les objets tels que nous les percevons et les objets tels qu'ils peuvent être, c'est soupçonner pour la première fois que l'*objet* peut être différent de sa *représentation*. Quel degré de ressemblance existe-t-il entre le mouvement moléculaire qui se produit dans le cerveau et l'apparition d'un objet dans l'espace ? Dans la formation de cette apparence, quelle part faut-il accorder aux éléments mêmes qui constituent l'objet ? quel est l'apport de l'appareil cérébral ? S'efforçant d'analyser les processus du phénomène, la science observe entre les objets et diverses parties du corps humain, la rétine ou le tympan, des ondulations qui se propagent avec une vitesse variable. Comment ces ondulations invisibles et silencieuses se transforment-elles dans le cerveau en perceptions de couleur et de sons ? A qui l'apport du son, de la couleur ? A l'objet ou au cerveau ? Quelle est la part de la magie, du sortilège, de la déformation ? L'objet a-t-il même une existence en dehors de la façon dont il est perçu ? L'inquiétude s'accroissant, on en vient à remarquer que le mouvement moléculaire dans le cerveau, ou une part du moins de ce mouvement, n'est encore qu'un moyen de la perception, partant un nouvel écran entre l'objet et sa connaissance. A quel instant, comment surgit le sujet même de la connaissance? Comment s'oppose le sujet à l'objet, le *percipere* au *percipi ?*

Une telle inquiétude marque la naissance de la philosophie comme science, précisément parce qu'elle nécessite une Critique préalable de la Connaissance. Mis en demeure par le doute socratique de résoudre ce problème essentiel, Platon s'y emploie tout d'abord. Mais d'autres soins le requièrent qui le forcent à laisser là cette entreprise, — non sans l'avoir dénaturée. Les temps ne sont pas révolus; c'est déjà trop d'avoir douté, fût-ce en manière de procédé dialectique : le peuple d'Athènes vient de le signifier à Socrate; et ce n'est pas sans raison que l'Instinct vital de la race s'est mis en état de défense : car ce procédé dialectique introduit par Socrate dans l'arsenal de l'esprit sera l'instrument même au moyen duquel la Connaissance ruinera plus tard les fictions sacrées.

Actuellement et avec Platon, c'est l'Instinct vital lui-même qui va manier cet instrument subtil et assigner à la curiosité psychologique son objet. Il en sera de même à peu près jusqu'à Kant et l'on assiste durant toute cette période à ce spectacle singulier : avec chaque philosophe digne de ce nom, le merveilleux instrument, animé d'une clairvoyance et d'une divination magiques entre des mains somnambules, fouille avec dextérité parmi les tissus du phénomène vivant, l'interroge de sa pointe, écarte fibre à fibre tout ce qui cache les organes ;

il va mettre à nu le système le plus secret et dévoiler le mystère; mais tout à coup le philosophe est éveillé de sa léthargie, sa main, de nouveau soumise à une volonté impérieuse, fait dévier l'instrument indocile, et il conclut conformément aux anciennes formules, n'ayant rien retenu de l'investigation qu'il semblait diriger.

L'énigme de la Connaissance se présente à Platon sous un triple aspect. Scientifiquement, le problème se pose à l'occasion des objets du monde extérieur. Mais à côté de ces objets, l'Instinct vital a créé déjà d'une façon rudimentaire d'autres catégories d'objets, ceux du monde moral, ceux du monde métaphysique. Il exige du philosophe qu'il achève cette ébauche. Or, ces objets, par le fait même qu'ils sont de pures créations de l'esprit, sont pour l'esprit de maniement facile. Ce sont des concepts qui n'apparaissent ni dans le temps, ni dans l'espace. On les croit volontiers de même nature que l'intelligence qui les conçoit : que l'on ait seulement la hardiesse de leur conférer la vie, l'audace de déclarer une fois pour toutes et les yeux fermés, pour n'y plus revenir jamais ensuite, que ces objets, fabriqués par l'intelligence même, ont une existence réelle, en dehors de l'intelligence qui les a formés, et le problème de la Connaissance, sous ces termes remaniés, sera près d'être résolu. En même temps l'essence de l'Être sera définie selon le vœu de l'Instinct vital. La ruse consiste donc en cet artifice de l'esprit, qui, ne pouvant expliquer le fait de la Connaissance par le fait de l'Existence, renverse les termes du problème et confère à la Connaissance le pouvoir de créer l'Être. Ce procédé, c'est, pratiqué par une intelligence supérieure, celui même de l'homme primitif construisant de ses mains des idoles et se persuadant qu'il leur doit l'existence. C'est un procédé qu'il faut tenir, en raison de son apparition ancienne, pour essentiellement humain et pour le mécanisme même de l'Instinct vital. On devra le retrouver partout où il y a chance et avenir de vie. N'est-ce pas d'ailleurs le signe évident de la vie que ce pouvoir chez un être de disposer d'elle, d'en doter avec surabondance les objets et toutes les choses qu'il touche? Platon n'hésite pas devant cette affirmation ; mais au service de ce coup d'état dogmatique dont il maintiendra en toute occurrence l'autorité, il emploie la parfaite méthode dialectique que l'on sait ; il use avec génie de l'instrument de précision que l'Instinct de Connaissance, astucieusement, a laissé tomber entre les doigts des philosophes.

La connaissance de quelque objet, remarque-t-il avec Socrate, suppose qu'une définition peut être donnée de cet objet, — et définir c'est classer et limiter sous la catégorie d'une idée générale. Mais cette idée générale, cette idée qui rend seule possible la connaissance de l'objet, qui lui confère, à vrai dire, l'existence connaissable, cette idée ne saurait appartenir à l'objet. Elle ne dérive pas non plus des sens qui, sous forme de sensation, ne nous fournissent sur les objets que des renseignements incomplets, qui nous les montrent en un état de perpétuel changement, qui ne nous laissent voir en quelque sorte que leurs ombres éphémères et inconsistantes. Où Platon va-t-il donc situer ces Idées par l'intermédiaire desquelles nous connaissons? Dans la raison humaine? Non pas. Elles en sont, nous enseigne-t-il, les objets. Or, de même que les objets extérieurs sont indépendants des sens, les idées sont indépendantes de la raison humaine. C'est dans la raison divine, dont elles sont les attributs, que les Idées, types éternels des individus particuliers perçus par les sens, vivent d'une existence réelle et substantielle. Voici donc, introduit sous prétexte d'une explication du mécanisme de la Connaissance, le procédé sur lequel va se fonder à l'avenir toute théologie. Il consiste, on le voit, en une réalisation d'abstraits. Les formes de la Connaissance sont pourvues d'une existence objective dont la réalité suprême est en Dieu. Au contraire, l'existence est retirée aux objets particuliers que nous percevons. Ils sont des apparences vaines. Ils sont seulement, à travers l'idée du genre, celle-ci douée déjà d'une réalité plus grande que celle de l'individu qu'elle explique, la manifestation ou plus justement la déformation de l'Idée typique de l'objet située dans la raison divine, qui seule possède et dispense l'existence réelle.

Cette théorie a ceci d'intéressant pour nous, qu'en sa part susceptible d'une application légitime, c'est-à-dire en tant qu'elle ne concerne que les objets extérieurs, elle consacre la notion de *phénomène*, la notion d'un écart possible et probable entre nos perceptions et l'objet que nous percevons. L'*Idée* platonicienne, prise comme moyen de connaissance des objets extérieurs, correspond assez exactement aux concepts de l'entendement dont Kant fera la déduction. Elle nous fournit le sens précis du mot *idéalisme* qui ne renferme pas autre chose que la notion d'une déformation dont l'importance demeure à évaluer, mais d'une déformation nécessaire subie par l'objet appréhendé par le sujet à travers l'appareil de la connaissance, à travers l'appareil idéologique. La méthode dialectique, bien qu'appliquée par un serviteur gagé de l'Instinct vital, porte déjà ses fruits et s'achemine vers la divulgation du Mensonge qu'implique tout état d'existence connaissable.

Pour dégager et différencier les Idées des phénomènes du monde extérieur et des conceptions de notre esprit où elles se reflètent, Platon use déjà du procédé qui sera celui de Kant, l'abstraction. Des représentations auxquelles nos perceptions donnent naissance, il élimine ce qui est particulier pour ne conserver que ce qui est général, ce qui embrasse un nombre de plus en plus considérable d'objets particuliers. Ce procédé est parfait pour déterminer les formes de la Connaissance, pour démonter toutes les pièces de l'appareil d'optique mentale à travers lequel le contenu de la Connaissance est appréhendé par l'esprit. Mais il n'est pour Platon qu'un moyen d'atteindre les objets métaphysiques qu'il a reçu la mission de définir et dont il doit, en annonciateur, préparer le règne. Avec les matériaux assemblés d'une *science de la connaissance*, il constitue une *ontologie*. Son travail de propagande va donc consister à appliquer en toute occasion la substitution que l'on vient de dire, à prendre sans cesse la forme de la connaissance pour son contenu, à doter les concepts formés par son esprit d'une existence d'autant plus substantielle qu'il les aura, par une suite d'abstractions, plus complètement vidés de leur substance. Infatigablement, il va prendre le Pirée pour un homme, comme si la fréquence de cette illusion devait avoir pour effet de la légitimer et de la rendre efficace.

★

La manœuvre est flagrante ; le procédé serait impudent, s'il n'était naïf. Pourtant cet attentat contre les lois logiques est universellement ratifié. L'erreur qu'il impose est la source féconde d'où a jailli toute la théologie sans distinction d'églises, toute la philosoqhie rationaliste, toute la doctrine encyclopédique, toute la libre-pensée si l'on prend ce mot dans le sens où l'ont incliné ses adeptes, toute philosophie d'état, toute législation. Ce succès nous avertit qu'un grand spectacle se donne ici : c'est celui précisément sur lequel on a appelé l'attention dès le début de cette étude, en s'efforçant de prévenir l'étonnement qu'il eût pu susciter. Pour justifier le triomphe constant du non-vrai sur la logique, on en a appelé à la toute-puissance de l'Instinct vital qui, étant ce qui est, a pour destinée de triompher en tout ce qui vit de l'Instinct de Connaissance. Il est seigneur et maître : il sait que ses propos les plus frivoles seront toujours pour ses courtisans des raisons sans réplique.

La grossièreté des moyens employés par les grands

tragiques ou les grands comiques pour instituer leurs drames et leurs comédies, pour nous montrer la vie, ne fait qu'imiter ce sans-façon de la Vie. Pour qu'Othello tue Desdémone est-il donc besoin de circonstances bien compliquées? Non, il importe seulement qu'Othello soit jaloux et passionné. Tous les spectateurs *connaissent* que Desdémone est innocente. Ils *connaissent* la perfidie d'Iago. Mais Othello ne la *connaît* pas. Cela semble absurde qu'il condamne et tue sur un faible indice celle qu'il adore. Mais il est tenu d'obéir à la jalousie vindicative, à la violence passionnée qui l'animent et il faut que ces éléments constitutifs de son caractère trouvent prétexte à se faire jour. Molière nous montre ses personnages soumis au même aveuglement dès qu'une passion, ou un intérêt, ou un caractère nettement tranché les dominent. Son Sganarelle de l'*École des maris* pense s'être assuré le cœur d'Isabelle, en écartant d'elle les galants, en la tenant enfermée au logis, occupée aux soins du ménage,

> Ou bien à tricoter quelque bas par plaisir.

Sa présomption fait de lui la plus facile des dupes et rend seule acceptable le succès des ruses de sa victime. Il croit, sans s'étonner, aux marques de sa feinte tendresse, transmet à l'amoureux Valère la lettre qui va le perdre et marie les deux amants par surprise. Orgon, dominé par Tartuffe, qui a su exploiter sa simplicité et sa terreur des châtiments célestes, est une dupe aussi facile que Sganarelle. Sa crédulité est si forte qu'elle va jusqu'à le faire douter du témoignage de ses sens. Sous la table où il est caché, il assiste à la scène de séduction que l'on sait; mais si pressant que devienne Tartuffe, sa conviction ne se fait pas, il n'en croit ni ses yeux, ni ses oreilles, et malgré l'impatience d'Elmire qui le presse de se montrer, il en veut voir, il en veut entendre toujours davantage et Tartuffe dit avec raison à Elmire:

> C'est un homme entre nous à mener par le nez;
> De tous nos entretiens il est pour faire gloire,
> Et je l'ai mis au point de tout voir sans rien croire.

Alceste vient d'avoir la preuve de la frivolité, de la perfidie de Célimène, et là-dessus, n'en croyant que sa propre passion, il lui propose tout net de l'emmener avec lui au désert où il veut vivre. Son aveuglement est assez complet pour que le refus de la coquette soit un coup qui l'étonne.

Ces scènes provoquent le rire du spectateur. Est-ce donc par leur invraisemblance? Non pas, mais parce que le spectateur a été placé tout exprès dans la salle et amené par l'exposition de l'auteur en un point d'où il connaît les circonstances et les mobiles des personnages. Au contraire, les personnages que les acteurs représentent, Sganarelle, Orgon, Alceste, sont enfermés dans l'absolu de leur présomption passionnelle qui met un écran entre leur vue et les réalités, un écran où s'inscrit la vision imaginaire qui les dupe. La contradiction qui existe entre l'Instinct vital et l'Instinct de Connaissance est ainsi révélée au spectateur. C'est la vue soudaine de cet écart qui provoque son rire. Mais en sortant de la salle du spectacle, il va lui-même redevenir acteur, et si quelque passion violente le mène, il surpassera en force d'illusion les personnages dont l'aveuglement lui parut si risible; car toute passion véhémente, de quelque sorte qu'elle soit, voit et croit ce qu'elle a intérêt à voir et à croire. L'hypnose gouverne tout ce qui est vivant. Tout instinct se forme en même temps son atmosphère, où il respire, et ses nuages qui lui cachent ce qu'il veut, ce qu'il doit ignorer. Le mythe de Titania pressant sur son cœur la tête d'âne de son amant ne fait que préciser par le grossissement d'un sortilège le pouvoir de déformation propre à tout désir. L'amour d'ailleurs qui, en propageant la Vie, se montre comme une manifestation directe et comme un paroxysme de l'Instinct vital, accuse mieux que toute autre passion ce pouvoir essentiel de déformation. Pour un amant il n'est pas de connaissance possible de sa maîtresse. Il l'invente à travers sa propre présomption d'optimisme ou son hypocondrie native, l'une ou l'autre multipliée par le degré de son désir, et quand deux passions vraies se rencontrent, c'est à travers cette double déformation que les amants s'étreignent en s'ignorant.

Sganarelle berné, tout amant trahi et voulant l'ignorer, plus habile, avec son instinct de bonheur, à s'inventer des motifs d'être dupe que ne sait faire toute la ruse de l'infidèle, voici les exemples qu'il se faut représenter pour admettre le procédé extraordinairement naïf et grossier par lequel l'Instinct vital de l'humanité narguant l'Instinct de Connaissance se procure l'illusion métaphysique qui paraît lui avoir été jusqu'à ce jour indispensable.

★

Que ce soit donc pour nous l'occasion d'une comédie d'avoir vu se former dans la philosophie de Platon le mensonge dont les conséquences nous dominent encore. Pénétrons derrière les coulisses de ce théâtre philosophique, et considérons de plus près les artifices au moyen desquels se forme le nœud fragile et fort de l'intrigue. Le mensonge, a-t-on dit, consiste à réaliser des abstraits, à confondre la forme de la Connaissance avec son contenu, à donner l'existence aux propriétés du miroir à travers lequel l'existence apparaît. Le procédé de ce mensonge est un emploi arbitraire de l'abstraction. Or, l'abstraction est un instrument fidèle de la Connaissance et dès que l'on pousse à bout son usage, il donne ses créations pour ce qu'elles sont et menace ainsi de faire cesser le quiproquo.

Après avoir constaté avec Platon que tel phénomène particulier n'est appréhendé qu'à travers l'idée générale du genre auquel il se rattache, que le chien d'Alcibiade n'est saisissable qu'à travers le genre chien, le chien en général à travers l'idée d'animal et que celle-ci se fonde sur l'idée plus générale encore d'existence, on est contraint, si l'on épuise l'emploi logique de l'abstraction, d'abstraire de l'*idée* d'existence le fait même de l'existence, et il ne reste plus que le concept pur de l'*idée*, se donnant sincèrement pour ce qu'il est, pour une forme vide, pour le moyen et non pour le contenu de la connaissance. On s'aperçoit alors que l'on a fait une besogne excellente en tant qu'on la considère comme une tentative pour hiérarchiser les degrés et les formes de l'entendement. Mais l'instinct de bonheur qui anime le philosophe ne l'entend pas ainsi. Il lui faut éluder cette conséquence dernière de l'abstraction donnant l'Idée pour une forme vide; car elle brise le vœu de la Vie. Par quel jeu de scène, au moyen de quelle réplique y parviendra-t-elle? « On ne pense pas ce qui n'est pas », prononce l'école, et voici l'assertion magique qui va permettre à l'Instinct vital de croire à la réalité de ses créations. On ne pense pas ce qui n'est pas, donc tout ce que l'esprit pense existe, donc les genres existent, donc le concept de l'existence engendre l'existence réelle, l'existence en soi, l'existence absolue. Ainsi la pensée crée l'Être. Le concept de Dieu crée Dieu. La prétention est si forte, que l'on y sent le parti pris d'une volonté et qu'un tact secret contient la réplique trop aisée. Une scène se joue dans les arcanes de la métaphysique entre deux instincts, et à voir la passion qui anime l'un des acteurs on devine qu'un argument ne saurait avoir prise sur lui. « Tout ce que l'esprit pense existe, crie l'instinct vital. Une voix répond : « Tu conçois le néant, donc le néant existe. » Mais l'instinct de bonheur parle si fort qu'il n'entend pas, qu'il n'entendra jamais la réponse ironique et véridique de la Connaissance. C'est sur cette surdité que va se fonder la philosophie platonicienne tout entière, et à sa suite toute la théologie, puis tout le rationalisme, qui, en dehors du dogme et sans son excuse, maintiendra les pétitions de principe de la théologie.

Platon est en effet le véritable créateur de l'illusion théologique sur laquelle nous vivons et cette illusion se résume avec perfection en une seule idée, l'Idée de Dieu, de Dieu muni de ses attributs, le bien, le beau, le vrai absolus, cette trinité des philosophies spiritualistes.

Avec Platon, toutes les Idées des perfections morales et intellectuelles, abstraites des phénomènes du monde visible et du monde moral, complétées par l'Idée de puissance empruntée aux phénomènes de la nature, toutes ces Idées deviennent l'apanage de Dieu, du Νοῦς, en qui elles reçoivent l'existence avec la même logique dont on témoignerait en dotant de l'existence le concept du néant, produit légitime du même procédé d'abstraction. « Être et être connu, c'est même chose », formule Aristote érigeant en doctrine le principe même de l'illusion, d'où sortira l'*Ens realissimum* de la scolastique, l'Être suprême reconnu par l'Encyclopédie, vénéré par Robespierre, légué par le Vicaire savoyard au culte de M. Homais.

La constitution par Platon de l'Idée de Dieu, c'est donc le triomphe de l'Instinct vital sur l'Instinct de Connaissance. C'est à l'Idée de Dieu qu'aboutit la persévérante application du quiproquo en vertu duquel les formes de la connaissance, inventoriées et décrites au cours de la dialectique, sont tenues pour les attributs de l'existence. Ce triomphe n'empêche que parfois l'Instinct de Connaissance ne menace de détruire tout à coup ce fort rempart derrière lequel prospère la Vie. Cette rébellion de l'Intelligence contre le dogme philosophique et religieux donne lieu aux épisodes dramatiques que l'on sait : l'inquisition fait son office et les bûchers s'attisent. Mais ces tragédies ont été invoquées et décrites trop souvent pour qu'on s'attarde à les remémorer. Il est seulement curieux d'indiquer que ceux-là en ont tiré les meilleurs effets, les plus oratoires, et du ton le plus indigné, qui sont appelés à représenter sous sa forme rénovée et la mieux adaptée au temps présent la vieille croyance, — les idéologues du déisme philosophique et de la libre pensée.

Négligeant cette légende héroïque et tragique, il paraît plus nouveau d'indiquer à ceux dont le goût est de prendre parti pour la Connaissance, que la passion violente de l'Instinct vital et l'aveuglement qui en résulte ont engendré aussi un comique supérieur. Le génie de Flaubert, avec la *Tentation de saint Antoine*, avec *Bouvard et Pécuchet*, a inauguré ce comique transcendant. Mais il est peu de philosophies où il ne se laisse voir, sans l'apprêt d'une mise en scène littéraire, sitôt que, se désintéressant des entreprises de la Vie, on considère en spectateur les intrigues qu'elles instituent.

Le chanoine Roscelin fut, au XIe siècle, le héros de l'un de ces épisodes de la comédie philosophique. Ce n'est pas à ses dépens toutefois qu'il nous a apprêté à rire. On aime à penser que Roscelin fut un de ces esprits sincères, naïfs, et clairvoyants, comme il s'en rencontra dans les cloîtres du moyen âge. La scolastique lui apparut sans doute une science honnête et positive qu'il est permis de déduire sans ménagements, à la façon des mathématiques, sans arrière pensée et sans se mettre en garde contre les conséquences de ses théorèmes. C'est en quoi il se montra naïf. L'étude de la philosophie scolastique, entreprise dans de semblables dispositions, l'amena à découvrir que les genres sont des catégories formées par l'esprit, des abstractions sans existence réelle, des mots, *flatus vocis*. Avec empressement, il fit part de sa découverte : ce fut, on le sait, le *nominalisme*, qui faillit entraîner pour son auteur des conséquences tragiques. Or, sous cette querelle, en apparence byzantine, du nominalisme et du réalisme, on peut concevoir, d'après ce qui précède, qu'une lutte d'une gravité exceptionnelle se livra à cette époque entre l'Instinct vital et l'Instinct de Connaissance. La découverte de Roscelin n'allait à rien moins qu'à mettre en pleine lumière le vice essentiel sur lequel était établi tout l'édifice théologique. Il faisait voir qu'il y a un abîme infranchissable entre *existence* et *connaissance* et qu'il n'est pas légitime de prêter vie à des abstractions. Dépouillant les genres de toute existence réelle, il mettait en péril l'existence des Idées, conçues elles-mêmes au moyen d'une abstraction pratiquée sur les genres, et jusqu'à l'Idée suprême de Dieu lui-même. Les théologiens orthodoxes sentirent aussitôt le danger, mais il ne leur apparut pas dans toute son étendue et il semble que rien ne puisse donner une idée plus nette des déformations possibles de la raison asservie à l'Instinct vital que les conclusions auxquelles ils aboutirent. Si les genres ne sont que des mots, jugèrent-ils, il ne faut plus accorder d'existence qu'aux individus : l'Unité divine qui absorbe en son essence les trois personnes de la Trinité se trouve détruite. Seules les trois personnes survivent. L'anthropomorphisme païen demeuré dans le dogme préservait ainsi toute une partie de l'édifice théologique et l'éclair de bon sens, qui eût dû anéantir toute métaphysique, n'apparaissait qu'une hérésie partielle tendant à dénaturer, sans la détruire, l'idée divine. Ces conclusions n'étonnèrent point en leur temps. Saint Anselme composa contre Roscelin un traité sur l'Unité dans la Trinité et le chanoine, mandé devant le concile de Soissons, dut se rétracter *metu mortis*. Il faut lui savoir gré de cette rétractation : elle n'a pas empêché que sa pensée lucide et claire ne parvînt jusqu'à nous et ce dénouement où ne se voit pas la rouille du sang versé nous permet le grand rire.

Ce grand rire, ce rire abstrait, qui est le propre de l'Instinct de Connaissance quand il a pris conscience de lui-même et que, sachant son rôle, ayant abdiqué toute prétention à organiser la vie, il goûte en spectateur les péripéties de la représentation phénoménale, ce rire silencieux parmi l'admirable surdité des vivants retentit durant tout le cours de la parade métaphysique. L'Instinct vital engoncé en des hauts-de-chausses philosophiques, cherchant à se parer de la noblesse et de la froideur hautaine de la Connaissance est un Bourgeois gentilhomme non moins comique que l'autre, pour qui sait le voir évoluer. Mais le comique s'idéalise si on le voit accompagné par quelque vieux serviteur, dupe lui-même de ses belles manières, signalant par un redoublement de respect les faux pas où il trébuche. M. Cousin tient à la perfection le rôle de ce vieux serviteur et c'est merveille de le voir, au cours de son *Histoire de la philosophie*, gardien du protocole monothéiste, repousser d'un geste sobre les systèmes métaphysiques qui blessent l'étiquette, et, comme d'une voix onctueuse annonçant un grand nom, introduire avec autorité la Pétition de principe. Il donne la consigne pour qu'on tienne à l'écart le sensualisme et l'idéalisme, ces rôdeurs de toutes les écoles, qui vagabondent déjà aux Indes autour des Védas, qu'on retrouve en Grèce écumant les mers d'Ionie, ou enrôlés en partisans à la suite de Pythagore dans les provinces d'Elée, — qui pénètrent jusque dans les couvents du moyen âge, toujours indisciplinés, exagérés dans leurs gestes, incapables de tact et de modération. Mais surtout il veille à ce que l'Instinct de Connaissance soit exclu rigoureusement du lieu où l'on imite ses postures, car la comparaison imposée aux esprits par ce voisinage ferait courir le plus grand danger à notre faux gentilhomme.

Ce danger, on vient de le voir apparaître au moyen âge avec le nominalisme. Mais il a surgi déjà et non moins grand parmi les philosophes de l'école d'Alexandrie. Plotin, poussant à bout l'emploi logique de l'abstraction, en use jusqu'à dépouiller l'Idée divine composée par Platon des idées adventices d'Intelligence, de Bien, de Puissance, pour n'y laisser subsister que le concept suprême de l'Unité, terme logique d'une description des limites de la faculté de connaître, concept négatif comme l'idée même de néant et où l'abstraction fait voir avec sincérité la nature de ses créations. Bien que Plotin conserve dans son système une trinité nominale, c'est en réalité dans l'Unité absolue qu'il situe l'idée de Dieu, en une Unité qu'aucun accident ne détermine et qui ne laisse point place au Dieu utile de Platon. C'est là un grand danger; mais M. Cousin le signale, d'un mot remet les choses en place et rassure tout son monde. Il sait quel usage précis peut être fait de la dialectique ; il sait où l'abstraction peut être appliquée, où il la faut retenir. Elle est bonne pour dégager du phénomène particulier les idées qui composeront la perfection divine, elle devient pernicieuse au delà. Un esprit sans initiation peut seul franchir cette limite, en quoi il est condamnable. Tel est le cas de Plotin : « Plotin s'est égaré en poussant à l'excès la dialectique platonicienne et en l'étendant au delà du terme où elle *doit* s'arrêter (1). » Voici, stigmatisé comme il convient, un défaut de savoir-vivre. Ce n'est pas ainsi qu'on use de la dialectique. « Dans Platon, poursuit M. Cousin, elle se termine à l'idée du Bien et produit un Dieu intelligent et bon; Plotin l'applique sans fin et elle le mène dans l'abîme du mysticisme. »

(1) Victor Cousin : *Histoire générale de la philosophie*, p. 200. Didier et Cie.

★

Cette attitude de M. Cousin est symptomatique et nous confirme l'importance de l'idée monothéiste au point de vue de la Vie. L'idée de Dieu telle qu'elle a été conçue par Platon, imposée par la Bible, remaniée et achevée par la théologie chrétienne, est l'idée la plus antinomique et la mieux faite pour retarder la solution du problème de la Connaissance. C'est, philosophiquement, le lieu même de l'absurde. On y accède à travers une sorte de cour des miracles où se rencontrent, pour se contredire, estropiées et contrefaites, toutes les notions métaphysiques dérobées, pendant la jeunesse des sociétés, à l'Instinct de Connaissance par l'Instinct vital.

La première des antinomies impliquées dans l'idée divine se dresse au sommet du système d'abstractions ourdi par la philosophie platonicienne. Les hauteurs célestes viennent de recevoir leur hôte, et tout en bas, humilié dans les profondeurs, tombé de lassitude sur les genoux, apparaît l'homme qui vient de créer Dieu, *le fini co-existe avec l'infini*. L'esprit des théologiens aiguisera longtemps sa subtilité sur ce problème, mais il n'en pourra jamais venir à bout qu'en substituant hypocritement, sans toutefois changer les étiquettes, une théorie panthéiste à la fable monothéiste. Platon s'est déjà demandé pourquoi Dieu, infiniment parfait, infiniment puissant, infiniment heureux, avait créé le monde, et il a répondu sans embarras : par bonté, introduisant ainsi un anthropomorphisme moral qui va compliquer les antinomies rationnelles de nouvelles et irréductibles contradictions. Les théologiens qui le suivirent imprudemment dans cette voie eurent aussitôt à justifier le Dieu infiniment bon et infiniment puissant d'avoir créé la douleur. Le dogme se trouva là tout à point pour fournir la notion du péché. La douleur, dirent les théologiens, est le châtiment de la faute; Dieu est juste, il châtie, et ils feignirent de ne point s'apercevoir qu'il leur faudrait justifier le Dieu bon et omnipotent d'avoir fait l'homme faillible, destiné fatalement à la faute et au châtiment, puisqu'on voit l'homme châtié, puisque la douleur étreint le monde. Il fallut pourtant tenter cette entreprise, et comme les idées chimériques engendrent les conceptions monstrueuses, le libre arbitre attribué à l'homme eut pour mission de justifier Dieu de la douleur humaine. L'homme, libre de choisir entre le bien et le mal, entre la douleur et la joie, a choisi le mal et la douleur. L'absurde ici s'idéalise et atteint lui-même sa propre perfection. La raison cherche en vain pour quelle cause, en vertu de quel singulier mobile, l'homme, libre de son choix, fit un choix aussi étrange, s'attacha de préférence au mal, qui devait engendrer pour lui la douleur. Si ce fut en connaissance de cause, l'esprit s'arrête confondu, car c'est ici la psychologie du cabanon. Si ce fut par ignorance et, comme le pensèrent Pascal et les Jansénistes, pour avoir tiré quelque mauvais numéro, voilà que de nouveau il faut s'en prendre au Dieu juste et lui demander pourquoi il institua ce jeu de hasard et s'en fit le tenancier ?

Il est difficile d'éviter l'apparence de quelque

grossièreté en acceptant la tâche trop aisée de montrer l'incohérence d'un tel système de chimères et le bon sens paraît ici défaut de tact. Avec la perfection infinie de Dieu, sa justice infinie, sa toute-puissance, sa prescience, avec la liberté de l'homme, l'existence du mal et de la douleur, l'œuvre rationaliste a brodé sur une étoffe irréelle des conceptions plus fantastiques que la faune peinte par les imagiers chinois sur la soie brodée des écrans. Ainsi couverte de concepts fabuleux, cette étoffe métaphysique forme aussi un écran précieux, car il est destiné à intercepter la lumière de la Connaissance.

Il ne faut pas oublier pourtant que, si on ne les force à confesser leurs antinomies, ces conceptions se donnent pour les filles légitimes de la raison et prétendent convaincre. Sitôt qu'on les démasque, la tactique change et les théologiens, se retranchant derrière le mystère, se targuent de l'impuissance et de l'incohérence de la raison, pour faire sentir la nécessité du dogme révélé et l'imposer. Il faut se souvenir alors que les conceptions chimériques de la philosophie déiste procèdent, comme on l'a montré, d'une raison mutilée à dessein, en sorte qu'elles ne sauraient compromettre avec elles la raison pure.

V

Lorsque l'on considère quel parti avantageux l'Instinct vital sait tirer de l'apport de la philosophie à la formation de l'Idée déiste, on ne saurait trop admirer l'adresse et la force supérieure dont il témoigne en utilisant une alliée aussi compromettante. Toutefois, il faut noter, à l'honneur du bon sens humain que la conception monothéiste, sous sa forme philosophique, n'eut tout d'abord aucune action sociale. Depuis Platon juqu'à la formation du dogme chrétien, elle n'eut prise ni sur le peuple grec, ni plus tard sur celui de Rome.

L'un et l'autre demeurèrent fidèles à leurs dieux, à tous leurs dieux plastiques, indemnes de prétentions dialectiques, suffisamment explicatifs pour les imaginations qui les avaient enfantés, nationaux, et pour cela, répondant exactement aux besoins de la race, non pas exclusifs, mais élargissant leur cercle, et faisant place avec une curiosité bienveillante à de nouveaux venus dès qu'il s'agissait d'accroître la patrie de l'appoint d'un nouveau peuple. L'idée du Dieu de Platon ne put entrer alors que dans les cervelles paradoxales de quelques érudits et de quelques philosophes professionnels intéressés à confondre le savoir et la notion avec le jeu libre de la pensée, formés, déformés plutôt dans l'atmosphère abstraite des écoles et tirant vanité d'un préjugé encore ésotérique, par où ils pensaient s'élever au-dessus du préjugé vulgaire.

Pour que l'idée du Dieu unique s'imposât et devînt l'empois de toute une civilisation nouvelle, comme le polythéisme avait été le soutien suffisant de la culture ancienne, il a fallu l'apport du dogme juif, et c'est, au sortir de l'examen de l'idée monothéiste conçue par la philosophie, une délivrance pour l'esprit de voir cette même idée se donner dans le dogme pour ce qu'elle est, s'imposer, en un commandement pur et simple de l'Instinct vital, comme une attitude d'utilité. Avec la Bible, en effet, l'idée monothéiste se promulgue et s'ordonne; elle prend bien garde de se diminuer en se réclamant de la raison. L'Instinct vital, doué ici de toute sa clairvoyance, tient la raison pour un danger.

En contraste avec l'anthropomorphisme grec, le dogme qui se formule dans la Bible tend à retrancher de Dieu tout caractère humain : ce n'est pas assez qu'il interdise de reproduire son image et de lui donner une apparence, fût-ce la plus noble, il s'achemine à détruire dans les esprits toute présomption d'analogie entre les conceptions de l'intelligence humaine et les décrets de la divinité. Il est vrai qu'à l'époque où il crée Dieu, le peuple juif en fait tout d'abord, comme l'a fort bien vu Nietzsche, le représentant de sa volonté de puissance. Dieu approuve et conseille Jacob dans les ruses que celui-ci invente pour tromper Laban afin de s'approprier ses troupeaux. Quand Jacob s'est enfui avec Rachel, emportant les richesses dont il a pu s'emparer, Dieu lui-même apparaît en songe à Laban pour l'effrayer sur la puissance de Jacob : il le persuade ainsi de ne pas l'attaquer. En toute circonstance, le peuple juif fait approuver ou suggérer par Jéovah lui-même les mesures qui lui sont utiles. Plus tard, lorsqu'il est emmené en captivité, il imagine qu'il expie des fautes commises contre son Dieu. Idée noble, à tout prendre, et ingénieuse, en somme, pour ménager l'orgueil : car ainsi, attribuant toute puissance à un être qui est en dehors de toute comparaison avec les hommes, il dénie à ses ennemis le bénéfice et l'honneur de leur victoire. Ils n'ont été que les instruments de la vengeance de Dieu sur son peuple. Ce peuple, parce qu'il est asservi et opprimé, se juge donc coupable ; il reconnaît la nécessité d'une expiation : qu'il accepte le châtiment et il lui sera pardonné, et il sera rétabli dans sa gloire ancienne; car il a confiance en la justice divine, qu'il apprécie encore à la mesure de son propre sentiment de justice.

Ce dernier trait de ressemblance sur lequel l'homme pourrait se fonder pour atteindre Dieu va être effacé aussi. Le livre de Job nous fait assister à la constitution parfaite de la personne divine, telle qu'elle sera léguée à la dogmatique chrétienne par l'Ancien Testament, et telle qu'il la faut concevoir pour la soustraire aux analyses de l'esprit. Job, accablé de maux, répand ses lamentations au milieu de ses trois amis venus pour l'apaiser; et voici apparaître dans les discours des uns et des autres, à côté des conceptions précédentes de la justice divine, l'idée d'une puissance hors de toute proportion avec l'intelligence humaine, d'une justice incompréhensible pour la raison de l'homme. Pourtant, c'est d'abord l'ancien thème : les amis de Job concluent de son malheur à sa faute. « Heureux l'homme que Dieu corrige lui-même. Ne repousse pas les châtiments du Seigneur. » Job proteste en vain de son innocence; ses amis ne le croient point. « Dieu peut-il détruire la justice? Le Tout-Puissant renverse-t-il l'équité? Dieu ne rejette pas le juste. Il ne fortifie pas le bras du méchant. » Job a péché et ses amis s'indignent de ce qu'il ne veut point se repentir. Mais lui invoque le jugement du Seigneur. « Je multiplierai, dit-il, les preuves de mon innocence », et les trois vieillards ne répondent plus à Job « parce qu'il continue à se croire innocent ». Voici donc une première attitude qui suppose la croyance ancienne à une identité entre la justice divine et la justice humaine; mais, du flot de paroles violentes et du chaos d'idées qui s'entrechoquent en ce poème, le thème nouveau se dégage. « Dieu frappe également le juste et l'impie », dit Job, et de cela il ne s'étonne pas; il se garde d'incriminer Dieu. « Dieu n'est pas un homme pour qu'on puisse lui répondre, pour qu'on puisse entrer en jugement avec lui. » Et Eliu dans le même sens s'écrie : « Dieu te prendra-t-il pour règle de sa justice? Doit-il haïr ce que tu hais, choisir ce que tu choisis? » Ainsi il n'y a pas de commune mesure entre l'homme et Dieu. Job peut ignorer sa faute, cette faute n'en existe pas moins aux yeux de Dieu, et lorsque Dieu lui-même intervient parmi cette dispute et se montre à Job, ses paroles manifestent que cette appréciation même n'est pas faite encore pour lui plaire. S'il reprend Job, sa colère est plus forte contre les amis de Job qui osèrent « parler en faveur de Dieu ». « Quel est celui, demande-t-il, qui obscurcit la sagesse par des discours insensés? » Il ne dit mot de sa justice, ne montre que sa puissance et ne s'apaise que sur cette parole de Job : « Oui, j'ai voulu expliquer des merveilles que je ne comprenais pas, des prodiges qui surpassaient mon intelligence : oui je m'accuse moi-même et je ferai pénitence dans la poussière et dans la cendre. »

Voici donc l'idée divine, au point de vue des conceptions morales, absolument dégagée de tout anthropomorphisme : entre l'homme et Dieu la disproportion est absolue. L'homme ne peut atteindre Dieu, même avec ses idées les plus hautes, même avec celles dont il croit pouvoir tirer l'orgueil le plus légitime, même avec l'idée de la justice. Ainsi, au point de vue du dogme révélé, le mal moral, non plus que le mal physique, ne prouveront plus rien contre Dieu. Dieu est à l'abri des atteintes de la Connaissance et la conception du Dieu hors du monde devient ici, logiquement, *celle d'un Dieu hors de la raison.*

Quand on considère cet aboutissement de la doctrine biblique, on est tenté de reconnaître au peuple juif quelque prérogative analogue à la mission divine qu'il s'attribue dans ses prophéties et que, sur la foi des écritures, la dogmatique chrétienne lui assigne. Parallèle à la légende orthodoxe du peuple de Dieu destiné à répandre à travers l'univers les principes de la vraie foi, une construction analogue peut être faite du point de vue de mythologie abstraite dont on fait usage ici. De ce point de vue, le peuple juif apparaît en effet comme le champion de l'Instinct vital. L'Instinct vital semble prendre en lui conscience de lui-même, de ses besoins et surtout du danger qui le menace. « Tu peux manger de tous les fruits du jardin. Mais ne mange pas du fruit de l'arbre de la science du bien et du mal : car au jour que tu en mangeras, tu mourras de de mort. » Sur le seuil du livre de Vie, voici posée l'antinomie fondamentale entre *être* et *connaissance*, antinomie que nous confessera la science de la Connaissance avec la même sincérité que fait ici l'Instinct vital. Puis, pour parer à ce danger, voici qu'au cours des prophéties et des légendes l'Instinct vital compose, avec l'idée de Dieu, l'écran le plus opaque derrière lequel s'abriter pour se protéger contre la Connaissance. Cette idée, qui s'est montrée dans la philosophie grecque la plus antinomique, la plus fausse, la plus destructive de toutes les formes de la faculté de connaître qui pouvait être imaginée, la Bible l'impose au nom de la révélation et à l'encontre de tout rationalisme, créant un état d'hostilité nécessaire entre le dogme et la raison. En même temps, cette idée la plus fausse se montre la plus forte pour organiser la vie sociale. Depuis deux mille ans, la connivence de l'Instinct vital et du monothéisme se reconnaît aisément à ce fait de la *puissance* dévolue exclusivement aux nations qui possèdent cet illusoire. Chrétiens et musulmans prospèrent au détriment des peuples dont la philosophie, comme celle des Hindous, récusant l'idée d'un Dieu hors du monde et créateur, se montre dominée par l'Instinct de Connaissance. Le symptôme est flagrant : pas un grand peuple conquérant, c'est-à-dire capable, à l'abri de sa force, de broder le tissu d'une civilisation, n'est sorti des races de religion bouddhique depuis qu'elles sont venues en concurrence avec les peuples monothéistes. Le principe de connaissance qui est à la base de leur mentalité leur est cause de faiblesse.

VI

Le triomphe du monothéisme date donc, avec le Christianisme et avec la forte concentration réalisée par la puissance romaine, de la rencontre du rationalisme grec avec le dogme juif. Jamais la philosophie déiste de Platon, avec les contradictions flagrantes qu'elle implique, n'eût réussi à devenir, par sa propre vertu, une religion efficace et un principe d'autorité. Mais à la faveur de l'état de foi créé par le dogme, avec l'appui des volontés consentantes et l'aspiration des consciences, la singulière contrefaçon de la science de la Connaissance fabriquée par le génie grec va désormais pouvoir être introduite en fraude. Les palais, pervertis peu à peu par ce breuvage sophistiqué, le tiendront pour le vin même de la vigne intellectuelle et les cerveaux enivrés par les abstractions fumeuses qui, comme un alcool surajouté, le chargent, en viendront à voir apparaître dans le jour trouble de leur raison malade les fantômes auxquels l'obscurité du dogme prête seule une apparence réelle. Quelques-uns de ces alcooliques de la mentalité en arriveront même à refuser plus tard le secours du haschich dogmatique mêlé à leur breuvage. Une lointaine intoxication, déterminant une lésion native des centres cébraux, aura mis leur esprit en état de déformer les objets sans l'aide du poison. On les verra s'enorgueillir de ce privilège : spiritualistes, rationalistes, libres-penseurs, déistes, composent cette catégorie singulière dont on aura le loisir de décrire plus longuement la pathologie à l'occasion des doctrines qui s'élèveront entre la Critique de la Raison pure de Kant et la critique intégrale de Nietzsche.

Mais avant de se hasarder à se montrer seule hors des limites du dogme, la philosophie platonicienne s'exerce, se fortifie dans cette enceinte. Le Dieu juif autoritaire a épousé la métaphysique fardée de la Grèce : par ses oripeaux, par son maquillage, par ses contorsions et ses œillades, cette courtisane prometteuse attire dans les tabernacles de Jéovah transformés en cathédrales, en temples et en Sorbonnes, une clientèle d'esprits débiles, érudits et faux. Leur instinct vital n'est plus assez fort pour engendrer leur foi; cette foi n'agit qu'avec le secours des lanières et le piment d'un simulacre : la philosophie imite pour eux les attitudes vierges de la Connaissance pure.

Ainsi, dans l'intérieur de l'Église, définitivement constituée par l'union du dogme et de la philosophie, une double attitude se manifeste. D'une part, le dogmatisme juif, dont la mission est de protéger l'Instinct vital contre le danger de la Connaissance, se résorbe dans le *Credo quia absurdum* du dogmatisme catholique, se retranche comme dans une forteresse en la conception du mystère, qui est, selon la définition du catéchisme, « une vérité que nous ne pouvons comprendre et que nous devons croire ». D'autre part, la théologie rationnelle se propose d'unir deux forces qui s'excluent; elle veut contraindre la Connaissance à prêter main-forte à la Vie. Cette théologie rationnelle ne pourrait s'élever, il est vrai, sans le rempart du dogme derrière lequel elle se jette à l'abri chaque fois qu'un argument trop direct va l'atteindre. Mais il se trouve en définitive qu'elle rend à sa façon à l'idée théiste un service considérable. C'est elle et non le dogme qui abêtit les esprits; car elle déforme la raison, l'instrument de la Connaissance, dont le dogme se contente de nier l'efficacité, et quand le rempart dogmatique s'effrite et menace ruine, toute la race d'esprits que l'on sait a été préparée par ses soins, une race d'esprits aveugles et sourds à souhait, de façon qu'ils pourront affronter, sans danger pour leur croyance idéologique, le plein jour de la connaissance et qu'ils n'entendront ni arguments, ni quolibets.

C'est donc grâce à cette falsification, opérée par l'esprit philosophique sur l'esprit même, que le mensonge théiste avec les conséquences favorables à la Vie qu'il comporte, — idées de justice, de bien et de mal, de libre arbitre, d'effort et de responsabilité, — a pu et pourra encore se prolonger dans l'humanité par delà la durée du dogme qui l'a imposé. C'est ainsi qu'avec saint Augustin et les Pères de l'Église, avec saint Anselme, saint Thomas, saint Bernard, saint Albert et les Docteurs du moyen âge, puis avec le secours des théologiens comme Bossuet et Fénelon, des philosophes comme Descartes et Leibnitz, avec l'aide puissante, malgré un antagonisme superficiel, des vulgarisateurs comme Voltaire et les encyclopédistes, la philosophie platonicienne et déiste est parvenue à vivre et à grandire. Avec tous ces concours coalisés par la défense de l'Instinct vital, elle a dressé sa façade monumentale, bariolée, en guise d'ornements, des motifs divers de ses prétentions métaphysiques, toute décorée d'apparences fausses, fausses fenêtres et fausses portes, destinées à dérober l'entrée de la nécropole dangereuse, léthargique et silencieuse de la Connaissance qu'elle a pour mission de cacher.

§

A l'encontre de ces esprits frelatés, impuissants à croire sans motifs, et qui, ne se fiant qu'à la raison pour confirmer leurs désirs, estropient misérablement la raison, une autre espèce d'esprits, rare et précieuse, se forme sous le couvert d'une foi plus profonde dans le dogme révélé. Ce sont ceux qui se réclament avec sincérité de la Bible et de l'absurde érigé en credo, qui, ayant conscience d'une antinomie entre ce qui est vital et ce qui est connaissable, tiennent résolument pour la Vie. N'ayant rien à craindre des conclusions de la raison puisqu'ils ne leur accordent point crédit, ils les considèrent parfois avec amusement et curiosité d'esprit. La droiture de leur intelligence s'y repaît d'autant mieux qu'ils ne songent pas à tirer de cette source leur croyance. Lorsque cette attitude s'idéalise, ils peuvent se passionner, comme pour un beau coup d'échecs, à l'occasion d'un raisonnement bien fait, concluant à la contradiction et à une négation absolue des dogmes révélés. Leur instinct de bonheur est si fort qu'il n'a pas besoin de produire des titres étrangers. La raison, pour eux, et par le fait même de sa contradiction avec le dogme, synonyme des intérêts même de la Vie, se disqualifie. Mais s'ils la rejettent sans doute en tant que base sur laquelle fonder la Vie, ils ne la dénaturent point. C'est par les péculations désintéressées de ces purs dogmatiques, c'est avec l'élément le plus intransigeant du dogmatisme que l'instrument de la Connaissance, faussé par les rationalistes de la théologie, se perfectionnera pourtant durant la période théologique. C'est ce parti pris de foi robuste qui permet l'éclosion de quelques fragments authentiques de la doctrine de la Connaissance tels qu'ils se manifestent avec le nominalisme de Roscelin, destructeur de tout théisme, avec Luther pris seulement comme dialecticien, et indépendamment des conséquences pratiques de sa réforme, avec le Jansénisme de Port-Royal, négateur, au nom de la Grâce, du libre arbitre, et foyer d'un ascétisme qui portera encore de meilleurs fruits, avec Pascal, type supérieur de ces esprits en qui apparut le duel engagé entre vivre et connaître, et qui surent immoler sans la déshonorer la raison à la foi révélée.

Certes, il ne faut pas oublier les services rendus à l'Instinct de Connaissance par ceux qui voulurent être des héros de la volonté et témoigner par le martyre à la façon des Bruno, des Ramus, des Vanini, des Galilée. Mais ceux-ci ont perfectionné, à la manière des saints, l'attitude ascétique plus qu'ils n'ont aiguisé l'instrument de la Connaissance. Nietzsche donne à ce sujet aux philosophes de précieux conseils : « Gardez-vous, leur dit-il, du martyre, de la souffrance pour la vérité! Cela enlève à votre conscience toute son innocence, toute sa fine neutralité; cela vous rend opiniâtres à l'égard des objections et des étoffes rouges; cela abêtit, animalise, lorsque, en lutte avec le danger, la diffamation, le soupçon, l'expulsion et d'autres conséquences plus grossières de l'inimitié, il faut finalement jouer le rôle de défenseur de la vérité sur terre (1). » Émanant d'un esprit brave à l'excès comme le fut celui de Nietzsche, ces conseils signifient que, pour être un ouvrier parfait de la Connaissance, il faut avoir dépassé l'ascétisme, avoir renoncé aux grandes joies d'orgueil, aux joies guerrières qu'il donne. Or d'une façon artificielle et par une voie occasionnelle, le dogmatisme religieux poussé à l'absolu a engendré cette fine neutralité spirituelle réclamée par Nietzsche : la sécurité que procurait la foi, le parti pris de tenir la raison pour incompétente, l'absence de toute crainte avec laquelle quelques grands croyants la manièrent, créèrent un désintéressement qui est l'essence même de l'esprit scientifique, et c'est ainsi que l'instrument de la Connaissance, émoussé, rouillé, ébréché par les libéraux de la théologie, fut entretenu avec un soin méticuleux, aiguisé et poli par quelques dogmatiques, comme s'il y avait possibilité de coexistence entre les choses les plus contraires lorsqu'elles sont chacune parfaites en leur genre. A considérer l'événement, n'est-on pas tenté

(1) *Par dela le Bien et le Mal*, p. 34.

d'imaginer une alliance secrète entre le dogme pur et la raison pure contre la philosophie et la théologie rationnelles, et ne pourrait-on pas tenir pour une vengeance du dogme le soin avec lequel il entretient l'instrument de la connaissance destiné à extirper comme un cancer le compromis purulent du syllogisme greffé sur l'impératif ?

VII

Toujours est-il que c'est d'un dogmatique, d'un croyant, non d'un philosophe indépendant, que la raison pure a reçu son canon. Kant pourtant, on doit le confesser, ne fut point un dogmatique à la façon de ceux que l'on vient de décrire. Kant est protestant et le protestantisme comporte déjà une altération de la monnaie dogmatique. Il contient virtuellement le rationalisme, car il repose sur cette pétition de principe d'un accord nécessaire entre la religion révélée et la raison. Aussi est-il permis de supposer que Kant catholique n'eût pas déshonoré la *Critique de la raison pure* par la *Critique de la raison pratique*, ni par les réticences qui, dans son premier ouvrage, ménagent déjà la possibilité d'un retour. Il eût constaté qu'un divorce existe entre la raison et la révélation eût sacrifié l'une à l'autre. Au contraire, il est si imbu du dogme protestant qu'il en maintiendra sans hésiter la formule contre une évidence qu'il a lui-même fait éclater. Ainsi par cette foi absolue dont il a donné par la suite la preuve, il s'appareille à ses débuts aux dogmatiques de l'espèce précédente, et c'est à cette foi absolue que la Connaissance doit d'avoir été si bien servie par les analyses de la première Critique. Lorsque Kant entreprend de fixer les lois et la portée précise de la faculté de connaître, il ne présume pas un instant que sa croyance puisse être mise en question par les résultats de son enquête. Le dogme lui garantit l'accord de la raison et de la foi. C'est là-dessus qu'il se fortifie et lorsqu'il s'engage dans son entreprise, la raison est considérée par lui comme une alliée; il a le traité en main.

Il estime donc qu'il y a intérêt à la redresser, à lui restituer sa véritable et vénérable image, à la débarrasser des fards et des cosmétiques dont l'a enduite et maquillée une fausse théologie. C'est dans ces dispositions d'esprit qu'il se présente devant la façade platonicienne, ornée de fausses fenêtres et de fausses portes, devant cette façade dont nul ne peut franchir le seuil, mais derrière laquelle habitent, en des palais décrits par les philosophes, toutes les idoles théologiques. Avec sa critique, Kant a bientôt fait de découvrir tous les artifices de la façade, et, malgré la splendeur des grandes portes environnées de colonnades, malgré l'apparence réelle des portiques et des escaliers de marbre recouverts d'étoffes précieuses et que jonchent des fleurs exhalant leurs senteurs vers des reposoirs, il découvre que ce ne sont là que perspectives trompeuses, peintures sur la muraille pleine, et il est conduit par ses déductions jusqu'à une porte basse soigneusement cachée près d'un angle, sans aucun signe qui la distingue de la paroi où elle est encastrée. Mais à la première poussée la porte s'ouvre et voici le philosophe dans le véritable palais de la Connaissance. Combien il diffère des descriptions qu'on en a faites! Au lieu des pièces d'apparat, soigneusement ordonnées et qui, desservies par des galeries spacieuses, accèdent, de plus en plus somptueuses, jusqu'à la salle du trône, c'est un labyrinthe qui semble, dès qu'on y est engagé, sans entrée et sans issue. On n'y rencontre pas les idoles annoncées, point de divinité ni sous forme de cause première ou finale, ni sous forme d'absolu; le vide tient la place de l'infini et du parfait; le libre arbitre, le bien, le mal y sont insaisissables et la justice y est invisible. Par contre, la causalité, le temps, l'espace s'y étirent en d'illusoires perspectives et s'enchevêtrent sans fin, propageant des mirages où se perçoit la fuite continue du phénomène. Kant décrit fidèlement les agencements qu'il observe, toutes les formes absolument vides qu'il rencontre. Il sait bien que c'est là l'appareil de la Connaissance, il en indique soigneusement la portée; il confesse volontiers tout d'abord que l'étude de ce mécanisme ne saurait nous renseigner sur l'Être en soi. Mais s'étant aventuré si loin, sur la foi de l'accord final entre le dogme et la raison, il commence à s'effrayer pourtant. Déjà sous l'empire de la peur, sa vue se trouble et il commence à mentir: que les formes de la Connaissance ne nous renseignent point sur l'Être en soi, il est contraint de l'accorder, mais qu'elles signifient par leur nature l'impossibilité de connaître l'Etre en soi, c'est déjà ce qu'il cache. C'est pourtant ce qu'implique la description qu'il nous rapporte ; car, grâce à l'aveuglement complet de sa foi qui l'empêche de soupçonner un danger, il a dégagé l'Instinct de Connaissance de sa servitude. Il aurait compromis la Vie, s'il n'était plaisant de penser que la Vie peut être compromise par un argument. D'ailleurs, après avoir accompli cette tâche décisive, Kant, mettant à profit la réticence volontaire que l'on vient de signaler, est revenu se placer devant la façade platonicienne, et, avec une bonhomie déconcertante, il a rétabli sur un point, d'où il a déduit tous les autres, l'illusion philosophique qu'il venait d'abattre, il a relevé les idoles. Seulement, basé sur un recours à la raison, au lieu de l'être sur un commandement imposé à la volonté, son impératif catégorique, son nouveau dogme, accuse de toutes parts sa fragilité. On recherchera en son lieu quelles peuvent être les chances de durée d'une illusion présentée sous cette forme. Mais c'est ici la place de rappeler la partie glorieuse de l'œuvre de Kant, et, en développant selon leur logique les conclusions de son analyse, d'exposer sans ambiguïté ce que les lois de la Connaissance nous apprennent sur elles-mêmes et sur l'Existence,

Tout le début de cette étude a dû être consacré à décrire l'illusion forgée par l'Instinct vital et on a montré sa double origine dans le dogme et dans la philosophie, contrainte de servir la Vie avec l'arme même de la Connaissance. Il ne pouvait en être autrement, car la Connaissance, loin d'être créatrice, fait rentrer dans le néant tout ce qui apparaît. Il fallait donc que la Vie fût, que l'Instinct vital commençât par triompher, par fournir le motif d'une charade, et c'est dans ces circonstances que fut brossé le décor platonicien. Voici avec Kant la Connaissance se manifestant avec toute sa force destructrice. Cette apparition signifie-t-elle que les couleurs du vieux décor sont fanées, que la toile est percée à jour et ne sait plus illusionner ? Toujours est-il qu'avec Kant un régisseur spectral s'est avancé sur le devant de la scène cosmique, et qu'il a proféré les paroles de Méphistophélès entendues par quelques-uns : « Je suis l'esprit qui toujours nie, et certes avec raison, car tout ce qui existe n'est bon qu'à s'en aller en ruines, et ce serait mieux s'il n'existait rien. »

L'INSTINCT DE CONNAISSANCE
KANT ET L'HINDOUISME

APOLLONIUS — Laisse-le, Damis; il croit comme une brute à la réalité des choses.
(FLAUBERT. *Tentation de Saint-Antoine.*)

I. Le vice de l'œuvre de Kant: par la façon dont il détruit les idées théologiques, Kant trahit, dès la *Critique de la raison pure*, les intérêts de la Raison. — II. A cette trahison, œuvre volontaire du moraliste, opposition de l'œuvre inconsciente et géniale du logicien Comment il a déplacé le point de vue philosophique: les lois mentales, tenues jusque-là pour un appareil propre à saisir l'existence, se montrent un appareil propre à instituer l'illusion de l'Univers. — III. Cette conception d'illusionisme, fondée, avec Kant et Schopenhauer, sur l'analyse psychologique, renferme les principes constitutifs de la science de la Connaissance. — IV. L'hypothèse Kantienne du concept de la totalité absolue des conditions du monde confrontée avec les lois de la Connaissance, engendre, avec plus de rigueur, la même conception d'illusionisme. Que l'être se conçoit nécessairement autre qu'il n'est. — V. Cette hypothèse inconciliable avec celles qu'a formées Kant touchant le monde intelligible. — Impossibilité de l'existence des noumènes. — Que le temps, l'espace et la cause ne sont pas des propriétés du sujet. — VI. Sincérité des lois phénoménales : qu'elles se donnent pour un appareil d'illusion — VII. Analogies du Kantisme avec la philosophie hindoue. — VIII. Avec Nietzsche forme nouvelle de l'angoisse métaphysique : le monde comme représentation n'exclut-il pas la possibilité de l'existence en soi ?

On vient de mettre en scène les événements qui marquèrent pendant dix-huit cents ans, et avec le règne de Dieu, le triomphe de l'Instinct vital sur l'Instinct de Connaissance. On a montré la fable monothéiste suscitant l'effort humain, fournissant un principe de mouvement, instituant une intrigue et, par là, remplissant utilement sa fonction d'imprésario temporaire du spectacle cosmique. Cette efficacité de la fiction la justifie et doit nous faire accepter en retour, comme partie intégrante de la représentation, tous les conflits sanglants auxquels l'idée divine, sous forme religieuse, a donné lieu et que l'histoire nous montre. Car on ne saurait sans vanité critiquer la Vie de ce qu'elle témoigne d'un goût populaire pour les jeux du cirque, pour les batailles et les mélodrames.

Mais cette absolution en faveur de l'idée monothéiste, prononcée en raison de son utilité, devra-t-elle déterminer quelque partialité en sa faveur ? Hésitera-t-on à percer à jour le vieux mensonge, à atténuer les coups qui vont lui être portés par l'Instinct de la Connaissance avec les armes de Kant ?

Pour un tel compromis, la présomption ferait défaut. Les serviteurs de la Connaissance ne sont point semblables aux serviteurs ordinaires de la Vie : ceux-ci s'inquiètent, si l'on ose déranger quelque chose à son ordonnance ancienne : comme Eliu prenait la défense de Dieu, ils s'entremettent en faveur de la Vie, ils la conseillent et la protègent. Mais les philosophes au service de la Connaissance savent que la Vie est multiforme, qu'elle est infiniment souple, grosse de virtualités sans nombre, aussi riche en accommodations morales qu'en accommodations physiologiques ; ils ne sauraient avoir l'outrecuidance de la ménager, et n'ont garde de la croire à la merci d'un raisonnement. En ruinant les anciens édifices, ils ont conscience d'être asservis encore à quelque tâche utile et de faire place nette pour des architectures d'un style nouveau. Leur clairvoyance les instruit du rôle qui leur est destiné, car c'est la rançon rigoureuse de leur suprématie dans l'ordre de la Connaissance de ne pouvoir être dupes. Alors même que leur passion individuelle va à détruire la Vie, leur lucidité les condamne à savoir qu'ils la fortifient, et que la violence de leur haine n'est qu'un zèle opportun à la renouveler. On va donc montrer ici l'Instinct destructeur de la Connaissance sous son meilleur jour. Sans ménagement présomptueux comme sans illusion nihiliste, on s'associera à sa passion d'anéantir, on goûtera les satisfactions immédiates qui lui seront accordées, et l'on n'ignorera pas pourtant que, sur l'amoncellement des anciennes fictions décomposées, devra fermenter quelque mensonge nouveau pour la douleur et la joie d'une humanité future.

I

Quel est, au regard de l'Instinct de Connaissance, le grand mérite de Kant? Est-ce d'avoir renversé les conclusions du théisme? Est-ce d'avoir montré que la raison pure spéculative ne peut atteindre les êtres de la métaphysique : *Dieu, l'âme? la liberté?* Est-ce d'avoir averti que les faux chemins tracés par la théologie vers ces postulats n'y aboutissent pas, que les poteaux indicateurs *Dieu*, *âme*, *liberté* amorcent le voyageur méditatif dans une route impraticable et sans issue ?

Cette tâche, Kant l'a accomplie au cours de la dialectique transcendantale. A l'occasion de l'Idéal de la raison pure, il expose, comme on sait, qu'il n'y a pour la raison *spéculative* que trois preuves possibles de l'existence de Dieu. Il réfute la preuve ontologique, et montre comment le concept de l'*ens realissimum* ne saurait impliquer l'existence qu'au prix d'une tautologie, au moyen d'une confusion volontaire et préétablie entre les termes *réalité* et *existence*. Ayant démontré l'inefficacité de la preuve ontologique qui fut l'argument de saint Anselme, de Descartes et de Leibnitz, Kant établit que les deux autres preuves, cosmologique et physico-théologique, se confondent avec la précédente et n'atteignent leur objet qu'à travers celle-ci dont il vient d'exposer l'inanité. D'autre part, les antithèses de la deuxième et de la troisième antinomie exposent, l'une, qu'il n'existe pas de substance simple, donc point d'âme au sens théologique, l'autre, qu'il n'y a pas de liberté et que tout, dans le monde, arrive suivant des lois naturelles.

Il semble donc que Kant conclue tout d'abord à l'inexistence de ces trois hypothèses métaphysiques : *Dieu*, *l'âme*, *la liberté*, à l'occasion desquelles il a institué son entreprise d'exploration critique. A-t-il apporté toutefois dans ses réfutations une force, une évidence et des arguments jusque-là inconnus ? C'est ce qu'on ne saurait accorder. Pour peu que l'on ait vu se former le mensonge théoogique dans la philosophie platonicienne, dans la scolastique et dans le rationalisme, on sait déjà que l'argument ontologique consiste en la réalisation audacieuse d'une abstraction. Les preuves nvoquées d'autre part par Kant contre l'existence le l'âme et de la liberté dans les antithèses de la leuxième et de la troisième antinomie sont empruntées aux principes les plus élémentaires de la raison. On ne peut donc lui faire honneur d'une tâche que tout esprit non prévenu eût accomplie avec le nême succès et qui, nombre de fois, avait été déjà nenée à bien. Mais il y a plus et il importe de noter lès maintenant que cette partie de l'œuvre de Kant lissimule des pièges apprêtés, ourdit une trahison les intérêts de la raison pure et ménage une restauration possible des fictions anciennes.

En ce qui touche à l'existence d'un Être suprême, cause première de tous les autres êtres, réunissant en lui toutes les perfections, absorbant toute réalité, Kant se borne à établir qu'il est impossible à a raison spéculative d'atteindre un pareil Être et de prouver son existence. Mais il se garde bien d'ajouter que l'hypothèse d'un pareil Être, muni des attributs théologiques, contredit toutes les lois de a raison. C'est pourtant ce qu'il eût fallu dire de toute nécessité, du point de vue d'une science désintéressée de la raison pure.

En effet, lorsque nous cessons de considérer les rapports des phénomènes entre eux et lorsque nous formons une hypothèse transcendantale de nature à expliquer l'existence de l'ensemble des phénomènes, il est bien certain qu'aucune expérience ne viendra jamais affirmer ou nier la réalité de notre hypothèse, puisque nous avons pris position précisément en dehors du domaine de l'expérience. Nous n'aurons donc jamais la certitude qu'un être existe là où nous le pensons. Par contre, et par un moyen différent de l'expérience, il nous sera non seulement possible, mais impérieusement commandé, de dénier à certains concepts toute réalité et d'affirmer que, sous certaines hypothèses, aucun être n'existe. Car en cette atmosphère raréfiée de la spéculation transcendantale où les concepts ne se voient plus fécondés par l'expérience, ils demeurent soumis au principe de contradiction, ils continuent de dépendre strictement de la législation de la raison, en sorte que tout concept formé en contravention de ses lois se disqualifie par cela seul et confesse son irréalité.

Or ce que Kant se garde bien de dire, avec quelque force que l'évidence l'y contraigne, c'est que l'idée de *cause première*, prise comme concept transcendant, chargé d'expliquer l'existence phénoménale, est, au premier chef, un de ces concepts formés en contradiction des lois rationnelles et qui n'ont pour se désavouer que la peine de se formuler. La raison nous fournit pour régir le phénomène le principe de causalité : *tout ce qui existe* existe en vertu d'une cause. Or une cause étant *chose qui existe*, il faut déduire, pour montrer ici la loi sous son jour aveuglant, *que toute cause a une cause*. C'est là le principe de raison qu'il n'est pas permis de transgresser et que l'idée d'une cause première, d'une cause sans cause, viole directement.

Lorsque la raison recherche une explication de

l'Univers, il va de soi que cette explication doit être intelligible pour la raison. L'intelligence est, en présence du mystère, en un état d'ignorance; son interrogation demande une réponse qui dissipe l'ignorance. Or essayer de dissiper l'ignorance en appliquant le principe de causalité, selon sa forme légitime, à *l'ensemble* des phénomènes pris comme *l'effet* d'une cause située hors de cet ensemble, c'est, d'une part, une manière d'anthropomorphisme, mais surtout cela n'explique rien puisque la forme du principe de causalité va contraindre aussitôt à rechercher *la cause de cette cause hors du monde* et à remonter indéfiniment dans le vide de cause en cause. Que si, pour obvier à cet inconvénient, la théologie forme le concept de *cause première*, elle n'explique pas davantage, car un mot ajouté n'a pas le pouvoir de changer la nature de la raison et de lui rendre intelligible ce qui ne l'était pas auparavant: on n'explique pas le mystère par l'incompréhensible. L'ignorance demeure donc la même, mais de plus la raison a été blessée par cette tentative d'explication qui déformait ses lois. Le concept d'une cause première équivaut, comme l'a observé Schopenhauer, à la notion de fer en bois. Expliquer l'existence de l'Univers par ce concept, c'est proposer à la raison d'admettre que deux et deux font cinq, en insinuant qu'au prix de cette concession des problèmes jusqu'alors insolubles seront résolus; c'est proposer à la raison de comprendre en dehors d'elle-même et contrairement à ses lois. Dans le domaine idéologique, l'idée de *cause première* est un concept de mascarade, un de ces déguisements sans art, tels ces masques grossiers, qui choquent sans donner le change et que poursuit dans les rues le haro d'un cri de carnaval.

« Le principe de causalité, qui n'a de valeur que dans le champ de l'expérience et qui, en dehors de ce champ, est sans usage, même sans signification, serait ici (c'est-à-dire comme principe d'explication transcendantale de l'Univers phénoménal) tout à fait détourné de sa destination. » Ainsi s'exprime Kant au sujet de l'emploi en théologie de la notion causale et il conclut à *l'impossibilité* d'atteindre par cette voie un être qui soit une cause première. Or, comme on vient de le voir, c'est bien, mais ce n'est pas assez et il devait logiquement ajouter que la notion de cause première blesse, par sa seule énonciation, les lois de la raison pure, *en sorte que si une telle idée pouvait être atteinte par une voie autre que celle de la raison spéculative, il faudrait, du point de vue de la raison pure, la tenir pour une illusion et lui refuser tout crédit.*

Or, ce que Kant a formulé, c'est précisément le contraire de ces conclusions de simple honnêteté scientifique. Loin de confesser que l'existence d'un Être suprême, cause première de l'Univers, soit un concept irrationnel, il accorde, contre toute évidence, que ce concept, s'il ne peut être tenu pour réel à la lumière de la raison *spéculative*, ne peut non plus être tenu pour vide, en sorte que, dans le cas où sa réalité objective viendrait à être découverte par une autre voie, cette réalité serait valablement établie au regard de la conscience humaine.

Kant a donc ici, par mesure de précaution, pratiqué la brèche à travers laquelle il pourra s'évader hors de la muraille scientifique dans laquelle il avait enfermé l'esprit. Il a déclaré insuffisantes pour atteindre l'idée de Dieu toutes les preuves de la raison spéculative, mais il n'a pas montré que cette raison spéculative ne tolère pas l'hypothèse d'un tel Être. De la sorte il demeure libre de prêter l'oreille aux argumentations de la preuve morale, basée sur l'existence d'un *impératif catégorique* signifiant à la conscience humaine un bien et un mal. On sait que, pour accroître l'autorité de ces revendications, et, au lieu de rechercher dans l'expérience les racines des notions de bien et de mal, il leur assigne pour origine une forme nouvelle de la raison, la *raison pratique* destinée à parachever l'œuvre incomplète de la raison pure spéculative, On examinera en son lieu la valeur de cette hypothèse, mais il importait de faire voir ici que, sans une falsification préalable des conclusions de la raison spéculative, une pareille fable n'eût pu être seulement hasardée, puisque ses conséquences eussent été d'avance condamnées. Il ne demeurait plus alors de prétexte à composer la *Critique de la raison pratique*, en faveur de laquelle on verra qu'il n'est pas d'excuse.

★

Ce silence, imposé aux conclusions rationnelles en ce qu'elles divulguent l'impossibilité de construire l'idée d'un Être suprême, n'est pas le seul artifice employé par Kant, dans la *Critique de la raison pure*, pour favoriser les prétentions de la seconde critique. Le conflit imaginaire qu'il élève dans la raison, à l'occasion des idées cosmologiques, n'a d'autre but que de jeter le discrédit sur la raison en lui attribuant des prétentions qui ne sont pas les siennes, de la mettre en contradiction avec elle-même, afin de pouvoir introduire un principe de conciliation hypothétique, qui devient parfaitement superflu dès que l'on fait tomber l'apparente contradiction qu'il a suscitée. Toutes les thèses, représentatives de l'esprit théologique, comportent une présomption, une extension des lois rationnelles au delà de leurs limites; elles sont fausses irrémédiablement. Mais c'est seulement en prêtant aux antithèses des affirmations positives qu'elles n'admettent pas et des négations exagérées qu'elles n'ont pas à prononcer que Kant parvient à les compromettre et à affaiblir leur évidence.

Il est bon de remarquer tout d'abord que, préoccupé de donner aux thèses des antinomies un semblant de réalité, Kant introduit dans le conflit, à titre de concept régulateur, l'idée de la totalité absolue des conditions du monde. Or, les antithèses s'exercent dans toute leur force et se construisent intégralement sans avoir recours à ce concept dont elles impliquent au contraire la négation. Car elles vont précisément à établir que, dans aucune direction de l'esprit, il n'est possible d'atteindre une réalité enfermant la totalité absolue des conditions du monde. Ce concept est donc un artifice au moyen duquel les thèses vont pouvoir se produire. Kant l'utilise aussi à compromettre les antithèses en leur attribuant des propositions qu'elles n'ont garde d'émettre.

C'est ainsi qu'après avoir démontré la fausseté de la thèse de la première antinomie, *le monde a un commencement dans le temps et dans l'espace*, Kant dénature l'antithèse pour en pouvoir triompher. L'antithèse, en réalité, n'exprime qu'une négation : *le monde n'a pas de commencement dans le temps, ni de limites dans l'espace*. Kant traduit : *le monde est infini en durée et en étendue*. Or, par le concept de l'infini, il entend une grandeur fixe impliquant la totalité des conditions du monde. Ayant donc ainsi diffamé l'antithèse, il lui est aisé de l'incriminer, et il condamne en effet, avec raison, sa prétention d'atteindre par la pensée pure la grandeur absolue du monde au moyen d'une régression dont le rôle légitime consiste seulement à remonter *indéfiniment* d'une condition à une autre plus élevée. Mais, on ne saurait le répéter avec trop d'insistance, une telle prétention imaginée par Kant est en contradiction flagrante avec la négation pure et simple en laquelle se renferme obstinément la raison.

De même l'antithèse de la deuxième antinomie, exprimant un principe strict de la raison, tient tout entière en cette proposition qui n'admet pas de réplique : *tout corps est divisible indéfiniment et il n'existe pas de simples*. Mais Kant travestit comme précédemment cette proposition ; il veut que la raison ajoute : *un tout donné se compose d'un nombre infini de parties*. Or, de ce qu'un tout donné est divisible indéfiniment, en sorte qu'il est impossible d'atteindre quantitativement rien qui soit simple, la raison n'a nul besoin, et se garde bien de déduire que ce tout donné soit composé d'un nombre infini de parties. La raison, non seulement ne se sert pas de ce terme *infini* en tant qu'il exprime une quantité fixe, mais elle conteste expressément la légitimité de son emploi.

C'est donc en dénaturant jusqu'à les contraindre à la contradiction d'elles-mêmes les antithèses des deux premières antinomies que Kant parvient à les montrer vaines.

On sait qu'en ce qui touche à la troisième et à la quatrième antinomie, Kant se targue d'établir que les thèses et les antithèses sont également vraies. Mais tandis que les antithèses (1) se justifient d'elles-mêmes sans avoir recours à aucune hypothèse, et se meuvent dans l'air libre de la raison, les thèses (2) ne s'animent d'une apparente réalité, et ne respirent que dans un milieu artificiel. Kant est tenu de forger à leur usage un monde imaginaire qu'il nomme par opposition au monde sensible, le seul qu'il nous soit donné d'atteindre par la Connaissance, *le monde intelligible*. L'hypothèse du monde intelligible repose elle-même, comme on sait, sur l'hypothèse des noumènes, qui sont les choses en soi, par opposition aux choses telles qu'elles nous apparaissent. En possession de ces

(1) « Il n'y a pas de liberté, et tout dans le monde arrive suivant des lois naturelles ; » — « il n'existe nulle part aucun être absolument nécessaire, ni dans le monde, ni hors du monde, comme en étant la cause. »

(2) « Il y a une cause libre ; » — « il y a dans le monde quelque chose qui, soit comme en faisant partie, soit comme sa cause, est un être absolument nécessaire. »

hypothèses, Kant accorde que les lois de notre esprit s'appliquent rigoureusement aux choses telles qu'elles nous apparaissent, aux phénomènes, et que le monde phénoménal n'admet pas d'autre loi que celle de la causalité naturelle. Il accorde aussi que dans le monde sensible, et en vertu de la loi causale, il est impossible d'atteindre un être nécessaire. Mais, ajoute-t-il, les choses telles qu'elles sont en soi, les noumènes, ne relèvent pas des lois phénoménales; les noumènes ont leurs lois propres, celles du monde intelligible, où l'hypothèse d'une causalité libre et d'un être absolument nécessaire ne rencontre plus la fin de non-recevoir que leur opposent les lois du monde sensible. Kant prétend déterminer de la sorte une conciliation et c'est ainsi que, d'après lui, un acte humain considéré comme effet dans le monde sensible, et soumis comme tel à la loi de la causalité naturelle, pourrait être, en tant que chose en soi, dégagé de cette servitude.

On montrera en son lieu qu'il n'existe dans le monde mental aucune notion qui, inexpliquée par les lois naturelles, reçoive quelque clarté de l'hypothèse d'un monde intelligible. On montrera qu'après avoir forgé cette hypothèse inutile Kant, pour lui donner un objet, s'est vu contraint d'altérer les notions du devoir et de l'impératif, qui, aisément décomposables par l'analyse en leurs éléments positifs, sont devenues, dans son système et en tant que choses intelligibles, au sens où Kant emploie ce mot, des choses totalement inintelligibles au sens où ce mot comporte une acception. On aura auparavant l'occasion de montrer que l'hypothèse des noumènes est inconciliable avec la théorie Kantienne elle-même. Enfin il faut noter déjà que l'idée de la loi n'est légitime que dans le monde phénoménal, dans le temps, dans l'espace et dans la cause, et que s'il est entièrement licite de dire que les lois qui régissent les phénomènes n'ont pas cours en dehors du monde sensible, il ne l'est pas de supposer des lois hors de ce monde sensible, et d'imaginer qu'une causalité libre et un être absolument nécessaire, par le seul fait que ce sont des notions inintelligibles pour l'esprit, sont suceptibles d'une signification dans un monde hypothétique où, de l'aveu de Kant, la Connaissance n'a pas accès.

L'objet immédiat que l'on se proposait ici était de montrer que les prétendues antinomies de la raison, suscitées par Kant pour donner prétexte à une médiation, n'existent pas et n'ont pu être figurées qu'en exagérant et en dénaturant les antithèses. Réduites à leur portée légitime, toutes les antithèses sont justes : elles sont les véritables thèses contre lesquelles il n'est pas d'argument. Construites d'ailleurs en conformité des lois de la raison, elles se montrent respectueuses du mystère qu'elles laissent subsister, tout entier. Elles reconnaissent la limite où cesse le pouvoir d'explication de la raison, limite par delà laquelle la faculté de comprendre est sans objet. C'est ce que n'accepte pas le dogmatisme rationaliste pour qui la Vie ne doit pas avoir de secret. Aussi, là où l'intelligence s'abstient, là où le dogme religieux explique le mystère par le mystère et fait appel à la foi, ce qui revient à endormir le patient pendant tout le temps que dure la douleur de l'angoisse métaphysique, le rationalisme soumet la raison à la torture et lui applique la question jusqu'à ce qu'elle confesse l'irrationnel. Il ne lui reste plus qu'à fabriquer une race d'esprits pour lesquels l'irrationnel soit un principe d'explication. Kant a singulièrement contribué à éduquer cette race d'esprits. Les thèses des antinomies qu'il osa poser en face des antithèses, et qui sont autant de sophismes, n'ont d'autre but que de déformer la raison, de discréditer une forme de la connaissance qui se refusait à prononcer dans le sens de la fiction anciennement instaurée par l'Instinct vital.

On n'a rappelé ici ces chapitres de la Dialectique transcendantale relatifs aux antinomies et à l'Idéal de la raison pure que pour y montrer, dans la contrainte imposée aux lois logiques, la manœuvre qui rendra possible le retour vers les conceptions théologiques. Il importait de désigner ces pages de la Critique comme le lieu du naufrage. Elles marquent l'endroit où Kant, pris de peur, s'aperçoit qu'il a rompu toutes les amarres entre le dogme théologique et la raison pure et où il se voit entraîné à la dérive sur la mer mystérieuse de l'esprit, loin des villes artificielles bâties de main d'homme sur les côtes accoutumées. C'est alors qu'il se hâte de jeter vers la terre, dont il est déjà détaché, et pour tenir lieu des chaînes rigides du dogme, de nouveaux câbles fabriqués au moyen de l'assemblage des sophismes les plus grossiers découverts en hâte dans les soutes de la dialectique.

Si Kant avait laissé aux antithèses des antinomies toute leur force, il fallait renoncer à tout jamais à concilier le dogme et la raison, et le mensonge vital, démasqué par la Connaissance, perdait tout son pouvoir d'illusion. On ne saurait trop insister sur ce point : c'est là, au cœur même de la *Critique de la raison pure*, au moment où il livre à la vieille fiction l'assaut le plus décisif, que Kant émousse les armes dont il se sert et détourne lui-même les coups qu'il porte des régions où ils causeraient la mort. Comme dans les romans populaires le traître, que l'on croyait égorgé, pourra surgir de nouveau, et, par ses intrigues, grossir d'une dernière péripétie le feuilleton qui semblait terminé. C'est sous le manteau de *l'Impératif catégorique* qu'on le pourra voir se glisser muni de pinces et de fausses clefs dans la *Critique de la raison pratique*.

II

On ne peut donc savoir gré à Kant, du point de vue de l'Instinct de Connaissance, de la façon dont il a combattu directement les postulats de la philosophie platonicienne. Sa volonté de demeurer le serviteur de l'Instinct vital est intervenue dans son entreprise pour la dénaturer. En montrant faussement la raison en conflit avec elle-même, il a tenté de cacher l'évidence. Mais tandis que sa volonté le déterminait à donner brusquement à ses analyses des conclusions inattendues, la fatalité de son génie philosophique le contraignait à instituer ces analyses avec une telle force que leurs conclusions légitimes devaient s'imposer par la suite à tous les esprits qu'un parti pris de moralité ancienne ne dominait plus. Il a fait bien plus que réfuter par des arguments nouveaux les prétentions de la théologie, il a déplacé le point de vue philosophique, il a créé une optique nouvelle. Il a retiré les esprits de la pénombre où ils étaient dupes des apparitions métaphysiques et les a situés en un lieu clair d'où ils voient se former le mirage phénoménal selon les lois d'illusion qui le régissent.

Ce mirage va se donner désormais pour ce qu'il est, les lois qui le déterminent vont désormais confesser qu'elles épuisent leur entière efficacité à instituer l'illusion. Si leurs extrémités dépassent le phénomène qu'elles ont évoqué, elles conviendront que ces prolongements ne mènent en aucun lieu et n'ont d'autre fin que de composer des perspectives où l'œil se noie. Les fantômes de cause première, de divinité créatrice et anthropomorphe, de liberté, de vérité absolue vont se dissiper dans cette atmosphère lumineuse. Les questions qui surgissaient à leur aspect n'auront plus lieu de se poser et l'inquiétude métaphysique se concentrera en cette unique interrogation devant laquelle l'esprit de Nietzsche est demeuré hagard. L'existence phénoménale, qui seule nous est donnée, absorbe-t-elle la totalité de l'existence? Laisse-t-elle place à la possibilité de la chose en soi ? Devons-nous concevoir un retour éternel des choses ? Ou bien un inconnaissable, un nirvana, s'oppose-t-il à la fantasmagorie de l'univers connaissable ?

Un tel déplacement de l'inquiétude, c'est la substitution de l'optique hindoue à l'optique juive, d'un point de vue de connaissance à un point de vue vital. On pourra se préoccuper par la suite de la signification de cette péripétie métaphysique. Il ne peut être ici question que de la constater et de la décrire. Or, il est certain que les races aryennes qui, durant deux mille ans, ont pris leur point d'appui pour vivre sur un mensonge emprunté au dogme d'une autre race, ont vu depuis un siècle la conception qui leur est propre ressusciter dans la philosophie allemande avec Kant, avec Schopenhauer, avec Nietszche, qui l'a enrichie d'une énergie singulière et d'une angoisse nouvelle.

Kant a-t-il pressenti toutes les conséquences de son œuvre et l'orientation nouvelle qu'elle devait imprimer à la philosophie? Il y a lieu d'en douter : comme toutes les grandes découvertes, cette forte conception est sortie de l'Inconscient, et l'homme de génie, en qui elle s'est manifestée, n'en a pas eu la meilleure conscience. Schopenhauer, libéré du préjugé dogmatique qui asservissait l'esprit de Kant, a rectifié sur bien des points la philosophie Kantienne. Les circonstances de son temps vinrent aussi à son aide : la découverte et la traduction des livres hindous dont son devancier n'avait pas connu la substance lui permirent de rattacher la philosophie critique à ses véritables origines et de distinguer la direction dans laquelle elle était appelée à se développer. Aussi faut-il, si l'on veut se faire une idée complète de la philosophie de la Connaissance pure, telle qu'elle s'oppose à la philosophie platonicienne, faire abstraction des propositions dernières vers lesquelles Kant a dirigé ses analyses, pour ne tenir compte que de ces analyses elles-mêmes, des conséquences qui en sortent logiquement, de l'interprétation qui en fut fournie par Schopenhauer, de l'extension que ce philosophe donna au point de vue nouveau, des éclaircissements qu'il y apporta. Enfin, la comparaison du système ainsi composé avec la métaphysique hindoue, telle qu'elle nous apparaît dans ses grandes lignes, nous montrera l'existence, dans un passé reculé, d'une mentalité semblable à celle que nous reconstituons et éclairera notre conception du monde du rayonnement d'une conception analogue.

On peut dire du plus grand nombre des systèmes philosophiques compris entre l'Hindouisme et le Kantisme qu'ils se donnent tous pour des ontologies. S'ils concèdent, en une certaine mesure, comme la philosophie platonicienne, le caractère irréel des objets extérieurs, c'est pour accorder toute réalité aux objets métaphysiques, c'est pour créer une ontologie supra-sensible. Si, comme la philosophie atomiste, ils négligent les objets imaginés par la philosophie précédente, Dieu et l'âme, c'est pour doter de l'existence réelle les objets du monde extérieur, c'est pour créer un nouvel être métaphysique, la matière, et fonder ainsi une ontologie sensible. Tel est donc le trait caractéristique des uns et des autres : ils considèrent que les lois cérébrales, en raison desquelles nous voyons apparaître des objets dans l'espace et des idées dans la raison, atteignent des réalités véritables, l'Être en soi des choses. Au contraire la marque distinctive de la philosophie de la Connaissance est celle-ci : elle tient ces lois cérébrales pour un appareil de déformation, destiné à nous faire voir l'Être en soi autre qu'il n'est, à faire surgir un spectacle imaginaire. L'hypothèse des premiers philosophes a contribué à fortifier la Vie en créant les illusions qui la font progresser, mais elle aboutit à un système de contradictions où les concepts de fini et d'infini, de liberté et de fatalité, se heurtent en des conflits inconciliables.

Les philosophes de la première manière en viennent toujours à conclure à un rapport de cause à effet, de créateur à création, entre les lois de la pensée et les lois de l'être. La philosophie de la Connaissance conclut à un rapport de chose représentée à représentation. Or elle aboutit à cette constatation que tout phénomène de représentation est nécessairement un phénomène de déformation, un phénomène d'illusion, en sorte que la représentation de l'Être à sa propre vue est dans son essence une falsification systématique de l'Être en soi, à supposer qu'un pareil être, conçu par la philosophie précédente, soit pourvu de réalité et que quelque chose existe en dehors du phénomène. Elle va donc étudier les lois de la mentalité en les considérant comme le moyen de cette déformation : au système d'ontologie des philosophes antérieurs, elle va opposer un système d'illusionisme.[1]

Les philosophes du groupe théologique sont pareils à des spectateurs naïfs auxquels on fait voir pour la première fois le spectacle figuré dans un panorama. Ils se trouvent placés sur une plate-forme circulaire, dans un jour atténué, et, devant leurs yeux, en des espaces qui s'étendent sans fin, éclairées par une lumière violente, des scènes se déroulent, représentations de batailles, de fêtes et de sinistres, de villes entières, de campagnes avec des fleuves, des champs et des verdures : derrière ces paysages, l'horizon s'éloigne. Et quand le premier étonnement de ces naïfs spectateurs est dissipé, après qu'ils ont admiré la beauté du point de vue, il leur prend la fantaisie de contempler de plus près tous les détails de la contrée, ils se proposent de se rendre jusqu'à ce clocher situé sur la colline. Ils supputent la longueur du trajet, une demi-lieue peut-être, et vont se mettre en route. Car ils se fient aux renseignements que leur apportent leurs yeux et se persuadent que leurs perceptions évaluent exactement la distance à parcourir. — Au contraire les spectateurs expérimentés jouissent, sans en être dupes, du mensonge panoramique. Ils savent qu'ils sont en un lieu aménagé pour produire l'illusion et qu'ils assistent à une représentation de l'espace. Ils savent que leurs perceptions ne correspondent point à des réalités équivalentes, et que, s'ils sortaient du périmètre circulaire où ils sont placés pour courir vers le clocher lointain, la vision serait détruite aussitôt ; ils savent que les lieues miraculeuses, au long des routes environnées de paysages et de lumière, s'évanouiraient et que leur élan irait se heurter, après un bond de quelques mètres, à la colonnade peinte où la vision se résume en un système de lignes et de surfaces colorées. Ils savent que les projets formés pour se rendre au but, tandis qu'ils le voient à travers le mirage déformateur et créateur, sont vains et disproportionnés pour atteindre un objet sans réalité dont on touche avec la main la trompeuse apparence sitôt que l'on quitte l'enceinte où le mensonge prend naissance et que l'on s'approche de quelques pas. Au lieu de former des projets aussi déraisonnables, ces spectateurs expérimentés vont s'enquérir des procédés qui déterminent l'illusion. Ils découvriront les jeux de lumière, les artifices de perspective qui composent le spectacle et ils connaîtront que les renseignements apportés par leurs sens à leur esprit, ainsi que tout l'appareil à travers lequel ces renseignements sont transmis, ont pour but non pas de les mettre en rapport avec des objets réels, mais de susciter, avec l'aide de quelques signes matériels, une représentation purement idéale, essentiellement différente du modèle qui lui sert de prétexte.

Les philosophes au service de la Connaissance sont semblables à ces spectateurs désabusés. C'est avec le même regard clair qu'ils considèrent le spectacle de l'Univers. Mais combien est plus parfaite et mieux aménagée l'illusion gigantesque dont l'énigme leur est proposée. Celle que l'on vient de décrire et que l'homme institue ne déforme qu'un fragment de l'espace. Elle ne leurre qu'un seul de nos sens, elle ne joue que notre vue, et, lorsque nous sortons de l'enceinte où se forme l'illusion pour pénétrer dans l'endroit même où le spectacle paraît situé, si le spectacle lui-même disparaît, la toile peinte qui le suscitait demeure pour nous expliquer notre erreur : l'illusion laisse saisir son résidu matériel ; elle apparaît comme un agrandissement, comme une déformation, mais comme une déformation de *quelque chose.*

Le spectacle de l'univers est suscité par des moyens autrement forts et complexes : ces moyens ce sont les artifices de l'espace, du temps, de la cause. C'est encore le mirage de la représentation abstraite et des lois mentales. C'est du moins comme tels, comme des artifices et comme des moyens d'illusion, que les philosophes au service de la Connaissance vont considérer ces lois qui gouvernent notre esprit. Certes, ce nouveau point de vue ne dissipera pas le mystère de l'apparition phénoménale. Mais le culte et le respect jaloux du mystère sont, chez ces philosophes nouveaux, la forme suprême du sentiment religieux interprété comme une contrainte exercée sur soi-même et converti en probité intellectuelle. Contre-partie de leur passion de connaître et de leur volonté de n'être pas dupes, ce respect, résigné d'abord, se tourne bientôt en une volonté nouvelle de maintenir le mystère à l'origine de ce spectacle cosmique dont ils savent que l'intrigue veut rester secrète. Par ce parti pris, les philosophes de la Connaissance identifient leur-désir avec les formes indéfinies des lois de la Connaissance ; c'est ainsi qu'ils acceptent et réalisent leur destinée.

III

La philosophie de la Connaissance, c'est donc, à vrai dire, l'étude de l'Univers, pris dans son ensemble comme un système d'illusions. Décrire notre faculté de connaître, c'est, pour une telle philosophie, démonter les différentes lentilles d'un appareil. Cet appareil est celui à travers lequel l'Être, prenant conscience de lui-même, apparaît à sa propre vue.

Le soupçon d'une illusion s'insinue dans l'esprit philosophique à l'occasion des objets du monde extérieur et il est juste de noter ici que la science de la Connaissance, dont la destinée sera de détruire plus tard tout théisme, doit d'avoir été constituée aux seules écoles idéalistes, à l'exclusion des écoles matérialistes dont la crédulité touchant les résultats immédiats de la perception eût été un obstacle au progrès critique de l'esprit. C'est pourquoi on ne saurait faire une historique, si rapide soit-elle, de cette science, sans nommer Platon parmi ses fondateurs. Bien qu'il ait été aussi le principal inventeur d'une philosophie toute contraire et qu'on le doive considérer comme le père de la théologie, il n'en a pas moins jeté le doute sur la véracité de nos perceptions et Schopenhauer lui a rendu un juste hommage en résumant sa pensée, telle qu'elle est exprimée en maint endroit de ses ouvrages, en la maxime que voici : « Le monde qui frappe nos sens ne possède pas véritablement l'être ; il n'est qu'un devenir incessant, indifférent à l'être et au non-être: le percevoir c'est moins une connaissance qu'une illusion. »

Le principe de déformation entrevu par Platon réside, on le sait, en l'appareil rationnel avec son pouvoir de produire ce que Kant nommera plus tard le concept : il réside en notre faculté d'abstraire et de former des idées générales. Nos sens, remarque Platon, ne nous fournissent rien que des données contingentes ; c'est à travers l'*idée* que nous saisissons et fixons les choses particulières et les convertissons en objets de connaissance, car il n'est de véritable connaissance que du général. Avec la raison où l'idée se reflète, voici donc une première lentille signalée par la philosophie, un premier prisme à travers lequel la réalité que nous prêtons aux choses se déforme avant de se manifester à notre esprit.

Avec Locke, une autre inquiétude prend naissance. Quelle est la valeur de la perception elle-même? Ces objets particuliers qu'elle évoque, et dont Platon constate déjà la contingence, en quel état nous les transmet-elle? Une perception ne se forme que par l'entremise d'une sensation et une sensation est un état du sujet qui connaît. La sensation est donc un nouveau prisme à travers lequel l'objet est modifié avant de comparaître devant l'esprit. Locke, distinguant dans les corps des qualités premières et des qualités secondes, considère ces dernières comme un apport de la sensation, c'est-à-dire comme une propriété du sujet. Ces qualités secondes sont, comme on ne l'ignore, la couleur, le son, l'odeur, la saveur, la température basse ou élevée. Or l'expérience même permet ici de toucher le pouvoir déformateur de la sensation, et de contrôler l'induction philosophique. Les anomalies que présentent chez certains individus les fonctions sensorielles nous instruisent, par l'exagération pathologique, du procédé normal de la fonction. Ne voit-on pas tels cas particuliers de la vision augmenter ou diminuer la netteté, la dimension des objets ? Le daltonisme ne va-t-il pas jusqu'à modifier leur couleur?

Voici donc déjà l'existence réelle de l'objet singulièrement réduite, puisqu'il en faut retirer, pour les attribuer à une disposition du sujet, toutes les qualités concrètes que l'on vient d'énumérer. Il en reste à peine quelque chose d'équivalent à cette toile peinte de notre panorama qui suscita l'illusion complète d'un paysage. Mais avec Kant ce résidu même va disparaître. Tout ce que Locke reconnaît encore comme propriété essentielle de l'objet, à titre de qualités primaires, l'étendue, le contour, la forme, le mouvement, s'évanouit devant la découverte de Kant ; car de telles propriétés ne peuvent se manifester que dans l'espace et dans le temps. Or, c'est la grande œuvre de Kant, accomplie dans les cinquante pages de l'Esthétique transcendantale, d'avoir démontré que l'espace et le temps n'ont point, d'une part, une réalité substantielle, que d'autre part, ils ne sont pas non plus des propriétés de l'objet ; qu'au contraire ils appartiennent au sujet de la Connaissance et qu'ils sont les formes de la sensibilité de ce sujet. Il est en effet possible, selon la remarque de Kant, de retirer par la pensée du temps et de l'espace un objet déterminé ou tous les objets imaginables sans altérer le tissu du temps et de l'espace, le temps et l'espace, après cette soustraction, demeurant entiers, prêts à envelopper de nouveaux objets et à les rendre saisissables. Mais il est impossible d'abstraire le temps et l'espace eux-mêmes, et cela signifie précisément qu'ils font partie de l'appareil à travers lequel l'objet est appréhendé.

Voici donc encore, avec l'espace et le temps, une nouvelle lentille de l'appareil de la Connaissance démontée et mise à part. Selon la terminologie Kantienne, cette nouvelle lentille est l'intuition sensible ; l'espace et le temps sont les deux verres superposés qui lui donnent son pouvoir. Mais il faut ici rectifier Kant par Schopenhauer : car la lentille de l'intuition sensible ne saurait remplir son office si on ne la complète par un troisième verre. Le temps et l'espace ne parviennent à produire une représentation objective que s'ils sont mis en rapport entre eux, ainsi qu'avec le sujet de la connaissance, par la cause. C'est ce que Schopenhauer a démontré avec évidence dans sa *Quadruple racine du principe de raison suffisante* et dans ses suppléments au premier livre de son grand ouvrage. La sensation, matière première de toute perception, ne peut devenir en effet un objet situé dans le temps et dans l'espace qu'à une condition, celle-ci : qu'elle soit considérée comme l'effet d'une *cause* différente d'elle-même. C'est sous cette condition, au moyen donc du mécanisme de la cause, que le sujet va projeter hors de lui-même la modification qu'il éprouve et créer l'objet matériel. Kant a voulu faire de l'espace et du temps les seules formes de l'intuition sensible, tandis que la causalité comprise parmi les douze catégories devait être tenue pour l'une des formes à priori d'une autre faculté, la raison proprement dite. Schopenhauer estime que la causalité est, au même titre que le temps et l'espace, l'une des formes de la représentation intuitive et que ces formes sont toutes de nature intellectuelle. Il réserve à la raison le rôle de former des concepts et des représentations abstraites.

L'essentiel est en somme que Kant ait conservé à la causalité son caractère d'élément à priori, rendant l'expérience possible et ne dérivant pas d'elle. C'est à quoi il n'a pas failli. L'analyse de Schopenhauer nous permet seulement de distinguer avec plus de netteté la composition et la disposition des différents milieux à travers lesquels l'objet se déforme avant d'être saisi par le sujet. L'état de perfection auquel ce philosophe a élevé la science de la Connaissance laisse voir trois écrans interposés entre l'objet et sa représentation dans la conscience : ces écrans sont une sensation, origine première de tout le processus que l'on décrit ici, une intuition objectant la sensation dans le mirage du temps, de l'espace par l'entremise de la cause, la transformant en perception interne ou externe, enfin la raison avec son appareil systématique de concepts, convertissant la donnée expérimentale en notion, en objet de connaissance.

A travers ce triple appareil de déformation, que

reste-t-il des objets en eux-mêmes. Plus rien, à vrai dire, d'appréciable, puisque ces objets qui nous semblent situés dans l'espace et dans le temps, qui nous semblent liés entre eux par des rapports de cause à effet, n'apparaissent tels qu'en vertu de la conformation de notre mentalité et ne remplissent pas plus ces conditions que ne rempliraient celles d'être en réalité vertes ou bleues des substances incolores vues à travers des besicles vertes ou bleues. La découverte de Kant qui aboutit à montrer l'espace, le temps et la cause comme des formes de la faculté de connaître du sujet suffit donc à poser devant l'imagination, selon sa valeur concrète, la conception de l'univers pris comme système d'illusion, pour nous contraindre à présumer une différence entre les choses telles qu'elles nous apparaissent et les choses telles qu'elles sont en soi. Par cette découverte, Kant a métamorphosé l'aspect de la métaphysique ; il a créé à l'égard de toute ontologie un état de suspicion plus funeste et plus destructeur que n'auraient pu faire les attaques les plus directes.

Et pourtant, après cette description des diverses pièces de l'appareil de la Connaissance, et malgré les avertissements que semblent donner par surcroît certaines anomalies sensorielles, serait-on en droit de conclure dogmatiquement à un écart certain entre l'objet et sa représentation ? Des esprits blessés par une semblable conclusion ne seraient-ils pas autorisés jusqu'ici à imaginer qu'une iden-

7

tité, bien que soustraite à tout contrôle, peut néanmoins exister entre la représentation des objets dans l'esprit et les objets réels ? Ce fut l'hypothèse de Malebranche, et, si hasardée, si peu vraisemblable qu'elle paraisse, on ne saurait dire encore qu'elle n'est pas permise : car elle n'implique pas contradiction et les analyses Kantiennes n'autorisent pas jusqu'ici des négations dogmatiques. De plus, entraîné par l'anologie et considérant que toute représentation dans le monde phénoménal suppose quelque modèle, l'esprit affirme encore, et semble pouvoir le faire à juste titre, que l'existence des phénomènes suppose nécessairement l'existence de quelque réalité, cachée sous ces phénomènes et donnant prétexte à leur manifestation. C'est en cédant à cet instinct d'analogie que Kant a dressé, en regard des phénomènes, l'hypothèse des noumènes, des objets tels qu'ils sont en eux-mêmes.

Si de telles hypothèses sont encore permises, cela tient à la façon détournée dont le problème philosophique fut abordé, cela tient à la présomption ontologique formée par la philosophie platonicienne, qui avait préalablement masqué l'aspect de ce problème et en avait faussé les termes. Platon, Locke, Kant commencent par tenir cette présomption pour fondée : c'est seulement à la suite d'expériences et d'analyses psychologiques qu'ils parviennent à en éprouver la fragilité, à découvrir les fêlures par où fuit sa vraisemblance. Or la science de la faculté de connaître a été complétée par une dernière proposition qui, par une suite de déductions logiques, manifeste le caractère irréel de toute représentation avec une évidence contre laquelle aucune argutie ne saurait prévaloir. Cette proposition, Schopenhauer revendique l'honneur de l'avoir mise en lumière. Il est certain pourtant que Kant l'a connue et il semble que, dans la première version de la *Critique*, il soit près de la formuler. Si, dans les éditions corrigées qui viennent après, il n'est plus préoccupé que de l'éluder et de l'obscurcir, il faut voir là son parti pris de moralité ancienne et la volonté de cacher une vérité qui, nettement formulée, rendait impossible tout retour vers la théologie. A un point de vue de juste critique, il faut accorder à Kant la gloire de cette découverte parce que la meilleure part de sa philosophie la nécessite et tire d'elle sa clarté. A Schopenhauer demeure le mérite d'une probité intellectuelle qui subordonne les intérêts de la Vie à ceux de la Connaissance et que des préventions d'intérêt social n'ont plus le pouvoir d'étouffer.

Il n'est de représentation que d'un objet pour un sujet, tel est le principe suprême de la science de la Connaissance formulé par Schopenhauer. L'analyse a déjà permis de distinguer trois sortes d'appareils à travers lesquels la réalité semblait se déformer pour devenir objet de connaissance : la sensation, l'intuition dans le temps, dans l'espace et dans la cause, la raison, avec sa faculté de généraliser et d'abstraire. La nécessité d'une distinction préalable en objet et en sujet, pour qu'une représentation soit possible, va rendre compte de la véritable nature de ces appareils à travers lesquels on a vu filtrer la connaissance. Elle va de plus confirmer leur rôle déformateur et poser définitivement devant l'esprit l'Univers connaissable comme un système d'illusionisme, non plus d'une façon hypothétique, mais avec toute la certitude qu'implique une science à priori.

C'est la vue géniale de Schopenhauer d'avoir introduit dans la philosophie la conception de l'Univers *comme représentation*. C'est son meilleur titre de gloire. Faut-il le dire, c'est encore sa particulière et rare originalité, d'avoir donné ses entrées dans la métaphysique à une notion de simple bon sens et de lui avoir conféré une valeur scientifique. Or, Schopenhauer n'a pas enseigné seulement que le monde est représentation; il a ajouté le monde est *ma* représentation, affirmant ainsi l'identité du sujet connaissant et de l'objet. Mais il est bon de constater qu'à la manière de Kant il a appuyé cette seconde assertion sur une observation d'expérience psychologique. Son point de départ est le *moi*, le sujet immédiat. C'est dans le *moi*, dans chaque *moi* individuel, qu'il a découvert la confusion de l'objet et du sujet. Je dis *moi*, remarque-t-il, de mes sensations comme je dis *moi* de la connaissance que j'en prends. Ce sont *mes* sensations qui deviennent *mes* perceptions, et il constate que l'homme capable de réfléchir et d'abstraire possède «l'entière certitude de ne connaître ni un soleil ni une terre, mais seulement un œil qui voit ce soleil, une main qui touche cette terre». Encore, pour bien saisir la pensée exacte du philosophe, faut-il substituer à cet œil qui voit, à cette main qui touche, la sensation qui est rapportée à l'un ou à l'autre. C'est à l'occasion de cette sensation que le mécanisme du temps, de l'espace et de la cause se déclanche, et que le *moi* sujet situe sa propre sensation, c'est-à-dire son propre *moi*, hors de lui sous forme de terre et de soleil dans l'espace, qu'il se donne ainsi la représentation du monde extérieur.

Mais c'est aussi dans le même moment que le moi sujet prend naissance par rapport à ce moi objet, à ce monde extérieur soudainement apparu et qui le détermine. Essaie-t-il de se saisir lui-même et sans le recours à cette détermination au moyen de l'espace, le voici contraint à une nouvelle division de lui-même, projetant en des moments distincts du temps ce *moi* qu'il destine à devenir *objet* de connaissance et ce *moi sujet* qui veut connaître. Au lieu de se situer en objet pour un sujet dans l'espace, le moi sujet, pour prendre connaissance de lui-même se situe en objet pour un sujet dans le temps. Mais le nouveau sujet ainsi formé essaie en vain d'ajouter la connaissance de lui-même à celle du moi nouvellement objectivé afin de posséder ainsi la connaissance du moi total, il ne peut échapper au même morcellement que le sujet précédent. Le désir même de tout sujet avide de se saisir entraîne une altération de sa réalité et la nécessité de fixer une part de lui sur le socle du passé, de s'en séparer et de s'en éloigner pour le voir, pour le connaître. Ainsi, par la pure psychologie, du point de vue du microcosme, le principe de la distinction en objet et en sujet révèle le caractère nécessairement imparfait, inachevé et inachevable de tout état de connaissance, l'impossibilité pour le moi de se saisir intégralement dans la connaissance.

IV

Cette déduction psychologique est parfaite pour susciter le sentiment concret du sortilège qu'est toute représentation phénoménale et de l'hallucination qu'elle implique. Elle montre d'une manière définitive toutes les lois de la Connaissance convergeant à rendre impossible la connaissance intégrale de l'Être, construites expressément de façon à fortifier le mystère de son origine, loin qu'elles tendent à le dissiper. Or, il est bon de remarquer que de tels résultats, qui consacrent les propositions des antithèses, ont été atteints par une voie purement psychologique et sans l'intervention d'aucune hypothèse. En possession de cet ensemble de lois qui président au mécanisme de la Connaissance, on va montrer maintenant qu'en se prêtant à la dialectique de Kant et en acceptant l'emploi de ses hypothèses métaphysiques, on parvient, à l'égard du macrocosme, et d'une façon plus grossièrement évidente encore, aux mêmes conclusions que la psychologie vient de nous faire toucher. On va voir ainsi que les prémisses de la philosophie Kantienne, notifiant l'idéalisme du temps, de l'espace et de la cause nécessitent une interprétation purement phénoméniste de l'Univers, excluant pour l'Être toute possibilité de se saisir en soi et de se déterminer en un état de Connaissance.

Il y a plus : à l'imitation de Kant, on aura recours au concept de la totalité absolue des conditions du monde, invoqué par le philosophe à titre d'hypothèse efficace, propre à rendre possible une construction métaphysique de l'Être; or ce concept, confronté avec les lois de la Connaissance, telles qu'elles viennent d'être sommairement exposées, commandera des déductions rigoureuses en opposition absolue avec celles que Kant en a prétendu tirer.

§

En possession de cette hypothèse, il devient possible de former le concept de l'Etre universel : *ce en dehors de quoi rien n'existe.* Dans l'intérieur de ce concept, et en contraste avec l'Être phénoménal, *le monde comme représentation* de Schopenhauer, que l'expérience nous donne, il est encore permis d'introduire le concept de *l'Etre en soi.* Toutefois, est-il besoin de l'énoncer, la formation de ce dernier concept ne présume nullement qu'il corresponde à une existence réelle. On est ici dans le domaine de la pure métaphysique, où aucune expérience ne vient jamais, gonflant de vie ou vidant l'hypothèse, en confirmer ou en contester la réalité. Mais le principe de contradiction, dont le choc a ruiné les conjectures théologiques, est de nature à faire connaître dans quelles limites le concept de l'Etre en soi demeure saisissable, ce qu'il est permis d'exprimer à son sujet, surtout, et en toute certitude logique, ce que l'on doit nier qu'il renferme.

Si de ces trois concepts de valeur inégale, on considère tout d'abord celui de l'Etre universel, on constate qu'il forme aussi l'Unité en soi, puisque *ce en dehors de quoi rien n'existe* implique une totalité à laquelle, dans l'hypothèse, rien ne peut être ajouté, de laquelle rien ne peut être distrait. Si l'on se reporte alors au principe de Connaissance qui vient d'être énoncé en dernier lieu, on voit que cette unité ne peut se représenter à elle-même qu'en se distinguant en objet et en sujet. Cela revient à dire que *l'unité* ne se représente à elle-même que dans la multiplicité, que dans la *diversité*, à formuler que l'Etre universel se conçoit nécessairement et de la façon la plus radicale, autre qu'il n'est. Et voici, nécessitée par les lois à priori de la raison et à l'égard de l'Univers, la déformation dont l'expérience psychologique avait révélé le mécanisme dans l'intimité de la conscience.

L'*Être universel se conçoit nécessairement autre qu'il n'est*. Il importe de tirer de cette première conclusion les conséquences intégrales qu'elle comporte. Or, celle-ci, qui va préciser le concept de l'*Être en soi*, au moyen d'une description négative, s'impose en guise de corollaire : l'*Etre en soi est pour soi-même inconnaissable*. On ne peut en effet concevoir un état de connaissance en dehors d'un état de représentation, en dehors d'un sujet en face d'un objet. En dehors de ces conditions, le terme *connaissance* est dépourvu, pour l'esprit, de toute signification, de toute intelligibilité. Ce n'est plus qu'un mot sous lequel, non seulement aucune réalité, mais aucun concept n'existe plus. Il est impossible, d'autre part, d'attribuer à l'*Etre en soi* la distinction en objet et en sujet : ce serait l'identifier avec le monde comme représentation, par conséquent l'abolir. On est donc contraint d'affirmer de l'*Être en soi* qu'il est inconnaissable pour lui-même. Or, ce qui vient d'être affirmé de l'Etre en soi peut l'être aussi de l'Etre universel. Car inconnaissable pour lui-même en tant qu'on le considère comme être en soi, la connaissance qu'il prend de lui-même est fausse, en tant qu'on le considère dans le monde comme représentation, puisque, se distinguant en objet et en sujet, l'Unique se conçoit multiple. En dernière analyse, il faut donc conclure que la connaissance n'est pas un apanage de l'Etre et *qu'il y a antinomie essentielle entre existence et connaissance*. Il va de soi que la connaissance dont il est ici question est la connaissance absolue, se proposant pour objet la vérité absolue, la connaissance telle que la concevait l'ancienne métaphysique. Il la faudra tenir désormais comme une aspiration hystérique de l'humanité, comme un des moyens sans doute qui servent à faire surgir la vie phénoménale, et à en assurer le mouvement dans la durée. Par contre, la véritable science de la connaissance devra être définie l'énoncé des lois d'illusions, la description des perspectives mensongères selon lesquelles l'Etre universel se déforme en tant qu'il se représente à sa propre vue. C'est la science du *non vrai*, loi et condition de la vie phénoménale, selon la formule de Nietzsche.

Le concept d'un *Être en soi*, dont on ne saurait dire s'il comporte une réalité, peut donc être accepté à titre de concept régulateur, de construction utile à faire comprendre la nature de la représentation phénoménale. Que l'univers phénoménal ait réellement pour contre-partie, antérieurement à la distinction en objet et en sujet, l'Etre en soi, ou que ce concept soit seulement une forme logique de la raison, il n'en reste pas moins qu'une telle hypothèse est légitime, en tant que concept purement logique, et que, par son intervention, l'univers phénoménal est amené à montrer plus clairement le principe de déformation nécessaire qui préside à sa genèse, le mensonge qui le suscite. Toute chose qui se connaît se connaît autre qu'elle n'est, l'univers que nous connaissons prend conscience de lui-même en nous-mêmes autre qu'il n'est. Le mensonge est la loi de la Vie telle que nous la connaissons expérimentalement. Tels sont les aveux du monde phénoménal interrogé, mis en confiance et contraint à parler par l'hypothèse de l'Etre en soi. Cette hypothèse de l'Etre en soi, et celle de la totalité absolue des conditions du monde, en tant qu'on les circonscrit dans les limites où elles n'impliquent pas contradiction, se montrent donc très propres à notifier avec un grossissement le caractère illusoire de la représentation phénoménale.

V

Ces premières constatations vont donner naissance à des déductions nouvelles, autoriser, ou plutôt prescrire quelques négations. Il faudra nier en effet l'hypothèse Kantienne des noumènes. L'objet et le sujet, les divers objets et les divers sujets n'ont pas d'existence en soi, n'ont pas de types nouménaux qui leur correspondent. Il n'est d'objet que pour un sujet, il n'est de sujet qu'en présence d'un objet. Objets et sujets sont de pures apparences. L'objet matériel n'a pas plus son équivalent nouménal que la substance simple appelée âme, dont on fait le sujet. Car l'Être en soi, seule patrie possible des noumènes, est conçu comme antérieur à la distinction de l'Être en objet et en sujet, en sorte que la diversité n'y saurait trouver place. Les objets et les sujets divers du monde phénoménal ne sauraient donc avoir un correspondant nouménal, fût-il conçu à la façon de l'Idée platonicienne comme type très général et à l'état de genre : l'existence des noumènes introduirait indûment la diversité dans l'Être en soi. On est donc contraint de nier l'existence des noumènes, en sorte que deux espèces de conceptions sont seules possibles : celle des phénomènes, dont l'expérience nous atteste la réalité (la réalité d'une apparence), — celle de l'Être en soi. Toute la métaphysique transcendantale se réduit à décider si cette conception de l'Être en soi, dont nous savons seulement qu'il est inconnaissable pour lui-même, cache ou non une existence réelle.

§

Après avoir écarté l'hypothèse des noumènes, il reste encore à contester une autre assertion de Kant qui fut acceptée pour vraie jusqu'ici en raison de son opportunité et parce qu'elle allait à détruire dans les esprits la croyance à la réalité des choses. On ne saurait, en effet, accorder à Kant que le temps, l'espace et la causalité soient nécessairement des propriétés du sujet. Si l'on voit bien que ces propriétés n'appartiennent pas à l'objet, comment pourraient-elles être attribuées à un sujet auquel l'existence en soi ne peut être reconnue, qui n'existe que dans son rapport avec l'objet, qui ne se manifeste et ne se laisse appréhender qu'à travers ces propriétés mêmes dont on veut le pourvoir? Du point de vue d'illusionisme où nous a conduits, à la suite de Kant lui-même et de Schopenhauer, la science de la connaissance, on ne saurait donc maintenir cette prétention : mais on peut dire au contraire, avec vraisemblance, que le temps, l'espace et la cause, au même titre que la distinction entre objet et sujet, dont ces propriétés sont la conséquence, doivent être considérés comme les procédés mêmes de l'illusion phénoménale, comme les lois panoramiques engendrées par l'attitude de l'Etre universel en tant qu'il se représente à lui-même.

Cette conception peut être précisée par les considérations que voici. On a dit que l'Être universel ne peut prendre connaissance de lui-même qu'au moyen d'une altération de sa propre essence, qu'il se conçoit nécessairement autre qu'il n'est. Du moins faut-il penser que cette représentation, nécessairement inadéquate à son objet, est parfaite comme représentation, aussi complète qu'elle peut être, qu'elle épuise toutes les combinaisons possibles pour parfaire, par une série indéfinie de clichés la description de son modèle et qu'elle imite l'aspect de l'unité totale par une multiplicité qui désespère tout effort de numération expérimentale. On voit en effet se réaliser les modes de cette représentation à tous les degrés de l'Univers. Elle se forme entre un monde inanimé et immobile dont le rôle unique semble d'être un objet à jamais — et tous les yeux, tous les sens, depuis ceux de l'animal le plus bas jusqu'à ceux de l'homme, organes serviteurs d'une infinité de sujets distincts qui perçoivent ce monde inanimé. Mais tous ces sujets qui perçoivent sont eux-mêmes, pour eux-mêmes et pour tous les autres, des objets, et les figurants d'un spectacle plus vaste qui atteint dans le moi humain, avec l'artifice nouveau de la raison, la complexité et la généralité la plus grande. Or, dès que l'Être universel se pose en objet pour un sujet dans quelque être particulier, ne voit-on pas que cette distinction entraîne nécessairement, comme moyens complémentaires de représentation, l'entrée en scène du temps, de l'espace et de la cause? Quels que soient le nombre et la position des éléments qui forment d'un côté le spectacle, de l'autre les spectateurs, ne voit-on pas que le temps, l'espace et la cause surgissent avec le fait même de la division selon laquelle cette distinction s'est établie? Aussi, tandis que l'on peut tenir la sensation pour l'action réciproque de l'objet sur le sujet, tandis qu'elle apporte le contenu de l'expérience et signifie le rapport en quantité et en position selon lequel l'Etre universel s'est réparti en sujet et en objet, le temps, l'espace et la cause apparaissent comme des conséquences directes de l'attitude déterminée selon laquelle cette division s'est opérée; on ne saurait les rattacher ni au sujet ni à l'objet, ils composent spécialement la perspective selon laquelle l'Etre en soi se déforme pour se saisir, ils sont, comme on l'a dit, les lois mêmes de l'illusion phénoménale.

Si l'assertion de Kant, qui faisait des trois faces de ce miroir prismatique une dépendance du sujet, n'a pas été plus tôt contestée, c'est qu'elle aboutissait, aussi bien que la description actuelle, à montrer ces formes de l'intuition comme les lois de l'apparence phénoménale, et non plus comme les lois des choses. Or ce point de vue essentiel, — le temps, l'espace et la cause tenus pour un appareil de déformation, pour des moyens purement représentatifs, — suffisait à détruire l'ancienne philosophie, à substituer à la conception du monde selon Platon et le Judaïsme, la conception scientifique qui fut celle du génie hindou.

VI

Lorsque l'on connaît déjà, par la considération du concept de l'Etre universel, qu'un tel Etre ne peut se concevoir que d'une façon radicalement différente de ce qu'il est, l'intervention de cet appareil de déformation prend une claire signification. On distingue alors qu'il se donne sincèrement pour ce qu'il est et qu'il confesse sa mission illusoire par sa forme même : le temps et l'espace n'admettent pas de limites, la cause suppose indéfiniment une cause qui l'engendre, ne supporte pas de principe premier. Ces formes ne nous donnent-elles pas de la sorte l'avertissement qu'elles ne mènent nulle part, qu'elles ne se raccordent pas avec un objet, qu'elles sont quelque chose *à travers quoi*, un appareil d'optique à travers lequel un mirage se forme — et non des véhicules vers un point donné. Les anciens philosophes qui avaient résolu de faire du temps, de l'espace et de la cause des agrès, des mâts dressés et des cordes tendues pour s'élever vers les idées métaphysiques, s'étonnaient de monter sans cesse et de ne parvenir jamais : ils venaient à se persuader qu'ils avaient touché le but lorsque le vertige les prenait. Au contraire, les philosophes nouveaux, sachant que ces idées du temps, de l'espace et de la cause sont les prismes à travers lesquels se diversifie la représentation phénoménale, les trouvent merveilleusement appropriées à cet usage. Ils ne s'étonnent pas qu'une loupe grossisse, que des verres colorés colorent. Ils sont semblables aux spectateurs avertis du panorama interprétant les jeux de lumière et de perspectives qui les abusent comme des lois d'illusion pour une représentation illusoire.

VII

L'importance de la conception Kantienne touchant les formes de l'intuition a donc déplacé, malgré la volonté de Kant, le point de vue métaphysique. La loi de causalité qui servait à lier l'univers créé à une cause créatrice montre sa véritable propriété, elle se dit moyen de représentation dans l'espace et dans le temps. La conception d'un monde créé par une force hors de lui fait place à celle d'un Etre qui se représente à lui-même. L'idée de représentation se substitue à celle de création. Toutes les monstruosités mentales suscitées par l'hypothèse précédente, dualisme, conciliation du fini et de l'infini, de la liberté et de la fatalité s'évanouissent, et le problème métaphysique se présente désormais sous cet aspect : l'existence nous est donnée comme représentation et nous ne la *connaissons* que comme telle. Le concept d'une existence en soi a-t-il une réalité? La chose en soi de Kant, le monde comme volonté de Schopenhauer, le Brahma ou le Nirvana des Hindous existent-ils?

Que cet Etre en soi, de quelque nom qu'on le désigne, soit inconnaissable pour lui-même, c'est ce que les déductions Kantiennes nous ont contraints de confesser, et c'est la seule certitude que nous ayons pu acquérir jusqu'ici à son endroit. Ce fut aussi la conclusion de l'Hindouisme, qui nous précéda de si loin en cette voie métaphysique et formula, dès les origines, la science de la connaissance telle que le génie allemand l'a retrouvée. Bien avant les spéculations auxquelles nous n'avons abouti qu'après un long effort pour secouer le joug théologique, la même position d'esprit à laquelle nous ne faisons maintenant qu'accéder s'était établie dans la philosophie brahmanique. Et il ne s'agit pas ici d'une coïncidence fortuite de conclusions : ce sont bien les mêmes déductions qui contraignent aux mêmes constatations des esprits pareils. La même intelligence libérée du joug de l'Instinct vital se montre plus préoccupée de savoir que de vivre et aboutit à un même détachement comme à une même perspicacité.

Les philosophes de l'Inde n'ont pas été dupes du rôle astucieux de la causalité : ils ont vu de suite en elle le ressort d'une illusion : point de traces, chez eux, de l'imagination d'une cause première. Ils estiment que la Vie pourtant a un fauteur : l'ignorance, synonyme ici d'illusion, de cet état d'ivresse sous l'empire duquel, attribuant aux choses la durée, l'étendue, la permanence et la réalité, nous créons le monde des apparences. Mais cette ignorance qui engendre le désir naît elle-même du désir; car dans cet état d'ivresse, duquel surgit la vie phénoménale, les douze causes discernées par la métaphysique s'enchevêtrent en un mutuel enlacement, tantôt causes et tantôt effets. De ce concours du désir, motivé par la sensation, née du contact, qui est le siège des qualités sensibles, voici surgir, — avec la perception, — le nom et la forme, par où les choses se distinguent et deviennent objets de connaissance. Or, cette connaissance, fille de l'ignorance, est accompagnée de la douleur, qui détermine l'aspiration au nirvana où doit se dissiper l'ivresse vitale, où doit s'évanouir l'hallucination de Maïa.

Qu'il s'agisse du retour en Brahma des premiers maîtres de la métaphysique hindoue ou de la méthode d'anéantissement prêchée sous le nom de Nirvana par les héritiers de la doctrine de Çakia, il faut voir dans l'un et l'autre termes une identité — ainsi que dans *la chose en soi* de Kant, dans la *volonté* de Schopenhauer. Tous ces termes n'ont de valeur métaphysique et ne s'accordent avec l'ensemble du système qu'ils expriment qu'à la condition d'être entièrement dépouillés de tous vestiges de leur sens coutumier pour ne rendre plus que l'idée de ce qui est inconnaissable pour nous et pour soi-même. Par l'un et l'autre des termes dont ils usèrent, les Hindous n'entendirent jamais signifier autre chose qu'un état négatif : ce qui est opposé au relatif, au composé, ce qui est soustrait aux conditions de la vie phénoménale et de la connaissance. C'est ce que les uns ont exprimé abstraitement par l'idée du vide, ce que les autres ont figuré par des descriptions concrètes, par des numérations, des agrandissements prodigieux de nature à perdre l'imagination. Mais ni les uns ni les autres ne contestèrent que, par opposition au monde phénoménal, un état différent ne fût possible. L'existence de cet état leur parut même nécessaire : un monde en soi leur parut devoir s'opposer nécessairement au monde comme représentation, au monde engendré par l Maïa. La vie phénoménale fut considérée par eux comme un accident, comme une maladie de la vie véritable, maladie qui devait se guérir par le retour en Brahma ou par l'anéantissement dans le Nirvana. La transmigration des âmes à travers la durée pouvait donc un jour prendre fin, le cauchemar devait cesser, l'enchaînement des causes montrait sa vanité fragile et le réveil devait avoir lieu à l'abri des mirages de la connaissance.

VIII

On a dit qu'avec Nietzsche une nouvelle angoisse métaphysique était née : sous la pensée du retour éternel qui frappe d'un tel abattement Zarathoustra dans sa caverne, se cache en effet l'interrogation métaphysique que l'on vient de dire, une interrogation anxieuse cette fois et qui ne présume pas la réponse : étant donné que le monde existe comme représentation, un autre mode d'existence est-il possible? Le monde comme représentation n'absorbe-t-il pas toute la substance de l'Etre? Le phénomène avec ses lois n'exclut-il pas l'hypothèse d'une existence en soi? L'homme revient-il toujours? « L'homme petit revient-il éternellement? » Telle est l'angoisse qui écrase Zarathoustra et que ses animaux jaseurs commentent en lui prêtant ces pensées, qui déjà acceptent et se résignent, avant de se tendre jusqu'à une volonté joyeuse : « Le nœud des causes où je suis enchevêtré revient, — il me recréera! Je fais moi-même partie des causes de l'éternel retour des choses! Je reviendrai avec ce soleil, avec cette terre, avec cet aigle, avec ce serpent — non pour une vie nouvelle, ou pour une vie meilleure ou semblable, — je reviendrai éternellement pour cette même vie pareille en grand et aussi en petit, afin d'enseigner de nouveau l'éternel retour de toutes choses (1). » Ces paroles de Zarathoustra impliquent la croyance qu'il est impossible de sortir du cercle du monde phénoménal; elles dressent en face des hypothèses de l'Hindouisme un doute soudain et renouvellent de la façon la plus poignante l'inquiétude religieuse.

On recherchera en son lieu s'il est possible de décider entre l'hypothèse de Nietzsche et les solutions hindoues : car ces conceptions, diverses dans leurs conséquences, dérivent d'une même origine et acceptent d'être comparées entre elles. Mais il importe auparavant de tirer de la science de la connaissance, telle que nous l'avons vue se reconstituer avec la philosophie allemande, les déductions nihilistes qu'elle commande. L'antinomie que l'on a vue se manifester entre l'Existence en soi et l'état de Connaissance nous rend compte du mensonge impliqué nécessairement en toute manifestation phénoménale. On va découvrir que la science de la Connaissance, en divulguant la vanité des ressorts qui communiquent le mouvement à l'appareil phénoménal, paralyse l'illusion qui le faisait mouvoir et menace de mort l'Instinct vital.

(1) Frédéric Nietzsche : *Ainsi parlait Zarathoustra*, traduit par Henri Albert, p. 314. (Ed. in-8 du Mercure de France.)

LES IDOLES DU CIEL LOGIQUE

VÉRITÉ

> Qu'est-ce que la Vérité ?
> lui dit Pilate.
> Ev. selon St Jean.

I. L'idée de Vérité se constitue au moyen d'une confusion de la forme et du contenu de la Connaissance : l'infaillibilité de l'Intellect, en tant qu'il se saisit lui-même, est attribuée à l'Intellect en tant qu'il s'applique à l'expérience. — II. Philosophie de la Connaissance empirique : Claude Bernard. — III. La relativité de la Connaissance, fondée sur l'inexistence d'une cause première, se manifeste dès les sciences d'observation les plus simples : exemple de l'astronomie. — IV. L'incertitude des sciences va croissant avec le degré d'empirisme impliqué dans leur objet la morale, la plus incertaine des sciences — V. A cette science, la plus riche en empirisme, on a appliqué la conception de Vérité formée à l'occasion des sciences *a priori* de la raison. Une attitude d'Utilité usurpe le nom d'une attitude de Connaissance. — VI. La Vérité, principe de fanatisme et de combat, est le substitut du principe de différenciation qui engendre la Vie.

On a montré, en un premier chapitre, le mensonge monothéiste dans son rôle vital. On l'a considéré comme le support de l'illusion nécessaire à la vie morale pendant les dix-huit cents ans de notre civilisation d'Occident. On l'a pris à sa formation dans le dogme, on l'y a vu se fortifier, on y a suivi son évolution jusqu'à ce qu'il se formulât sous l'apparence rationaliste, hors de l'œuf théologique où il avait d'abord germé. C'est dire qu'on l'a vu substituer peu à peu à une fiction unique, qui s'adressait aux imaginations et leur commandait sans explication toute la série des actes utiles, un ensemble de fictions abstraites, prétendant tirer leur empire des lois de la raison. Ces fictions abstraites, se dépouillant de plus en plus de leur apparence primitive, en sont venues à se défaire de l'idée Dieu qui les avait engendrées. Mais ceux des philosophes rationalistes qui commirent l'attentat définitif sur la divinité ne manquèrent point de dépouiller leur victime : ils s'emparèrent de ses attributs dont ils couvrirent, ainsi que d'un insigne de commandement, les idées qu'ils intronisaient. Imitant les attitudes et les procédés du Dieu ancien, les fictions rationalistes se donnèrent pour des entités réelles, pour les lois de la Vie qui, en réalité, les utilise comme des moyens et des artifices.

On va montrer que ces idées abstraites procèdent de la théologie, et qu'il faut voir en elles des boutures de la plante dogmatique ; piquées en apparence dans le sol rationnel, elles traversent cette couche mince de terre rapportées et vont faire leurs racines daus le terreau profond de la foi, dans le fumier chaud de la crédulité où elles plongent en réalité et se nourrissent. Tenant compte de leur simulacre, on les appelle ici, — pour les distinguer des idoles théologiques, — des idoles logiques. Ces idoles, ce sont les idées de *Vérité* et de *Liberté.* La science de la Connaissance, qui n'a pas pour but d'organiser la Vie, mais qui recherche comment la Vie est faite et s'organise, les tient comme l'idée Dieu, et au même titre, pour des fictions. Elle va nous montrer leur inanité, mais en même temps elle reconnaîtra leur utilité vitale. Le non-vrai n'a-t-il pas été pris comme condition de Vie? On ne s'étonnera donc point de voir cette condition produire ici sa conséquence.

Les idées de Vérité et de Liberté sont des fictions, mais des fictions naturelles, engendrées par la Vie qui ment dès qu'elle se meut. La touffe d'herbes fraîches attachée, pour le dresser, devant les naseaux du cheval qui, dans un manège forain, fait tourner le cirque des chevaux de bois, n'a par elle-même aucune vertu pour faire mouvoir l'appareil, mais le cheval, attelé et harnaché, s'élance vers l'herbe fraîche qui fuit devant lui d'une vitesse égale à celle qu'il déploie pour l'atteindre. Ainsi il entraîne de son effort tout le cirque des chevaux de bois, avec ses cavaliers enfantins, ses écuyères en fête, parmi le bruit des propos et des chants, dans un fracas d'orgues et de cymbales, sous la lumière des quinquets multicolores. La Vérité, la Liberté sont pour l'homme ces bouquets d'herbes fraîches : l'homme croit qu'une Vérité fixe est assignée comme un but à l'effort intellectuel ; il croit qu'il dispose d'un libre arbitre, c'est-à-dire du pouvoir de se modifier lui-même, de se déterminer dans le sens de la Vérité qu'il aura trouvée. Et l'homme aussi prend sa course vers ces promesses fleuries qui règlent la vitesse de leur fuite sur l'énergie de son élan. De la sorte est mis en branle le diorama infiniment complexe du monde moral, parmi le cortège des civilisations, la clameur des prières, la frénésie des actes, et la méditation des philosophes.

—

I

La mythologie rationaliste, où pren l place l'idole Vérité, se constitue de la même façon dont s'est formée avec Platon la mythologie théologique. Elle procède d'une confusion de la forme avec le contenu de la Connaissance.

Parmi les rapports que l'intelligence saisit entre les choses, quelques-uns ont, par-dessus tous les autres, fasciné les hommes : ce sont ceux qui s'imposent au regard de tous avec une rigueur identique. Or, on n'a pas pris garde que la similitude universelle de cette vision vient de ce qu'elle porte sur la forme même de l'acte intellectuel. L'intelligence en tant qu'elle formule ces rapports s'appréhende elle-même, et décrit son propre mécanisme. Ce mécanisme est, comme on l'a vu d'après Kant, un système d'illusions, c'est, d'une façon précise, l'appareil au moyen duquel l'Être, se distinguant en objet et en sujet, se déforme à sa propre vue. Les propositions mathématiques, géométriques et logiques, sont la description détaillée des diverses lentilles qui composent cet appareil ; elles énoncent les propriétés du temps, de l'espace, de la cause, les modalités rationnelles, d'un mot, les lois de perspective, selon lesquelles l'Être se pose en objet pour un sujet. Toutes les intelligences tombent d'accord sur ces lois, parce que toutes les intelligences y sont soumises, parce qu'elles sont les règles mêmes du jeu de l'intellect, parce qu'elles sont antérieures à tout empirisme. Elles sont *ce à travers quoi* le mensonge phénoménal va surgir, elles sont *cela* avant toute apparition, et *cela* est commun à tous, est placé devant les yeux de tout sujet, *cela* équivaut à la balustrade circulaire qui maintient tous les spectateurs du panorama au même point central où se forme l'illusion créatrice du spectacle.

Or, au lieu de remarquer, comme les spectateurs initiés, que ce système fixe de perspectives a pour mission de falsifier l'Être en son essence, et d'engendrer la fantasmagorie du non-vrai, les hommes ont été frappés de ces seuls faits : l'unanimité et la concordance de leur vision sur les lois même de la représentation, le caractère absolu, immuable et entièrement défini de ces lois. A cet accord de tous les intellects au sujet des lois qui régissent l'intellect, ils ont donné le nom de Vérité. En ce sens, cette appellation est légitime. On n'a garde de la dénier aux lois mathématiques, géométriques et logiques qui en ont suscité l'emploi. Car ces lois constituent au regard de la raison pure ce hors de quoi l'esprit cesse de se mouvoir.

Jusque-là, et en tant qu'elle consacre cette infaillibilité d'un nom spécial, l'intelligence humaine use de son droit. Mais c'est ici précisément que le quiproquo se forme et qu'il en faut noter les phases. L'esprit de la plupart des hommes jouit peu de la contemplation de ces vérités logiques et mathématiques; car elles n'intéressent nullement leur passion et le consentement universel qu'elles engendrent est compensé par le peu de joie qu'elles procurent aux hommes plongés dans la vie. Ceux-ci donc ne s'attardent guère à les envisager; ils les considèrent tout juste le temps de les décalquer, de les prendre pour modèles de l'idole qu'ils vont dresser et de leur dérober l'apparence de leurs propriétés. S'étant engoués de ce pouvoir inhérent à l'intellect de saisir avec rigueur les lois formelles, des on propre fonctionnement, d'être, à ce point de vue, en harmonie avec lui-même, ils lui ont attribué ce pouvoir à l'égard de son contenu, que l'intellect a précisément pour objet de rendre insaisissable en le diversifiant indéfiniment, en le dénaturant, en le faisant apparaître à travers le trompe-l'œil du devenir et parmi les perspectives de l'espace.

D'une vue pure et simple que la science prolonge comme au moyen d'un télescope, que la science rend plus perçante comme au moyen d'un microscope, mais dont la seule fonction, en tant qu'elle s'applique à la réalité phénoménale, est de percevoir des relations nouées entre elles indéfiniment, les hommes ont fait une machine à produire la vérité, c'est-à-dire ce genre de certitude et de repos parfait que goûte l'intelligence en tant qu'elle prend conscience d'elle-même et d'elle seule. Aussi lorsque les hommes font appel à la Vérité et lui prêtent un pouvoir despotique, ce n'est point de la vérité logique ou mathématique qu'ils se réclament, ce n'est point de la vérité au sens unique que ce mot comporte, mais de l'idole qu'ils ont mise à sa place et conçue à son image. Ils visent, dans leur recherche, une cause première des phénomènes physiques, de laquelle déduire le monde, une loi morale universelle, cause première en son genre, décidant souverainement du bien et du mal. Or, l'hypothèse d'un premier principe, d'une cause première se brise à la forme inflexible de la loi de causalité dont l'interrogation essentielle ne cesse de se faire entendre que lorsque cesse également la vie de l'esprit, lorsque le pouvoir de connaître, épuisé par l'effort, renonce à s'assouvir.

II

Le domaine de la vérité est donc circonscrit dans des limites nettement déterminées. Ces limites sont celles-là mêmes des lois formelles de l'esprit. La vérité est l'apanage exclusif de la science des formes de la Connaissance et l'enseignement dernier de cette science consiste à nous apprendre que son mécanisme, dès qu'il entre en activité et fait surgir l'Être à sa propre vue, dénature l'Être en un système de perspectives sans fin ayant pour effet nécessaire de le rendre insaisissable et réfractaire à toute construction.

Dès que l'esprit cesse de décrire les rouages divers qui président à son fonctionnement pour considérer ce qui apparaît à travers le jeu de ces rouages, son œuvre cesse d'être la science de la Connaissance pour devenir la science du phénomène, — la Science, au sens ordinaire du mot. Et cette science aussitôt cesse d'avoir pour objet la vérité. Son but est de décrire la suite et l'enchaînement des phénomènes qui composent le mirage cosmique selon les lois d'illusion engendrées par la distinction de l'Être en objet et en sujet. Il est entendu qu'elle ne découvrira jamais, parmi cet ensemble de phénomènes, celui qui serait l'explication de tous les autres, puisque ce phénomène ne peut exister, puisque l'explication de l'Univers réside, en deçà du mirage de la causalité, dans le fait même de la distinction de l'Être en objet et en sujet, en dehors des atteintes de la Connaissance.

Par contraste avec la science de la Connaissance qui a pour objet la vérité, on peut assigner pour objet à la science proprement dite la notion du mystère. Comprendre scientifiquement, c'est devenir plus capable d'étonnement. Une profession de foi d'agnosticisme est au seuil de toute pensée scientifique digne de ce nom. Un savant révèle la mesure de son esprit lorsqu'il conçoit le progrès indéfini de la science allant non pas à la découverte de la Vérité, mais à une vue plus directe et à une sensation plus intense du mystère.

L'intelligence humaine, avec ses lois dont la valeur déformatrice a été reconnue, résume l'attitude de l'Être universel prenant conscience de lui-même, se donnant lui-même à lui-même en représentation. Les moyens de cette entreprise fantasmagorique ont confessé leur but et leur essence. On les a vus disposés de façon à perpétuer indéfiniment le spectacle, agencés de manière à garantir à la curiosité un éternel aliment. Ne serait-il pas singulier de demander la vérité à un appareil institué pour engendrer l'illusion? Ne serait-ce pas faire injure aux lois de l'esprit, les supposer mal faites, défectueuses et pauvrement conçues, que d'imaginer qu'elles vont faillir à leur mandat et cesser tout à coup d'engendrer des fantômes, qu'elles vont divulguer l'énigme qu'elles ont pour mission de perpétuer ?

Le spectacle de la science et de ses procédés achève de dissiper une pareille rêverie. Car la science n'a d'autre effet, en discernant les causes immédiates des phénomènes, que de montrer, après chaque anneau ajouté à la chaîne causale, après chaque explication fournie, l'ignorance demeurée la même : ainsi la conscience du mystère s'amplifie de ce que tout effort pour le dissiper ne parvient qu'à le faire plus obscur et plus dense. De la part des savants, la recherche de la Vérité irait à violer les lois de l'intellect : cette recherche serait l'impiété même si elle n'était d'abord sottise en son essence. Aussi fait-elle place chez eux à une attitude toute différente, à une curiosité qui se repaît de sa propre tension et accepte de n'être jamais assouvie. L'habitude de manier sans cesse les lois mystérieuses de l'univers, l'effort constant pour se hausser par-dessus les intelligences, afin de voir au delà de l'énigme commune se former des énigmes nouvelles, développent chez eux, à la suite d'une résignation, stoïque peut-être en son principe, une partialité résolue en faveur de *ce qui est*, cet « amor fati » dont Nietzsche faisait le mètre propre à apprécier la grandeur d'un esprit. De ce point de vue et de cette attitude naît une modalité intellectuelle en antagonisme absolu avec la croyance, avec l'aspiration vers la Vérité, avec le respect de la Vérité. Ce mot, devenu suspect, ne se rencontre plus que sur les lèvres de ceux qui attendent de la Science ce qu'elle ne peut donner, sur les lèvres de ces croyants derniers venus, de ces dogmatiques de l'espèce la plus récente et la plus aveugle et qui sont situés, dans le monde intellectuel, à l'antipode des esprits scientifiques.

Je suis tenté de penser que les savants, au cours de ce siècle, et principalement dans ce pays, ont fourni les esprits de la plus noble sorte et de la plus philosophique. Cela apparaîtra avec évidence et par contraste, lorsque l'on considérera durant la même période, — depuis Kant jusqu'à Nietzsche, — et dans le même pays, l'effort des philosophes uniquement appliqué à frelater les lois de la raison et à restaurer l'esprit théologique. La véritable philosophie ne consiste pas, en effet, en la création d'une terminologie et d'une algèbre au moyen desquelles des augures officiels, et qui ne rient point, échangent des formules intraduisibles, prêtes à éclater, comme des compositions chimiques mal faites, sitôt que, dépouillées de leur ésotérisme, on les expose à l'air libre du bon sens. La véritable philosophie consiste à connaître le pouvoir et les limites de l'esprit, à ne pas confondre ses catégories, à ne lui demander que ce qu'il peut donner.

Or, de ce pouvoir et de ces limites, les savants semblent avoir eu une meilleure conscience que les philosophes. L'exercice même de la science implique chez eux, d'une façon tout au moins virtuelle, cette notion précise. La plupart ne nous ont donné pour preuve qu'ils la possèdent que la direction même de leurs recherches et s'en sont tenus au témoignage de leur œuvre ; pourtant l'un des plus considérables d'entre eux a su mettre au jour, d'une façon éclatante, et en des pages d'une clarté parfaite, ce substratum de la pensée commune. Claude Bernard, au deuxième chapitre de son *Introduction à l'étude de la médecine expérimentale*, a donné un véritable canon de l'esprit scientifique dans ses rapports avec l'univers qu'il observe.

Sous des radicaux identiques des tendances pareilles se perpétuent, manifestant seulement par les désinences l'évolution de la pensée. C'est ainsi que l'esprit théologique semble s'être refugié dans l'esprit théorique. C'est là que Claude Bernard le découvre ; il nous dit l'utilité et le danger des théories. « Il faut croire à la science, nous dit-il, c'est-à-dire au déterminisme, au rapport absolu et nécessaire des choses, aussi bien dans les phénomènes propres aux êtres vivants que dans tous les autres ; mais il faut en même temps être bien convaincu que nous n'avons ce rapport que d'une manière plus ou moins approximative et que les théories que nous possédons sont loin de représenter des vérités immuables. Quand nous faisons des théories générales dans nos sciences, la seule chose dont nous soyons certains, c'est que ces théories sont fausses absolument parlant. Elles ne sont que des vérités partielles et provisoires qui nous sont nécessaires comme des degrés sur lesquels nous nous reposons pour avancer dans l'investigation. » Et plus loin : « En résumé, les théories ne sont que des hypothèses vérifiées par un nombre plus ou moins considérable de faits ; celles qui sont vérifiées par le plus grand nombre de faits sont les meilleures, mais encore ne sont-elles jamais définitives et ne doit-on jamais y croire d'une manière absolue. »

Enfin il oppose nettement la science de la Connaissance pure qui considère des rapports subjectifs, c'est-à-dire formels, et engendre des vérités immuables, à la science proprement dite qui considère des rapports objectifs et s'applique à ce contenu de la Connaissance que nous nommons l'univers. A cette science il assigne pour but et sans ambages l'ignorance, qu'il érige en dogme en ces belles formules : « L'esprit de l'expérimentateur, dit-il, se distingue de celui du métaphysicien et du scolastique par la modestie, parce que, à chaque instant, l'expérience lui donne la conscience de son ignorance relative et absolue. En instruisant l'homme la science expérimentale a pour effet de diminuer de plus en plus son orgueil en lui prouvant chaque jour que les causes premières, ainsi que la réalité objective des choses, lui seront à jamais cachées et qu'il ne peut connaître que des relations. C'est là, en effet, le but unique de toutes les sciences ainsi que nous le verrons plus loin. »

Le but unique de toutes les sciences, dit expressément Claude Bernard. Cette déclaration d'un savant vient à l'appui des conclusions philosophiques qui viennent d'être prises. Il en faut détacher ces deux propositions essentielles qui embrassent et distinguent la Connaissance sous ses deux aspects : l'objet de la science formelle de la Connaissance est la vérité. Cet objet ne peut pas ne pas être atteint. Il ne peut non plus être confondu avec quelque autre ; il est unique. Au contraire, l'objet de la science de l'Univers est de nous faire toucher notre ignorance essentielle. Le mystère est la clef de voûte de tout l'édifice phénoménal : c'est cette clef de voûte que la science en son dernier effort arrive à nous faire découvrir. L'idolâtrie des hommes consiste expressément à assigner pour objet, à la science du contenu de la Connaissance, c'est-à-dire à la science de l'Univers, l'objet poursuivi et naturellement atteint par la science des formes de la Connaissance.

Donc, les notions de science et de Vérité s'excluent. La science ne se propose jamais la Vérité pour objet ; elle est une vue, notre vue naturelle prolongée, et qui peut l'être indéfiniment, parce que l'espace ne lui fera jamais défaut par delà les horizons qui momentanément la bornent. La science ne fait jamais que tresser des chaînes de phénomènes liés entre eux par le rapport de la cause à l'effet. Parfois elle noue ces chaînes à une théorie ciselée par l'hypothèse en finalité, pour reposer notre curiosité émerveillée, faire saillir, par cet artifice, la beauté harmonieuse de ce fragment détaché de l'indéfini. Mais elle n'ignore pas qu'il n'est pas de finalité dernière, que par delà la fin la plus lointaine, il en est d'autres, indéfiniment, qui découvertes feront apparaître la relativité, les vices et les erreurs de cette théorie, dont l'harmonie semble actuellement entière.

III

Dès qu'à travers l'apareil de la Connaissance

l'intelligence se pose en sujet devant un objet, et voit apparaître quelque phénomène, toutes les conditions se réalisent aussitôt qui doivent assurer l'inviolabilité du non-vrai, garantir sa permanence, rendre impossible tout accident de nature à faire cesser le spectacle par l'intrusion du vrai. Ce fait de l'incertitude scientifique fondée sur l'inexistence de causes premières, ce fait essentiel se révèle et s'affirme d'une façon absolue à l'occasion des sciences d'observation les plus simples et les plus parfaites. C'est ainsi que l'astronomie, dont les investigations pourtant sont parvenues à dépasser les phénomènes qui tombent sous nos sens, nous montre son impuissance et la source même de cette impuissance.

Fondée sur la mécanique, l'astronomie construit le monde sur des données presque uniquement rationnelles, d'où la précision de ses résultats et l'étrange obéissance des corps célestes à ses lois. Toutefois cette science ne considère les phénomènes célestes que pendant une période de la durée que d'autres périodes précédent. D'autre part, elle ignore le rapport et la hiérarchie de cause à effet qui peuvent exister entre les divers états de la matière et les forces qui l'animent, chaleur, électricité, mouvement. Aussi, faute de pouvoir assigner au mouvement cosmique une cause immédiate, elle le tient pour donné, elle se restreint à l'étudier dans ses manifestations, et, renonçant à connaître son origine, le retire d'une façon tout artificielle du cycle de l'évolution dont il dépend et où il se perd en réalité dans la causalité du devenir, dans les perspectives de cette loi rationnelle qui nous contraint rechercher toujours l'explication d'un état donné dans un état antécédent. Par cette restriction qu'elle s'impose, l'astronomie confesse le caractère relatif de ses recherches et de ses lois.

Elle fait encore un pareil aveu sous une autre forme : car elle n'atteint et ne régit qu'un fragment de l'espace, qu'elle isole, pour l'étudier, de tout le reste dont il dépend. Sous le nom d'astronomie solaire, elle ne considère que les astres soumis à l'attraction de notre soleil. Elle laisse à l'astronomie stellaire le souci de recueillir des renseignements partiels sur des fragments de l'espace plus lointains et aucun pont n'a pu être jeté entre ces deux extrémités d'une même science. Les lois de Newton nous rendent compte des courses des planètes autour d'un même soleil pourvu que l'on accorde le mouvement, mais elles ne valent pas pour nous expliquer l'équilibre des mondes stellaires entre eux. D'une notion précise, la science astronomique nous précipite dans l'incommensurable : elle nous apprend que l'étoile la plus voisine de notre système solaire est située à une telle distance de lui que la loi d'attraction ne saurait plus, de ce lointain, se montrer efficace. Pourtant, la relation de notre Univers ainsi circonscrit avec l'Univers qui l'entoure n'en est pas moins certaine. Cette dépendance, dont la loi demeure ignorée, limite la certitude de nos observations et implique un principe d'erreur. L'Univers inconnu qui nous embrasse comporte à l'égard de notre petit monde un pouvoir de causalité fait pour rompre le déterminisme artificiel que nous avons décrété ; un miracle demeure toujours suspendu au-dessus de nos prévisions. L'impossibilité d'appuyer notre soleil immédiatement sur le Centaure ou sur Sirius nous contraint d'imaginer, au delà des corps célestes connus, des astres anonymes ou des systèmes d'astres d'une pesanteur et d'un volume incalculables auxquels suspendre notre univers, ou plutôt de supposer, par delà les lois de l'attraction, des lois nouvelles dont celles de Newton ne seraient qu'un lointain corollaire. En proie à la causalité de l'espace, il nous faut agrandir sans cesse l'Univers inconnu pour équilibrer l'univers connu et lui trouver des points d'appui. Ainsi, l'impossibilité de circonscrire l'Univers et de tabler sur un ensemble déterminé afin d'en déduire des lois réelles ne tient pas à l'impuissance de notre esprit que nous pourrions supposer surmontée, mais à la forme même des lois de la représentation. L'impossibilité de limiter l'univers dans l'espace et dans le devenir et, comme conséquence l'impossibilité de prendre sa mesure, de connaître les lois véritables de sa danse, tient à la nature des choses, elle est insurmontable et les lois rationnelles s'avèrent ici des moyens propres à instituer l'illusion avec un art métaphysique.

IV

L'astronomie nous a montré un principe d'incertitude s'introduisant dans la Connaissance avec la première donnée empirique prise pour objet de la Connaissance. Il faut donc conclure de l'enquête faite auprès de cette science, la moins complexe quant à l'objet qu'elle considère, que l'incertitude n'est pas un cas particulier, accidentel et transitoire de la Connaissance phénoménale, mais qu'elle en est la loi.

Toutefois cette démonstration une fois faite à un point de vue théorique et absolu, on doit reconnaître que les phénomènes étudiés par l'astronomie, si l'on oublie le mystère de leurs origines, nous offrent une suite de lois si bien liées entre elles que ce faisceau de vérités serait de nature à suggérer l'illusion de la Vérité absolue. L'étude de la chimie nous offrirait aussi un spectacle analogue. L'esprit observe avec ces phénomènes le mirage cosmique sous son aspect le plus élémentaire : les corps organiques représentent dans le monde une réalité purement objective; ce sont d'éternels objets. Aussi parmi les combinaisons relativement simples de la matière, l'esprit sait-il atteindre une cause si lointaine, qu'elle embrasse et commande avec rigueur la succession des phénomènes pendant une période de la durée, en une partie de l'étendue, assez vastes l'une et l'autre pour nous renseigner avec exactitude au delà même de l'intérêt pratique.

Mais les choses présentent un aspect bien différent lorsque la science, abandonnant l'étude de ces états élémentaires et purement objectifs de la matière, considère des états plus complexes. Dans cette voie, l'incertitude de ses résultats va croissant avec la difficulté croissante de distinguer la cause de l'effet et à mesure qu'elle observe des phénomènes de plus en plus particuliers, après ceux de la chi-

9

mie, ceux de la biologie, ceux de la physiologie, ceux de la médecine, ceux-là enfin que l'on a prétendu distinguer de tous les autres, sous le nom de phénomènes psychologiques et moraux.

Dans ce dernier monde, le chaos semble succéder à la belle ordonnance présentée par la série des phénomènes physiques. Ce n'est pas pourtant qu'entre ceux-ci et ceux-là des ressemblances et un parallélisme ne se révèlent : en effet, tandis que les conflits et les affinités chimiques se résolvent en actions et en réactions, en mélanges et en conflagrations, les mêmes conflits et les mêmes affinités se traduisent, en physiologie supérieure, par des formations et des oppositions de peuples et de patries, de religions, de morales, de coutumes et de législations et, en guise de conséquences, par des traités d'alliances, des guerres, des persécutions, des pénalités dont l'ensemble dresse tout le décor historique. Mais alors que les lois en vertu desquelles les corps chimiques s'unissent et se repoussent nous sont connues, au point que nous pouvons prévoir avec certitude les résultats du rapprochement de deux ou plusieurs d'entre eux dans des conditions déterminées, au point que nous pouvons faire naître dans nos laboratoires toute la variété des corps composés, il nous est fort difficile au contraire de pronostiquer avec quelque exactitude les faits auxquels donnera naissance la rencontre de deux ou plusieurs groupes d'hommes. La science des prophètes est douteuse et les grands hommes politiques ne parviennent à s'associer à la causalité historique que pendant de brèves périodes : la suite des événements ne manque jamais de démentir bientôt, par des détours imprévus, l'horoscope qu'ils avaient formé et de dénaturer la réalité dont ils avaient prétendu se montrer les instigateurs. Si la statistique nous révèle parmi les faits du monde moral la persistance d'un déterminisme, en des régions cachées où nous ne le suivons plus, elle ne nous donne que des points de repère fort distants entre lesquels la diversité se multiplie et échappe à nos prises.

Ainsi donc, tandis que l'étude des sciences physiques suggère avec force l'hypothèse et l'illusion d'une vérité absolue et initiale communiquant sa certitude à tous les faits qu'elle enchaîne, le spectacle des phénomènes moraux, des faits sociologiques et des croyances de la mentalité humaine donne tout d'abord l'impression d'un labyrinthe, où des personnages masqués qui s'entrecroisent contribuent à s'égarer les uns les autres par de fausses paroles et par les apparences trompeuses de leur aspect.

Il est naturel qu'il en soit ainsi ; car, parmi la complexité du monde moral, l'appareil à produire le phénomène atteint sa perfection et met en œuvre tous ses moyens d'illusion. A l'intervention du temps et de l'espace, liés entre eux par les intrigues infiniment fertiles de la cause, s'ajoute ici dans sa plus haute expression la distinction entre objet et sujet, qui siège au cœur du monde moral et y joue son rôle de magicien suprême. Mais à négliger même cette cause de mystification, et à n'envisager les faits du monde moral que sous leur caractère physiologique, ils se montrent déjà situés aux extrémités du monde phénoménal en sorte que leur détermination positive supposerait la connaissance parfaite de tous les phénomènes physiques et chimiques et leur enchaînement le plus minutieux. Or entre les sciences qui traitent des divers fragment de l'Univers, l'esprit n'est pas parvenu jusqu'ici à jeter les amarres causales qui les fixant à l'anneau d'un même principe, les relieraient entre eux et les unifieraient en un seul faisceau.

Entre la mécanique, l'astronomie, la physique, la chimie et la physiologie, des solutions de continuité montrent des abîmes qui n'ont encore été ni comblés, ni franchis : il en résulte que la morale, la dernière et la plus complexe de ces sciences, celle qui a pour antécédent le système causal le plus nombreux, se voit isolée de ses origines par un plus grand nombre de ces intervalles périlleux au-dessus desquels se hasarde seul le vol fragile de l'hypothèse. La morale est donc la plus incertaine, la plus douteuse de toutes les sciences, celle qui comporte le moins une construction générale ; elle se montre la plus incompatible avec cette loi unique à laquelle les sciences précédentes se sont déjà dérobées.

La chimie distingue soixante-treize corps simples différents dont chacun a sa loi, sa morale particulière et qu'il faut respecter. En morale proprement dite, et si on applique à cette science une méthode scientifique, au lieu de ces soixante-treize corps simples qui forment autant de causes initiales, commandant toute la complexité des substances matérielles, on en est réduit à ériger en premiers principes, pour la possibilité des déductions, des phénomènes si particuliers qu'il s'en rencontre en nombre infini de valeur égale. Chaque tempérament individuel, avec l'inconnu de sa composition chimique différente, doit être, à vrai dire, considéré comme le principe d'une série de manières d'être, constitutives d'une morale, la seule qui soit valable pour ce tempérament. Encore chacune de ces morales particulières ne peut elle être fixée que de la manière la plus vague ; car le tempérament individuel sur lequel elle se fonde, si mal connu lui-même dans son intimité, entre en action et réaction avec des circonstances multiples et changeantes, fût-ce seulement, et pour n'en citer qu'une, avec la composition de l'atmosphère constamment modifiée par la météorologie et dont l'influence souveraine sur la physiologie voudrait la constitution d'une science spéciale, à peine ébauchée. La morale considérée à un point de vue positif et comme une science propre à déterminer les lois des actions humaines, permettant donc de les prévoir et de les susciter expérimentalement, la morale se montre en même temps la plus complexe des sciences, la moins avancée, celle dont les résultats sont le plus douteux, celle qui comporte les vérités les plus courtes, de petites vérités sans atavisme et en nombre infini, diverses jusqu'à apparaître contradictoires en raison de l'ignorance où nous sommes à leur égard des causes communes trop lointaines desquelles elles descendent et sont venues jusqu'à nous en divergeant sans cesse.

V

Ce n'est donc pas le spectacle du monde moral qui eût pu jamais faire naître en un esprit désintéressé l'illusion d'une vérité première, générale, et absolue, régissant les phénomènes, si ce concept illusoire ne s'était formé ailleurs par la considération des lois certaines qui règlent la forme de la Connaissance. Or cette conception une fois formée, c'est précisément aux phénomènes du monde moral, qui sont le plus incompatibles avec elle, que l'on a résolu de l'imposer. Il est arrivé ceci : qu'à l'empirisme le plus complexe on a appliqué, avec le plus de rigueur et de conviction, la loi de ce qui est situé en deçà de tout empirisme.

Cela s'explique par l'intérêt immédiat que les hommes, réunis en société, ont à connaître les lois qui régissent leurs associations et leurs rapports mutuels. Pris entre le besoin de cette connaissance immédiate et l'impossibilité de la posséder, ils l'ont imaginée. Renonçant à une méthode scientifique, ils ont eu recours à la méthode théologique, c'est-à-dire aux procédés de l'Instinct vital : ils ont érigé en lois morales leurs attitudes d'utilité et leurs désirs. L'observation scientifique a cédé la place à ce que Nietzsche appelle la volonté de puissance. On n'a pas distingué qu'il existe autant de morales particulières qu'il y a de tempéraments individuels et que toutes sont également légitimes. Mais chaque tempérament individuel *a érigé en loi universelle sa loi particulière* et a combattu pour l'imposer.

L'existence de ressemblances individuelles se traduisant par des attitudes d'utilité semblables a rassemblé des coalitions et a déterminé la formation de règles morales communes approximativement à un groupe, à un peuple, à une race : c'est ainsi que se sont constituées les religions et les morales diverses qui ont étendu, des individus à des collectivités plus nombreuses, la lutte pour la puissance. Chacune de ces morales, déduite d'un tempérament particulier et différent, diffère en réalité de la voisine et a, vis-à-vis de tous les tempéraments pareils qu'elle régit, une valeur également légitime. Elle est un corps simple avec ses lois, seules bonnes pour lui, bonnes pour lui seul. Mais pour augmenter sa puissance, chaque morale use d'un moyen qui est un mensonge et ce mensonge, moyen de puissance, est en même temps le signe de la puissance, car il s'affirme avec d'autant plus de force que le tempérament qui le formule est plus énergique. Il consiste en une substitution et en une confusion de causes originelles : ce qui est une attitude d'utilité d'un certain tempérament, principe réel, empirique et saisissable de toute morale, impliquant la diversité des morales, est transformé en une loi universelle, empruntée tour à tour à la révélation ou aux formes à priori de la raison, cette loi impliquant qu'il existe une morale unique, une forme unique de la notion du bien édictée par la divinité ou par un impératif catégorique.

VI

Ce compromis est le socle sur lequel s'élève dans le monde moral l'idole Vérité. Chaque morale, différente de la voisine, et se tenant pour la seule vraie, est tenue de nier la vérité de toutes les autres et de les haïr. L'idée de Vérité absolue, illusion forgée par l'Instinct vital, divulgue ici son rôle vital ; ce mensonge se montre ici l'instigateur de la Vie, la conception du non-vrai tenue par Nietzsche pour une condition de vie témoigne ici de son efficacité.

Qu'est-ce donc que la Vérité? C'est une machine de guerre. Trônant au sanctuaire de toutes les religions, des religions laïques aussi bien que des religions révélées, elle est principe de fanatisme et de combat. C'est par là qu'elle est vitale, qu'elle se montre cause d'actes et qu'elle communique le mouvement à l'appareil phénoménal. Car la Vie phénoménale étant diversité, est dans son origine différenciation, et différenciation, dans le monde moral, est antagonisme et hostilité.

Aux distinctions *bien* et *mal* formulées par l'ancienne morale théologique, une morale scientifique sera amenée à substituer d'autres catégories : elle distinguera dans la Vie des attitudes pour vivre et des attitudes pour mourir, un flux et un reflux. Les attitudes pour vivre apparaîtront toutes celles qui tendent à différencier les individus les uns des autres, attitudes de combat luttant pour la puissance, égoïsme, orgueil de soi, mépris des autres, ferments d'individualisme. Les attitudes pour mourir apparaîtront toutes celles qui tiennent pour illusoires les différences individuelles, qui assimilent les hommes les uns aux autres, les réduisant à une parité d'éléments homogènes et indiscernables, toutes celles qui tendent à reconstituer l'unité, à supprimer le phénomène : tels la fraternité, le renoncement à soi-même, la justice.

Étant plongés dans la Vie phénoménale, nous ne connaissons qu'elle ; nous ignorons son envers. Aussi toutes ces attitudes régressives et qui vont à s'évader du phénomène peuvent-elles avoir un sens et atteindre leur but. Mais nous ne pouvons assister à cette réussite et nous les voyons constamment vaincues dans notre monde phénoménal par les attitudes vitales et combatives, vaincues ou utilisées sournoisement par celles-ci. C'est le principe qui différencie toutes choses et diversifie les êtres que nous voyons toujours triompher.

L'idée de Vérité en morale est le masque et le substitut de ce principe de différenciation qui engendre la Vie. Il en sera ainsi tant que les faits moraux, traités par une méthode d'observation empirique, n'auront pas été assemblés en une science véritable, tant que l'on n'aura pas trouvé le système ramifié de causes et d'effets en vertu duquel tous ces phénomènes particuliers, tous ces tempéraments individuels, seules causes actuellement légitimes d'une morale, se montreront nécessités par une cause plus lointaine, par quelque cause cosmique, inhérente au cours des astres ou à la composition de la matière.

Il est permis d'imaginer que la science parviendra un jour à combler les intervalles qui séparent actuellement la morale de ses origines, à créer des moyens de communication, — méthodes de navigation ou d'aérostation mentale, — entre les divers fragments de l'Univers actuellement disjoints pour l'esprit, que la pluralité des sciences — mécanique, astronomique, chimique, physique, physiologique, psychologique et morale — sera réduite à une science unique. Les dernières propositions de la science morale entraîneraient alors la certitude pratique dont le bénéfice fut accordé aux vérités de l'astronomie; on ne saurait plus leur imputer que l'incertitude théorique, la relativité essentielle à toute connaissance phénoménale dont le caractère nécessaire a été reconnu précédemment.

Ce résultat merveilleux apporterait-il quelque changement au cours de la Vie et notamment aux choses de la morale? On doit en douter : les morales diverses qui se disputent actuellement la suprématie et se jettent l'anathème apparaîtraient alors, il est vrai, avec un égal caractère de nécessité, avec des titres égaux, et sembleraient des branches diverses issues d'une même souche; mais il serait hasardeux de conclure qu'une telle constatation les inclinerait à se tolérer. La chimie a déterminé les lois selon lesquelles ses corps simples s'attirent et se repoussent, elle a fixé selon quelles proportions ils se combinent pour former des composés : la connaissance de ces lois n'entrave en rien leur efficacité, bien au contraire, c'est au nom de ces lois que les corps continuent, selon le hasard des rencontres, à se mélanger, à s'associer ou à manifester par de subites explosions leur haine irréconciliable. Il n'y a pas de raison de supposer que les morales, une fois déduites de la physiologie et de la chimie, donneraient un autre spectacle. Mais l'analogie invite, au contraire, à penser que, dénuées de la présomption de représenter la Vérité plus parfaitement les unes que les autres, elles argueraient avec franchise pour se combattre de leur seule dissemblance.

Nous sommes loin d'ailleurs de ces franches inimitiés et, tant que l'unification scientifique dont l'hypothèse a été imaginée n'aura pas été accomplie, l'idole Vérité masquera le réel et seul motif d'aversion qui soit entre les hommes : la différence. Les hommes, se haïssant parce qu'ils sont différents et inégaux, croiront se haïr au nom et dans l'intérêt de la Vérité que chaque groupe prétendra détenir en son camp et qu'il se donnera pour devoir de faire triompher. L'idole Vérité apparaît donc la représentation mythologique, hypocrite et fausse d'une cause réelle, le principe d'inimitié inclus dans l'idée de différence; mais elle détermine les hommes aux mêmes actes que ferait cette cause réelle : car les hommes, comme tous les autres corps de la nature, font toujours ce qu'ils doivent faire.

LES IDOLES DU CIEL LOGIQUE

LIBERTÉ

> Libre arbitre ne veut dire proprement autre chose que le fait de ne pas sentir de nouvelles chaînes (1).
>
> NIETZSCHE.
>
> Tout ce qui est vivant est une chose obéissante (2).
>
> NIETZSCHE.

I. La liberté, au sens positif : état qui accompagne la suprématie d'une force sur une autre ou sur plusieurs autres. — II. La liberté au sens métaphysique : cas du nécessaire ou concept négatif. — III. Effort de la philosophie de l'Instinct vital pour établir qu'il existe dans le monde un principe de liberté : sa présomption de décrire et nommer l'inconnaissable. — IV. La contingence : que ce concept n'est applicable qu'aux phénomènes dont nous pouvons connaître les causes. — V. Le libre-arbitre. — VI. Sa source dans l'illusion de la personnalité.

Les hommes comme tous les autres corps naturels font toujours ce qu'ils doivent faire. Mais ils ne le croient pas. Aux causes véritables qui les font agir avec nécessité, ils substituent d'autres principes d'actes dont ils se montrent dupes. C'est de la sorte qu'ils se disent libres.

Ces principes mythologiques, dont les hommes se

(1) Frédéric Nietzsche : *Le Voyageur et son ombre*, p. 120. (Ed. du Mercure de France. *Pages choisies*, publiées par Henri Albert.)
(2) *Zarathoustra*, p. 157.

réclament, n'ont donc de valeur qu'autant que l'on sait voir en eux des représentants et des substituts de réalités qui, pour vivre et prospérer, sont intéressées à se travestir. On a constaté que la Vérité, ferment d'ardeur et de fanatisme, a pour objet d'accroître et de légitimer, par le caractère d'universalité qu'elle confère, la puissance des instincts particuliers, de stimuler la frénésie par laquelle les hommes, se distinguant et s'opposant, accomplissent l'œuvre de différenciation qu'est la Vie. Or, tandis que la Vérité est un moyen de rendre la Vie plus intense, la Liberté, dont les hommes se croient pourvus, est le signe même de l'énergie de leur activité.

Il semble que ces deux modes illusoires soient indispensables au maintien de l'existence morale, qu'il n'y ait pas, sans leur intervention, d'existence humaine possible. Aussi est-il nécessaire peut-être que les hommes soient dupes de ces drapeaux flottants, de ces musiques guerrières qui les mènent. Mais l'Instinct de la Connaissance, qui ne se propose point d'entretenir et de fortifier la Vie, qui a pour unique objet de démonter ses rouages, n'assume point le devoir de subir la même illusion. Il ne voit en ces termes divinisés, en tant qu'il les considère en eux-mêmes et indépendamment des réalités qu'ils dissimulent, que des assemblages de mots, rebelles à toute signification, inaccessibles à tout intellect. C'est son plaisir et sa tâche de divulguer leur vacuité.

On a exposé que l'idole Vérité, considérée comme principe premier au moyen duquel construire l'Être et le définir, se brise à la forme des lois de la causalité dans le temps et dans l'espace. La Liberté va se montrer réfractaire à toute définition. On ne va donc pas ressusciter ici les anciennes arguties pour ou contre l'hypothèse d'un libre arbitre, mais montrer que le mot Liberté pris dans le sens où l'emploie la philosophie ne s'entend pas, qu'il ne représente rien de saisissable pour aucun intellect.

I

Avant de s'enquérir si une chose est ou n'est pas, il faut en effet rechercher d'abord si elle est possible, et pour cela préciser ce que l'on entend sous son nom. Or le mot liberté a un sens très net au point de vue relatif. On dit d'une force qu'elle est libre toutes les fois qu'aucune autre force ou aucun obstacle ne l'empêchent de produire tout son effet, de se réaliser selon son vœu intérieur. Entre deux forces qui s'opposent, celle-là est dite libre qui contraint l'autre et qui, par cette contrainte, développe sa tendance intérieure; elle est libre dans la mesure où elle développe cette tendance; sa liberté a pour confin le degré de résistance de la force qu'elle opprime.

Pris dans ce sens, le mot liberté a une signification parfaitement intelligible et qui vaut pour les phénomènes de tout ordre : il est un mètre qui apprécie un rapport de dépendance entre deux ou plusieurs phénomènes. Un corps à l'état gazeux est libre de s'épandre dans la mesure où les corps environnants ne font point obstacle à son expansion.

Un navire est libre de poursuivre sa route dans la limite où la force du moteur qui l'actionne surpasse la force de l'eau qui lui résiste. Un peuple est libre vis-à-vis d'un autre dans la limite où celui-ci n'entrave point les divers modes de son activité, — pouvoir de s'administrer soi-même, de conquérir de nouveaux territoires, de propager son industrie et son commerce. — Chaque individu est libre, parmi le groupe social dont il fait partie, dans la limite où le pouvoir, — expression de la volonté d'un seul ou de la volonté collective, — ne l'empêche pas d'accomplir les actes de son choix.

Dans tous ces cas, la notion de liberté est nettement saisissable : elle note la conséquence d'un rapport d'intensité entre deux forces en concurrence, elle constate une suprématie. Or, dans tous ces cas, deux éléments au moins interviennent, deux éléments ou un nombre beaucoup plus considérable d'éléments. Nous sommes donc ici dans le domaine de la pluralité, dans le domaine phénoménal où les lois rationnelles règnent avec un empire absolu, et imposent un déterminisme irréductible. Toutes les fois que deux ou un plus grand nombre de forces données sont en présence, les plus intenses conquièrent leur liberté au détriment des autres et il est pour l'intelligence de toute impossibilité de concevoir qu'il en soit autrement. De même que le tout est plus grand que la partie, le plus fort domine le plus faible et est, vis-à-vis de lui, dans un rapport de libre à non libre.

A rechercher de quelle façon le mot liberté s'est formé dans l'esprit, on remarque qu'il correspond à une construction mentale de même nature que le mot majorité et qu'il satisfait un même besoin logique. Majorité signifie qu' entre deux groupes l'un dépasse l'autre en quantité ; liberté que l'un dépasse l'autre en force. Il exprime une évaluation d'un plus à un moins sans notation de degré. Or une telle signification du mot *liberté*, parfaitement conforme aux lois de l'esprit, n'offre aucune ressemblance avec la liberté que les philosophes prennent au sens libre-arbitre : il faudrait dire que cette signification usuelle et intelligible est à l'antipode de la notion philosophique, s'il était possible de concevoir sous celle-ci quelque réalité, de voir en elle autre chose qu'une aspiration hystérique hors de la réalité mentale, une tentative condamnée pour expliquer l'inexplicable.

II

Spinoza pourtant a donné une définition de ce qui est libre. Mais en définissant la liberté, il la supprime à vrai dire, car il la soumet à la nécessité et montre ainsi qu'au point de vue métaphysique comme au point de vue physique, ce terme n'a pas de valeur indépendante et propre. « Une chose est libre, dit-il, quand elle existe par la seule nécessité de sa nature et n'est déterminée à agir que par soi-même ; une chose est nécessaire, ou plutôt contrainte, quand elle est déterminée par une autre chose à exister et à agir suivant une certaine loi déterminée (1). » Nous concevons aisément la se-

(1) *Ethique*. Def. VII.

conde partie de cette définition, car elle s'applique à l'ordre des choses situées dans le *monde comme représentation*. La nécessité est la loi du phénomène. « Tout ce qui est vivant est une chose obéissante. » Quant à cette chose libre, décrite par le philosophe, nous voyons qu'il n'était pas besoin d'un mot nouveau pour la désigner, qu'elle n'est qu'un cas de la nécessité, et que Spinoza a formé son concept de la liberté dans l'intérieur du concept du nécessaire.

Nous ne concevons d'ailleurs, dans le monde, aucune chose qui soit déterminée à agir par la seule nécessité de sa nature, car nous ne saurions réduire à cette formule positive notre ignorance des causes en vertu desquelles telles choses sont, se meuvent et deviennent. Nous ne saurions non plus, avec Spinoza, user du concept de la nécessité pour en faire la loi de l'Etre en soi, qui, du point de vue kantien, correspond à la substance, au Dieu de l'Ethique. Le concept de nécessité ne nous est donné que dans la relation phénoménale : et ce serait une manière d'anthropomorphisme rationnel que d'appliquer cette loi phénoménale à ce que nous situons par notre hypothèse hors du phénomène. Si tout ce qui apparaît dans le cadre tracé par la distinction entre objet et sujet, sur le tissu du temps et de l'espace, à travers les mailles de la cause et le transparent des principes de la raison, est soumis à la nécessité et n'existe pour l'intelligence qu'en vertu d'un déterminisme, il n'est permis de rien dire de ce à quoi nous prêtons l'existence en dehors du temps, de l'espace, de la cause et de la distinction entre objet et sujet. De ce que nous ne formons qu'au moyen de concepts négatifs, nous ne pouvons rien affirmer de positif.

On ne conviendra donc pas ici avec Spinoza que Dieu ou l'Etre universel soit une cause libre soumise à la seule nécessité de sa nature, car Spinoza fait de la liberté, et à juste titre, un cas de la nécessité ; or le concept du nécessaire ne vaut que dans le domaine de la relation alors que l'Etre universel, *ce hors de quoi rien n'existe*, forme une unité exclusive de toute relation et ne laisse place à aucune substance avec laquelle il puisse entrer en rapport. Pour le même motif, on ne saurait dire de l'Etre universel qu'il est libre au sens usuel de ce terme et en tant qu'il implique la suprématie d'une force sur une autre. Il ne reste plus aux métaphysiciens qu'à opposer, par définition, le *libre* au *nécessaire* pour en faire la qualité de l'Etre en soi, de ce qui est situé hors du phénomène ; mais ce terme sera alors dénué de tout contenu, car ce n'est pas mettre un sens dans un mot que d'affirmer qu'il n'est point ceci, en sorte que le mot libre n'exprimerait ici que notre ignorance. Tout autre mot, tout autre assemblage de syllabes en saurait faire autant ; mais celui-ci aurait, parmi tous les autres, ce grave inconvénient qu'il serait alors employé à exprimer deux choses différentes, puisqu'il a déjà un sens usuel parfaitement défini dans le domaine phénoménal en tant qu'il dénonce la suprématie d'une force sur une autre, ou mieux la conséquence de cette suprématie.

III

De quelque côté que l'on s'oriente, il n'est donc pas possible de trouver au terme liberté une autre signification réelle que cette dernière signification usuelle dont il est impossible de faire une application transcendantale. Pourtant l'effort de toute la philosophie officielle va à établir qu'il existe dans le monde un principe de liberté. Cela tient à la situation adoptée par des esprits qu'abuse le principe de causalité et qui ont besoin de sentir l'Etre déterminé dans son principe. La nécessité causale qui n'admet pas de cause première ne leur permet pas d'achever la construction qu'ils s'obstinent à vouloir réaliser. Ils sont sourds aux avertissements de la critique, aux déclarations sincères des lois de l'esprit qui se donnent pour ce qu'elles sont, pour des moyens propres à instituer le panorama cosmique; ils ne peuvent se résoudre à considérer le monde phénoménal comme un système illusoire, ils lui veulent une réalité, une explication ; ils s'obstinent à connaître au delà des limites de la Connaissance et ne se résignent pas à penser que la genèse de l'Univers connaissable se perd dans l'Inconnaissable. C'est pourquoi ils recherchent, en dehors des lois scientifiques, un principe différent, offrant à la réalité phénoménale les assises qu'elle ne trouve pas dans la raison.

Mais tandis qu'ils imaginent hors des lois scientifiques ce principe singulier propre à régir et expliquer le réel, c'est à vrai dire dans le vide, hors des lois de l'esprit, hors des lois de toute représentation possible qu'ils instituent leur recherche. Bien plus ils oublient que cette réalité à laquelle ils veulent assigner des lois différentes de celles de l'esprit n'existe que pour l'esprit. En effet, sitôt que l'esprit fait abstraction de lui-même pour ne laisser subsister que l'objet, sa tentative échoue ; en se supprimant il supprime l'objet, toute réalité s'évanonit et le monde comme représentation se dissipe pour faire place à un état qui, ne comportant aucun sujet, ne comporte aucune explication et n'est saisissable pour aucune intelligence. C'est de cet état inconnaissable en soi que les philosophes s'acharnent à prendre connaissance ; c'est entre cet état et le monde comme représentation qu'ils prétendent établir un lien phénoménal.

Les mots *liberté*, *vérite*, dans le sens où ces philosophes les emploient, se dérobent à toute définition parce qu'ils visent à décrire par des termes positifs, ce qui est situé hors des lois de la Connaissance, ce devant quoi il n'est d'autre posture que d'ériger en dogme l'ignorance, et par un dernier effort de l'esprit saisissant ses limites, de concevoir, avec l'antinomie entre *existence en soi* et *connaissance*, l'impénétrabilité l'un pour l'autre de ces deux états.

A vrai dire, l'intellect n'appréhende aucune chose existante dont il n'attribue l'existence à une autre chose ou à une loi. Lorsque, parvenu aux confins du temps, de l'espace et de la cause, il se heurte à des états de l'être dont il ignore les antécédents, tels que le fait même de l'existence ou, dans un domaine particulier, l'irréductibilité des corps simples, il formule, avec Spinoza, que ces choses obéissent à la nécessité de leur nature, ce qui revient à dire plus simplement qu'elles sont ainsi. Mais c'est sa façon de se les assimiler que de les soumettre à la nécessité : car nécessité est le terme auquel l'Intellect ramène comme à une unité mentale tout ce qui a trait à l'être. Lorsqu'il ne peut faire cette réduction, il ne saisit plus rien, il ignore.

C'est à la place de cette ignorance que les philosophes mettent des mots. De même qu'ils s'écrient *éternité, infini,* pour masquer leur impuissance de limiter l'Etre dans le temps et dans l'espace, ils s'écrient *liberté* lorsque la nécessité causale cesse de justifier l'existence des phénomènes et refuse de leur rendre compte de quelque réalité. Or, ce mot n'ajoute rien à leur ignorance qu'une confusion. Car lorsque nous cessons de comprendre par les causes, nous ne savons pas si cette impuissance tient à la faiblesse actuelle de notre esprit ou à la nature des choses : dans le premier cas, la nécessité continue de s'exercer en une région où nous la perdons de vue; dans le second cas, nous ignorons tout de ce qui la remplace et nous n'en pouvons rien prononcer, mais il faut maintenir que le mot *liberté* est le plus impropre à désigner cet état inconnu puisqu'il est pourvu, ainsi qu'on l'a noté expressément, d'un sens positif et que, sous ce sens, il implique le conflit de deux forces et désigne la suprématie de l'une sur l'autre. Or, qui ne voit que nous ne pouvons affirmer d'une chose dont nous ne saisissons le lien avec aucune autre qu'elle est sortie victorieuse d'une lutte dont l'existence phénoménale était la récompense, et s'il s'agit du fait même de l'Être, qui ne voit l'absolue contradiction enfermée dans une telle hypothèse?

IV

Pourtant les philosophes de l'Instinct vital, chargés de fortifier le mensonge nécessaire à la Vie, n'ont pas renoncé à leur tâche. Par un détour, ils ont tenté d'introduire la liberté dans le monde des concepts et de lui constituer l'apparence d'une signification sous le couvert de la *contingence*. Mais il est aisé de faire voir que le terme contingence a été détourné pour cette besogne de son emploi légitime et qu'on s'est livré à cette occasion à un jeu de dialectique dont l'artifice est manifeste.

Le contingent n'a de signification que dans le domaine du possible. C'est, disent les philosophes, ce dont l'existence n'implique ni contradiction d'une part, ni nécessité d'autre part. Or, une telle chose n'existe que pour l'esprit, pour l'esprit lorsqu'il ignore une partie des causes qui détermineront un phénomène. Le contingent n'est pas une qualité du phénomène : il caractérise une attitude d'un esprit donné à l'égard d'un phénomène donné, soit que ce phénomène soit caché à l'esprit par le temps, s'il est situé dans l'avenir, ou par l'espace, s'il est situé dans le passé, mais à une distance de l'esprit que la vitesse — courriers, postes ou télégraphe — n'a pas encore franchie. Dans les deux cas, qu'il s'agisse d'un fait arrivé déjà, mais encore inconnu, ou d'un fait futur, la situation de l'esprit est la même : ou il connaît toutes les causes de nature à déterminer le phénomène, et celui-ci est dit alors nécessaire, ou il ignore une partie de ces causes, en sorte que diverses conjectures peuvent être hasardées quant à la forme précise de ce phénomène, et celui-ci est dit contingent. Mais on voit que c'est là un terme abusif, que le phénomène en lui-même n'est jamais contingent.

La contingence n'existe que pour l'esprit, en raison de l'ignorance où il se trouve de la suite des causes qui ont déterminé le phénomène, ou le détermineront avec nécessité. Sitôt que celui-ci est connu, il est saisi par l'esprit dans son cadre de nécessité, constitué par des rapports de forces et de circonstances : il devient réel et ne peut plus être dit contingent, sinon d'une manière inexacte et en souvenir de l'état d'ignorance où fut l'esprit à son endroit. Ainsi de quelque jeu de colin-maillard. Le joueur qui, les yeux bandés, s'efforce, avec les seules indications fournies par le toucher, de reconnaître le prisonnier qu'il a saisi, le joueur au bandeau hésite à prononcer un nom. S'il a deviné juste, il pourra dire ensuite en souvenir de son incertitude : Ce pouvait n'être pas celui-là. Mais celui-là sait bien que ce ne pouvait être un autre que lui-même.

D'une part la contingence n'exprime donc rien de réel et les choses en elles-mêmes ne sont pas contingentes. Mais il y a plus. Pour qu'un fait soit contingent au regard de l'esprit, il faut bien, on l'a dit, que l'esprit ignore une partie des causes qui lui donneront naissance, mais une autre condition n'est pas moins nécessaire : il faut aussi que l'esprit connaisse une partie de ces causes ; car c'est à cette condition seulement qu'il pourra hésiter entre des solutions diverses. Il n'y a donc place pour la contingence ni dans l'hypothèse de la connaissance totale, ni dans celle de l'ignorance totale des causes d'un phénomène. Or, les philosophes prétendent appliquer la contingence aux choses dont nous ignorons par définition les causes antécédentes, au fait lui-même de l'Être, ou à ses manifestations diverses et primordiales, telles que les lois de la nature, en tant qu'elles se présentent à nous sans justification d'origine et sans relations entre elles.

Dans ce domaine, la contingence perd tous ses droits à signifier quoi que ce soit. Car de phénomènes dont nous ignorons tous les antécédents, il nous est impossible d'imaginer qu'ils auraient pu être autres qu'ils ne sont. La loi qui préside à l'évolution de l'Être, à la différenciation de ses parties en même temps qu'à leur corrélation, nous est inconnue ; mais de ce que nous ne sommes pas en mesure de la déduire avec nécessité d'un principe unique, s'ensuit-il qu'elle soit contingente? Notre esprit s'est-il jamais trouvé à l'égard du fait de l'existence en situation d'imaginer des hypothèses contradictoires ou seulement diverses et de construire d'autres possibles? La notion d'un possible peut-elle être appliquée à une réalité qui cause toutes les autres, mais dont nous ignorons la cause et dont nous disons qu'elle existe par elle-même, ou, en raison d'un tic de notre esprit, qu'elle est *causa sui* ? Avec la notion du possible n'est-il pas de toute évidence que doit aussi disparaître celle de la contingence?

D'autre part, si l'on retire au terme contingence la signification positive qui lui a été reconnue, quelle autre signification sera-t-il possible de substituer à celle-ci? Notre ignorance pourtant ne saurait doter les choses de propriétés nouvelles ou susciter dans notre esprit des catégories jusqu'alors inconnues. Or, dès que nous cessons de comprendre par les causes et à travers la grille de la nécessité, *nous ignorons*, et il est vain de créer, par delà les limites de la causalité, des mots à prétentions positives pour désigner des concepts négatifs. L'introduction d'un mot nouveau dans la langue philosophique n'a pas le pouvoir de faire éclore un nouveau mode de mentalité, ni de rendre intelligible ce qui jusque-là ne l'était pas.

Toutefois, la philosophie au service de l'Instinct vital est réduite à compter sur un miracle de cette nature et elle se persuade de son mieux que ce miracle s'accomplit. Dans ce but, elle s'empare de termes pourvus dans la relation phénoménale d'un sens défini, les transporte dans l'absolu et leur conserve, aussi longtemps que la dialectique n'intervient pas, leur sens ancien. Lui objecte-t-on l'arbitraire du procédé, elle vide le mot de sa signification ancienne, comme on vide un flacon du parfum qu'il contient; mais elle conserve ce mot vide comme étiquette de l'indéfinissable, comptant, pour créer et entretenir une équivoque, sur la persistance de la signification ancienne demeurée au contour des syllabes, comme aux parois du verre l'arome du parfum disparu.

En un livre (1), où une belle intelligence et une grande ingéniosité sont mises au service d'une thèse trop évidemment choisie par le parti pris d'une volonté, M. Boutroux a infligé au concept de la contingence un traitement de cette sorte. Il a tenté de faire croire au miracle. Il a pensé fonder la contingence des lois de la nature sur ce fait que l'Être ne comporte pas un principe unique, duquel déduire toute la série des phénomènes, selon un système de rapports liant nécessairement ces phénomènes entre eux. M. Boutroux s'est donc proposé d'établir que l'Univers se manifeste à l'Intelligence composé de plusieurs mondes distincts, superposés et irréductibles les uns aux autres, qu'entre ces mondes il existe des intervalles entre lesquels pend, rompue, la chaîne des causes. C'est ainsi qu'il est impossible d'expliquer le concept des corps, c'est-à-dire des essences physiques et chimiques, par les seuls concepts de la matière et du mouvement, d'expliquer la vie physiologique par les seules propriétés des corps chimiques et la pensée par la seule physiologie ; c'est ainsi que chacun de ces mondes matériel, chimique, physiologique, psychologique, commence une série, comporte une vertu propre et

(1) Emile Boutroux. *La Contingence des lois de la nature* (Alcan).

spontanée dont l'existence ne peut être justifiée par les propriétés des mondes inférieurs.

Qu'il en soit ainsi dans l'état actuel de la Connaissance, c'est ce qu'on ne saurait mettre en doute : qu'il en soit ainsi absolument en raison de la nature des choses, c'est ce qu'il faut accorder sans examen afin d'établir sans retard qu'un tel état de fait ne confère pas au terme contingent un sens valable et propre à le qualifier métaphysiquement.

En effet que l'Univers ne se dérobe que sur un seul point aux prises de notre entendement ou que le mystère ait plusieurs foyers d'origine, qu'il apparaisse en plusieurs points, à travers la toile trouée du phénomène, cela ne change en rien l'attitude de notre esprit à l'égard de l'insaisissable. Dire que les lois de la nature sont contingentes parce qu'elles ne peuvent être systématisées en un ensemble de lois qui se nécessitent toutes entre elles, ou dire que le seul fait de l'Être est contingent parce que nous ne pouvons lui attribuer de cause, c'est même chose et, dans un cas comme dans l'autre, c'est retirer au mot contingent son sens ordinaire pour ne lui en substituer aucun autre. Car la contingence d'un phénomène suppose, ainsi qu'on l'a dit, ainsi qu'il est bon de le répéter, qu'à un moment donné l'esprit a pu hésiter entre le phénomène appelé à se réaliser et plusieurs autres possibles. Or, en ce qui concerne le fait unique de l'Être ou ces lois de la nature en lesquelles l'Être s'exprime, l'esprit ne fut jamais en posture de se demander si l'Être serait, ni quelles seraient ses lois, ni d'en imaginer d'autres analogues voisines ou différentes. Car de ces lois nous ne connaissons que la série descendante de leurs effets et elles sont elles-mêmes, ainsi qu'on l'a accordé, sans cause connaissable. L'esprit qui ne comprend qu'au moyen du mécanisme de la causalité est donc incapable de les imaginer ; ces lois sont pour lui hors la catégorie du possible. Il se brise avec elles au fait simple de l'*existence* antinomique à *comprendre*. Il les constate, les subit et ne peut dire rien d'elles hormis qu'elles sont. Tous les noms dont on les qualifie dont on prétend décrire leur nature, ne sont que prétention stérile, tentatives vaines pour desceller une énigme, efforts pour violer le mystère où n'éclate qu'une impuissance.

Cette inanité de la terminologie métaphysique créée pour décrire la nature de ces lois insaisissables se manifeste d'ailleurs en ce que, pour une telle entreprise, les termes réputés contradictoires se montrent également bons et par là s'accusent également mauvais. Que l'on prenne le fait unique de l'Être ou l'une de ses lois particulières, la loi en vertu de laquelle toute partie d'hydrogène qui se combine avec un autre corps comporte nécessairement deux atomes d'hydrogène, il nous est également loisible de voir dans l'un ou l'autre cas le fait de la liberté ou celui de la nécessité. L'être est pourvu de liberté, dirons-nous, parce qu'aucune force ne peut le limiter. La propriété de l'hydrogène que l'on vient d'énoncer manifeste la liberté de ce corps puisque aucune puissance différente, aucun agent chimique ne le peut contraindre à se comporter différemment. Mais le mot nécessité caractérise aussi justement ces deux phénomènes. L'être existe nécessairement puisque nous ne pouvons concevoir rien hors de lui, puisqu'il ne peut pas ne pas être. L'hydrogène obéit à la nécessité de sa nature puisqu'il n'est pas libre d'être autre qu'il n'est, puisqu'il n'est pas libre d'entrer jamais en combinaison avec un autre corps par l'intermédiaire d'un seul de ses atomes et qu'il lui faut toujours en déléguer deux ensemble.

Appliqué à l'Être ou à ses lois, le terme contingence ne comporte donc aucun sens. Le contingent comme le libre est un cas du nécessaire, ne s'entend que dans la mesure où nous pouvons le ramener à cette unité mentale. M. Boutroux démontre que le déterminisme de l'Univers se brise, au regard de notre esprit, en plusieurs endroits. La science de la Connaissance qui considère l'Univers en son essence comme échappant précisément à toute détermination n'a pas à repousser ces conclusions dont pourtant elle n'a pas besoin : car le caractère indéterminé d'un seul phénomène, si de lui tous les autres dépendent, entraîne la relativité de tout le reste. Mais ce qu'on ne saurait répéter avec trop d'insistance, c'est que le fait, pour un phénomène, d'être indéterminé dans son principe n'établit pour lui aucune présomption autre que celle-ci, à savoir qu'il est indéterminé. Une chose qui ne nous apparaît pas comme nécessaire est une chose dont nous ignorons la cause et rien de plus. Si cette cause est plus tard découverte, le phénomène prendra alors sa place dans notre entendement sous la catégorie de nécessité. Si, au contraire, on va jusqu'à accorder que ce phénomène échappe par sa nature à toute causalité, il en résultera que notre esprit est condamné à ignorer toujours et d'une façon absolue sa genèse, mais non point que ce phénomène soit libre ou contingent. S'il était contingent, notre esprit, loin d'ignorer cette genèse, devrait s'être trouvé en posture d'en imaginer plusieurs versions; s'il était libre, au seul sens intelligible du mot, il faudrait admettre que ce phénomène qui, par hypothèse, est sans lien avec aucun autre, se serait élevé devant notre esprit, à la suite d'une lutte victorieuse avec d'autres puissances, ce qui serait contradictoire.

V

Cette hypothèse de la contingence absolue construite dans le vide de la terminologie n'a été imaginée que dans un but: celui d'y introduire la Liberté et ce palais fantôme peut bien en effet contenir cet hôte inconsistant. Mais le zèle avec lequel les philosophes s'efforcent de démontrer qu'il existe dans le monde un principe de liberté marque lui-même le souci beaucoup plus impérieux d'établir qu'il existe dans l'homme un pareil principe ; l'intérêt pratique immédiat et vital de la liberté métaphysique est d'engendrer en psychologie et en morale le libre arbitre. « Pour accomplir le bien obligatoire, pour suivre l'attrait du beau, l'homme est doué d'une spontanéité intelligente, dont la forme la plus élevée est le libre arbitre ou faculté de choisir entre le bien et le mal, entre les actions qui rapprochent de Dieu et celles qui en éloignent (1). » Telle est la conclusion naturelle et d'instinct logique à laquelle aboutit le traité de M. Boutroux, en quoi il résume la tendance utilitaire de toute philosophie d'Etat.

On pourrait s'en tenir à ce qui a été dit précédemment de la liberté pour refuser au libre arbitre toute valeur intelligible. Mais la croyance au libre arbitre est le rouage essentiel de la vie phénoménale et l'Instinct de Connaissance ne saurait se désintéresser des modes selon lesquels l'Instinct vital construit son mensonge et lui donne une valeur pratique. Il ne saurait se lasser non plus de découvrir l'inanité de ce mensonge et l'inconsistance des matériaux dont il est bâti. C'est là l'œuvre même de la Connaissance — non point œuvre de propagande : en démontant les ressorts de la Vie dans l'humanité on ne prétend pas les supprimer, encore moins les remplacer par d'autres ; ce serait cesser de connaître, ce serait servir directement l'Instinct vital, ce serait devenir dupe et se croire libre, que de vouloir déraciner dans le cœur des hommes la croyance à la liberté. Connaître, c'est, entre autres choses, savoir que, partout où il y a vie humaine, il y a croyance à la liberté. Mais c'est aussi pourquoi il est d'un si haut intérêt d'étudier ici à sa source la ruse mensongère de la Vie, et de s'extasier sur son pouvoir d'illusionner et d'enivrer.

La conception entièrement vide d'une liberté métaphysique va donc, sous l'influence de cette ivresse, se comporter comme une chose vivante :

(1) E. Boutroux : *De la contingence des lois de la nature*, p. 160.

elle va se multiplier, se reproduire, enfanter d'autres conceptions illusoires revêtues d'apparences verbales, elle va créer tout ce vocabulaire de fiction propre à traduire l'erreur des hommes, l'erreur de ces spectateurs qui sont en même temps les acteurs et les figurants du panorama cosmique.

On rappelle ici que l'intelligence ne peut adopter, vis-à-vis de toute chose existante, que deux attitudes : de cette chose, elle connaît les causes immédiates, ou elle les ignore. Or, elle conçoit sous la catégorie de *nécessité* tous les phénomènes qu'elle connaît par leurs causes ; les autres qui ne lui sont connus que par leurs effets, et plongent par leur autre extrémité dans l'inconnu, se rangent sous la catégorie d'*ignorance*. Dans l'intérieur du concept de la nécessité, afin de faire des distinctions et des classifications, parmi les phénomènes connus par leurs causes et liés entre eux par des rapports plus ou moins immédiats, l'intelligence forme aussi divers concepts secondaires et qui ne valent que dans le domaine de la relation, tels, entre autres, ceux de la contingence et de la liberté. Il nous faut retenir ce dernier en rappelant ce qu'il est : il caractérise, comme on l'a dit, l'état qui résulte nécessairement de la suprématie d'une force sur une autre ou sur un ensemble de forces. On va montrer que les termes fictifs créés par la métaphysique de l'Instinct vital, termes auxquels cette métaphysique voudrait constituer une signification nouvelle, se ramènent tous à l'une de ces deux catégories, *nécessité*, *ignorance*, ou au concept secondaire de la *liberté*, pris comme cas de la *nécessité*.

C'est ainsi qu'il en est du terme libre. Étant donnée une volonté intelligente qui, après avoir hésité entre deux ou plusieurs actes lui paraissant également possibles, en accomplit un, de quelle façon peut-on dire que cet acte est libre et qu'il constitue un choix?

Or, on peut d'une part supposer la volonté qui a commandé l'acte une chose indécomposable et simple, indépendante de toute influence étrangère; en ce cas il n'y aura pour elle qu'un seul possible, donc pas de choix, ou le mot *choix* signifiera ici la *nécessité* pour cette volonté d'accomplir un certain acte à l'exclusion de tous autres. On ne pourra dire de cette volonté qu'elle est libre, puisqu'elle n'aura été en rapport avec aucune autre force sur laquelle établir sa suprématie, ou si on dit qu'elle est libre, on arguera d'une liberté pareille à celle du Dieu de Spinoza, et il faudra compléter cette appréciation en énonçant que la volonté est libre, d'une liberté soumise à la nécessité de sa nature, en sorte que ces deux termes *liberté*, *nécessité*, contradictoires selon leur valeur métaphysique, s'uniront pour caractériser une même chose et montrer ainsi leur néant. Il ne restera donc plus qu'à confesser notre *ignorance* quant au mode d'action de cette volonté.

Si, dans l'hypothèse qui vient d'être formée d'une volonté indécomposable et simple, indépendante de toute influence étrangère, on voit pourtant la résolution qui commande l'acte, précédée d'un débat, si, avant la décision, des motifs contraires apparaissent dans le champ de la conscience, il faut supposer que ce débat n'existe que pour le spectacle, qu'il est un jeu et une péripétie sans effet sur le résultat, — que la volonté elle-même a disposé ces motifs avec le soin d'assurer la suprématie à celui qui représente sa loi. Ainsi dans les baraques foraines les lutteurs professionnels concertent parfois d'avance les péripéties de la lutte jusqu'au triomphe du vainqueur désigné qui, dans le simulacre d'un grand effort, projette sur le sol de terre battue les deux épaules de l'adversaire complaisant.

Les philosophes de l'Instinct vital tenteront-ils de masquer l'ignorance où nous sommes de ce pourquoi mystérieux de la volonté par un nouveau terme positif? Viendront-ils décréter que la volonté est *spontanée*? « C'est, dirait Nietzsche, comme si le ver à soie mettait son libre arbitre à filer (1). » Est-il rien, en effet, de plus contraire à l'idée de liberté, au sens libre arbitre, que ce concept de la spontanéité ? Une spontanéité est ou n'est pas, elle comporte un plus ou un moins ; aucun dessein prémédité ne parvient à la développer là où elle n'est pas, et sitôt qu'elle apparaît elle ne suppose aucun débat entre des motifs, aucune hésitation, aucun choix. Elle retourne dans l'humanité au type des lois qui régissent les activités les plus élémentaires : elle est dans l'homme la même puissance qui dans l'aimant attire le fer, la même force ignorée qui préside à la germination de la graine, à la croissance de la plante. Elle est précisément de ces choses qui par leurs manifestations, sont enchaînées dans la nécessité, et, par leurs origines, plongent dans le

(1) *Le Voyageur et son ombre*, p. 130 (*Pages choisies.*)

mystère en sorte qu'elles se classent dans notre esprit, en raison de leur genèse inconnue sous la catégorie d'*ignorance*.

Si, maintenant en une seconde hypothèse, la volonté est considérée comme une puissance de même nature que les motifs avec lesquels elle est aux prises, si elle est un motif parmi d'autres, l'acte sera déterminé, cela va de soi, par le motif le plus fort en sorte que la volonté sera *libre* au sens positif et non métaphysique du mot, lorsqu'elle sera la plus forte; elle sera contrainte dans tous les cas où un motif qu'elle n'aura pas agréé l'emportera sur elle. L'acte, ici encore, ne pourra donc être considéré comme le résultat d'un choix de la volonté. La volonté n'aura jamais voulu qu'une seule chose, mais elle aura été, selon le cas, ou n'aura pas été assez forte pour imposer cette chose.

Ainsi ces mots liberté et choix, pris au sens métaphysique, ne couvrent rien de réel, ni seulement d'imaginable; l'un et l'autre accusent l'état d'ignorance temporaire où se trouve la personne humaine, soit, dans la première hypothèse que nous avons formée, de ce qu'est en réalité sa volonté, soit, dans la deuxième hypothèse, du degré de force des motifs en conflit et par conséquent de l'issue de l'affaire engagée.

Le mot liberté qui, au sens de la métaphysique de l'Instinct vital, ne comportait aucune construction possible et n'admettait aucune définition, conserve donc cette vacuité lorsque l'on tente de l'appliquer à l'homme. Aussi n'a-t-on pas à rechercher ici si l'homme est libre ou s'il ne l'est pas, mais à maintenir qu'une telle recherche n'a pas d'objet. Entre les deux hypothèses précédentes relatives à la volonté dans le moi humain, il n'y a place pour rien d'intelligible. Il faut ou bien considérer le moi comme simple ou bien le dire composé de plusieurs parties. Dans le premier cas, il rentre dans cette catégorie de choses, qui, comme l'Être, comme les corps simples de la chimie, ne peuvent être autres qu'elles ne sont et dont la liberté se confond avec la fatalité. Il faut dire que, malgré les apparences, malgré les luttes intérieures, malgré les remords, le moi veut tout ce qu'il accomplit, veut ses crimes et ses héroïsmes. Dans la seconde hypothèse, le moi unique disparaît pour faire place à une multiplicité de moi distincts : ceux-ci, comme toutes les choses de la nature qui viennent en concurrence, se combattent, luttent entre eux pour la suprématie en sorte qu'ils sont tour à tour les uns vis-à-vis des autres libres ou opprimés, au sens relatif et parfaitement clair que ces mots comportent.

VI

Après avoir constaté l'absolu néant du terme liberté, il appartient encore à la science de la Connaissance de rechercher de quelle façon un tel mot vient à se former, de se rendre compte, s'il est possible, de l'artifice qui constitue cette illusion naturelle de la liberté.

On a dit que la complexité du monde moral avait sa cause dans la distinction de l'Être en objet et en sujet et dans la réunion, en un même phénomène, le phénomène humain, de l'objet et du sujet. En chaque homme, en effet, s'accomplit le miracle de l'Être unique se représentant à lui-même dans la diversité, se situant lui-même en objet à sa propre vue. Ce miracle se manifeste dans le fait de la conscience, dont le rôle unique est d'assister en spectateur aux faits et aux gestes des divers acteurs de la représentation, et la conscience n'est possible qu'au moyen de l'illusion de la personnalité, qui consiste à faire réapparaître au cœur de la multiplicité phénoménale une présomption d'unité. « Notre corps, dit Nietzsche, n'est qu'une association, une colonie d'âmes (1). » Chaque être humain, en effet, est composé d'une multitude d'entités diverses qui apparaissent tour à tour dans le champ de la conscience, les unes percevant le monde extérieur, les autres, centres et points de départ d'impulsions en tous sens, les autres portant des appréciations et des jugements : l'entité consciente les complète en disant *moi* de chacune d'elles.

C'est son unique rôle, et lorsque ces forces diverses, au lieu de s'accorder, entrent en lutte, la conscience dit *moi* tour à tour de chacun des combattants ; elle dit *moi* encore lorsque, la lutte terminée, l'un d'eux a pris le dessus et a pu accomplir l'acte. Disant *moi* lorsque le commandement est donné, elle croit nécessairement qu'elle a prononcé l'ordre. Elle s'est identifiée tour à tour avec chacune des entités en conflit, elle s'identifie encore avec la vic-

(1) *Par dela le Bien et le Mal*, p. 23.

torieuse. Tandis que, durant la lutte, elle n'eut pour fonction que de recevoir des renseignements, d'enregistrer des faits accomplis, de grouper ces faits par une synthèse en l'illusion d'une unité, les assemblant, comme au moyen d'un même fil, au moyen de ce moi constamment répété, elle a cru donner des conseils, elle s'est attribué un rôle actif.

Les choses se sont en réalité passées comme si la conscience n'eût pas été là et ainsi qu'elles se passent en quelque combinaison chimique. Mais tandis que les autres entités, qui seules réellement agissent, se succèdent dans le temps et ne se manifestent qu'isolément l'une après l'autre, l'entité consciente est toujours en scène. Ainsi elle se croit seule, elle ne peut donc imaginer qu'elle soit contrainte. Elle ne l'est pas d'ailleurs; elle ne saurait l'être, car elle n'a ni volonté, ni désir, elle n'entre pas en conflit avec d'autres éléments, mais seulement s'ajoute, se prête à tous. Elle ne saurait donc être non plus, comme elle le croit, l'auteur de l'acte accompli : cet acte est le résultat d'une lutte entre des combattants dont tous maintenant sont morts ou gémissants, excepté le vainqueur qui seul peut se dire libre au sens vrai du mot, au sens de la suprématie qu'il s'est assurée sur les autres.

Ainsi, la croyance au libre arbitre a sa source dans le fait de la conscience et dans l'illusion de la personnalité qui de ce fait est instituée. Cette illusion a pour effet de donner l'apparence de l'unité au multiple, l'apparence d'agir à ce qui seulement enregistre. Sous l'empire de cette illusion, ce moi conscient, qui absorbe en lui seul l'individualité de tous les combattants qui se reflètent en lui, assume la responsabilité de l'acte ordonné par le plus fort. Il n'arrive jamais qu'après les actes commis, mais il demeure toujours là pour en revendiquer la paternité. Don Juan chante la sérénade sous le balcon d'Elvire, puis s'esquive; Leporello demeure et reçoit les coups de bâton ou les serments d'amour. Ainsi toute la série des sentiments moraux a pour origine une substitution de personnes. On les voit sortir, maquillés et fardés, de ce piège de la personnalité dressé par la machine à instituer le phénomène, forgé par la distinction en objet et en sujet, de ce piège où se prend la vanité de la conscience toujours prête à s'attribuer à elle seule tout ce qui se passe sous son regard. Libre, la personne humaine est responsable; responsable, elle pourra être châtiée ou récompensée; il sera *juste* qu'elle soit châtiée ou récompensée, elle éprouvera des remords et des satisfactions selon que les actes accomplis auront été en désaccord ou en concordance avec les actes voulus par les entités impulsives qu'approuve et favorise l'entité qui évalue. Cette entité qui évalue, ce sera le plus souvent la convention de bien et de mal établie par l'intérêt social. Car cet intérêt social a son représentant parmi les instincts dont la conscience usurpe la personnalité et c'est ce représentant que l'éducation s'efforce, par une action continue, de rendre prépondérant.

C'est ainsi que l'illusion souveraine de la liberté fait germer dans les esprits pris au traquenard de la conscience toute la mythologie monstrueuse de la morale. A l'ombre des idoles Vérité, Liberté, s'exaltent les idées du Bien et du Mal et, entre elles, la conception ironique de la Justice, qui, appliquant à des inégaux des mesures pareilles, consacre avec solennité, sanctionne et multiplie l'inégalité et l'injustice qui sont les conditions de la vie phénoménale.

LA RÉGRESSION PHILOSOPHIQUE

La foi morale est aussi fanatique que la foi religieuse (1).

MAX STIRNER.

I. Le Kantisme de la raison pratique — II. Le criticisme de M. Renouvier. — III Le néo-Kantisme allemand.

I

Une interprétation de la *Critique de la raison pure* selon sa logique extrême nous a montré l'Instinct de Connaissance supprimant les ressorts de la Vie dans l'humanité. On a fait voir ceci : l'idée d'un Dieu hors du monde, inutile en soi et inefficace à rendre compte de l'Univers, utilisée, lorsque entre en scène le rationalisme, à attirer sur une fausse piste l'esprit d'examen, et par là à protéger, durant un temps, les fictions rationnelles qui seules sont indispensables au maintien de la Vie. En effet, tandis que les philosophes attaquent l'idée divine, ils demeurent attachés à ces fictions, et même ils croient rétablir leur hégémonie en les dégageant de la dépendance où elles se trouvent à l'égard de la théologie. En réalité, ils les découvrent et les expo-

(1) Max Stirner : *L'Unique et sa propriété*, p. 53. (Ed. de la Revue Blanche.)

sent au regard de l'esprit. La science de la Connaissance, en ses derniers constats, n'eut donc plus à se préoccuper de l'ancien Dieu ; mais elle attira sous le jour de l'analyse les nouvelles petites idoles que la dévotion philosophique était en posture de diviniser et montra leur inanité.

Qu'un Dieu soit ou ne soit pas, voilà qui est d'un intérêt médiocre pour l'humanité. Mais que les idées de vérité et de finalité, créatrices de l'idée du Bien, directrices de l'effort, soient vaines, que la liberté, par laquelle l'homme se croyait capable de viser et d'atteindre son destin, ne soit que trompe-l'œil et erreur de perspective, voici qui est un grand désastre. L'homme a besoin de sentir la Vie déterminée dans son principe et dans sa fin : c'est là son vœu secret, c'est là l'espoir qui, même inavoué, demeure caché au cœur des philosophes et, sous la sécheresse des formules, dirige, influence et fausse leurs inductions. Or la science de la Connaissance nous montre l'Univers connaissable indéterminé par essence : il est, nous dit-elle, insaisissable à tout jamais en vertu des lois mêmes de la Connaissance. Il y a une impossibilité absolue, pour un tout donné, de se représenter à soi-même dans sa réalité totale, parce que le sujet spectateur, se retranchant toujours et nécessairement du spectacle à contempler, le mutile, et, si souvent, si vite qu'il se déplace, entraîne avec lui toujours un élément du tout. Les formes indéfinies du temps, de l'espace et de la cause ne font pas autre chose que traduire cette impossibilité. Projetant un interrogation et une condition par delà tout spectacle vu, elles nous avertissent que ce spectacle n'est pas d'un Tout achevé et qu'il y manque un élément essentiel.

A côté de l'impossibilité de déterminer l'Univers, de découvrir une vérité absolue et de la proposer pour but à l'effort, la science de la Connaissance proclame l'impossibilité pour l'homme de diriger son activité, elle dévoile l'illusion de la liberté. Ou l'homme, dit-elle, agit en vertu d'un déterminisme universel et il n'est pas libre, ou une spontanéité se développe en lui, imposant des manières d'être et des actes dont la cause est insaisissable, et en ce cas encore il n'est pas libre, puisque cette spontanéité est en lui ou n'y est pas, en dehors de toute intervention de sa part. Et la science de la Connaissance logiquement conclut au vide absolu du concept de la liberté en dehors de son sens positif où, cas particulier du déterminisme, il exprime la suprématie d'une force sur une autre.

Un tel corps de doctrine comporte-t-il la possibilité d'une morale? Oui, si l'on entend par une morale l'ensemble des manières d'être qui, déterminées par une conception particulière de l'existence, accompagnent logiquement cette conception. En ce sens, qu'elle sera cette morale? Un intellectualisme pur et simple. Pour des esprits conscients de l'impossibilité où ils sont de concevoir le monde en vérité, ou d'exercer quelque influence sur son développement, quel saurait être le sens de l'Univers? Celui d'un spectacle dont ils seront les spectateurs et qu'ils considéreront au point de vue unique de sa visibilité. Ils s'abstiendront de porter des jugements de bien et de mal sur des choses et des actes qui ne peuvent être autrement qu'ils ne sont. Ils ne se demanderont jamais ce qu'ils doivent faire et ce que la société doit faire ; tout au plus pourront-ils se distraire de la contemplation pure et simple de *ce qui est* en recherchant avec curiosité *ce qui sera*, ce qu'une société humaine, étant donnés ses antécédents, sera contrainte de faire.

Si l'on admet que les choses se laissent voir au point de vue de leur beauté lorsque l'on cesse de les considérer au point de vue de leur utilité ou de leur valeur morale, — c'est tout un, — on pourra dire que le seul sentiment auquel de tels esprits seront accessibles et qui determinera encore en eux le sujet nécessaire à tout spectacle, sera un sentiment esthétique. Là où les autres hommes se proposeront de modifier la Vie dans un sens d'utilité ou de moralité, eux auront pour loi de ne pas intervenir et de contempler la suite de l'événement, l'issue du jeu des forces engagées. Ils pourront considérer que la Vie réalise ainsi en eux son vœu dernier, qu'en instituant une suite de phénomènes à laquelle il est impossible d'assigner un terme, la Vie n'a d'autre désir que de se donner une représentation, en sorte qu'en y assistant ils accomplissent pieusement sa volonté. Telle pourrait être l'hypothèse plausible tirée en guise de conclusion métaphysique d'une science de la Connaissance pure; telle pourrait être une explication de l'Univers donnée du point de vue du Génie de la Connaissance.

Mais à se placer à ce point de vue même, on est forcé de convenir que cette morale esthétique ne saurait prévaloir, qu'elle ne saurait être l'apanage que d'un très petit nombre : car à supposer qu'elle se généralisât, les acteurs viendraient à faire défaut et le spectacle cesserait : cela serait contraire au vœu que l'on prête à la Vie. Aussi faut-il penser que cet appétit de connaissance pure ne se manifeste chez quelques êtres que vers les derniers stades de leur évolution phénoménale, chez des races, en des familles, chez des individus proches de leur extinction. Au contraire les individus destinés, en vivant et en se perpétuant, à prolonger le Spectacle, sont incapables d'admettre les conclusions de la science de la Connaissance telles qu'elles viennent d'être exposées. Quelles que soient la vivacité, la pénétration, l'étendue de leur intelligence, ils échapperont à l'évidence parce que la physiologie l'exige et s'oppose à ce qu'ils *connaissent* absolument, parce que l'Instinct vital qui les anime met en eux la force de créer les mensonges nécessaires. Comme un sergent chargé d'enrôler des recrues, la Vie leur distribue le vin qui fait croire aux promesses.

Croire et faire croire, voici donc quel sera le but du plus grand nombre des philosophes, après comme avant la *Critique de la raison pure*. Bacon de Vérulam constatait que de son temps on enseignait à croire dans les Universités. Cela est vrai encore du nôtre. Mais ce n'est pas seulement dans les universités que cet enseignement est prodigué, c'est dans tout livre capable de trouver un public de lecteurs. Ce que les hommes demandent à la philosophie, c'est de leur donner à croire, de leur donner un premier principe sur lequel fixer leur conduite, un but vers lequel avoir l'illusion de s'orienter ;

car, pour les raisons qui viennent d'être dites, le nombre des esprits à qui la joie de comprendre suffit en elle-même ne peut être jamais qu'insignifiant et négligeable. En se plaçant toutefois au point de vue de ces esprits qui tiennent dans la Vie le rôle du génie de la Connaissance, il sera curieux de faire un rapide examen des systèmes qui, sous le plein jour de la *Critique*, ont, depuis Kant jusqu'à Nietzsche, tenté de réhabiliter les illusions anciennes, ou de les déguiser sous des aspects nouveaux.

Parmi ces systèmes, les uns, comme le Kantisme et le Criticisme français, sans compter les survivants de l'ancien spiritualisme, marquent un retour pur et simple aux pétitions de principe de la métaphysique et de la théologie ; d'autres, comme le positivisme en France ou en Angleterre, s'efforcent de tirer un principe d'obligation des seules données de l'expérience. Le terme obligation comporte d'ailleurs chez ces derniers un sens moins rigoureux qu'il n'avait dans les systèmes métaphysiques : peut-être cette élasticité suffira-t-elle pour qu'il soit possible de retirer de quelques-unes de ces doctrines des principes directeurs susceptibles d'être agréés par l'humanité.

Le rôle de la science de la Connaissance est de critiquer également les uns et les autres ; car en tant qu'ils s'efforcent de se donner pour vrais, ils sont tous faux également ; mais la force et la vraisemblance avec lesquelles chacun impose son mensonge décident de leurs chances de succès. Aucun système de morale n'est viable s'il ne fait place au développement de ce pouvoir d'illusion qui décèle chez les hommes la présence réelle de l'Instinct vital et son énergie. C'est ce qu'il faut retenir ; mais, si l'appel à la fiction est inhérent à la morale, encore doit-il être adressé avec assez d'ingéniosité, avec assez d'à-propos et de dissimulation, d'une façon pourrait-on dire assez contemporaine pour qu'il illusionne et engendre sous quelque forme la croyance. C'est par où il serait possible de distinguer, entre les systèmes les plus récents, en guise de pronostic, ceux dont les chances d'applications semblent les plus probables.

I

Parmi les systèmes de philosophie régressive qui, après le travail d'assainissement mental accompli par la *Critique de la raison pure*, tentèrent de restaurer les idées théologiques, il convient de citer en première ligne celui qu'a formulé Kant dans la *Critique de la raison pratique*, dans les *Fondements de la métaphysique des mœurs*, dans les *Principes métaphysiques de la morale*. A Kant, c'est Kant lui-même qu'il faut opposer tout d'abord et qu'il faut immoler. On est tenu de le faire sans ménagement et d'omettre tous égards en raison de l'influence considerable exercée sur une classe nombreuse d'esprits par le faux rationalisme qu'il a restauré.

C'est à l'honneur de M. Maurice Barrès qu'il soit impossible aujourd'hui de traiter un tel sujet, sans citer son nom et sans rappeler qu'en romancier et en sociologue, en une œuvre d'analyse et d'imagination de la plus haute valeur psychologique (1), il a signalé la morale Kantienne comme un péril national. Le Kantisme, en sa partie morale, est un péril pour l'Esprit, pour cet état général d'intellectualisme que la *Critique de la raison pure* est faite pour fonder théoriquement et qui a atteint spontanément dans notre pays, en vertu d'un don de clarté propre à la race, son expression pratique la plus parfaite. Cet intellectualisme est avant tout un état de désintéressement de la croyance, excluant toute doctrine absolue, marquant une répugnance délicate à l'encontre de ce qui se réclame d'un principe et d'une présomption de vérité universelle. Un tel état suppose une race parvenue à la maturité de l'esprit ; c'est le cas de la race française, qui, ayant accompli, sous la forme catholique, sa crise de puberté religieuse vers les premiers siècles de notre ère, s'est montrée par la suite réfractaire, en sa majeure part, à se passionner de nouveau pour de semblables intérêts et n'éprouve plus le sentiment religieux que comme une attitude d'utilité transmise par les ancêtres. Bien différente en cela des races voisines qui, hier, en plein seizième siècle, se trouvèrent assez proches de la crédulité barbare pour échanger leur religion contre une autre.

Cette différence est d'une importance considérable : le catholicisme en France, sous son aspect autoritaire, n'exerce plus sur les consciences qu'une

(1) *Les Déracinés.*

action restreinte aux pratiques usuelles, à l'utilité sociale, à l'attitude sentimentale et traditionnelle propre à la race. Il n'inspire plus de fanatismes. Les croyants eux-mêmes, plus persuadés qu'ils croient qu'en réalité ils ne croient, s'en tiennent à des démonstrations extérieures, à des gestes coutumiers où ils trouvent leur contentement. Quant à la part la plus nombreuse de la nation, entièrement libérée de la croyance, elle ne retire du décor religieux parmi lequel elle évolue qu'une étiquette et des principes de conduite immédiats par où chacun est incliné aux modalités les plus compatibles avec les intérêts communs. C'est l'un des traits qui jettent sur l'esprit français le jour le plus vif et en précise le mieux la qualité, ce fait d'une religion qui a passé le temps de sa fermentation. Par la rareté de ce privilège, la race française est actuellement la mieux préparée à voir éclore les modalités les plus intellectuelles de la Vie, c'est-à-dire les états sociaux où l'Instinct vital montre à l'égard de la Connaissance la tolérance la plus large et semble presque se concilier avec elle en exigeant pour se conserver moins de mensonge.

Rien de plus destructeur d'un semblable état d'esprit que le Kantisme. Le Kantisme, en morale, est une religion, et c'est une religion en pleine crise de fermentation. Il attire à lui tous ceux que continue d'angoisser, par delà les limites ordinaires, l'inquiétude religieuse. C'est pour cette raison que, seul parmi tous les grands hommes que compte l'esprit moderne, Kant a trouvé grâce au tribunal spirituel de Tolstoï. A la manière d'une religion, le Kantisme engendre une pratique. A la manière d'une religion il persuade à ses adhérents qu'ils sont détenteurs de la vérité unique. « Nous croyons avec une pleine conviction, dit M. J. Tissot (1), que toute morale qui s'écarterait des principes si bien posés par Kant serait frappée d'erreur par le fait même. » Et c'est le même auteur qui, ayant à désigner « la morale de Kant », ajoute cette rectification fervente : « Je veux dire la *morale* absolument. » Cette morale *absolue* est le principe même du fanatisme.

A vrai dire le Kantisme se confond avec le Christianisme. Une différence pourtant est essentielle entre ces deux formes d'une même religion : l'une, le Christianisme, s'appuie sur la révélation ; l'autre se fonde sur la raison, ou du moins y prétend. L'une est une attitude d'utilité se réclamant d'un acte de foi purement volontaire, l'autre une attitude d'utilité se réclamant d'un principe hybride, d'un acte de foi rationnel.

La première a chez nous cet avantage de s'être offerte à la race au temps de son enfance, alors que l'Instinct vital tout-puissant lui créait l'aveuglement nécessaire à vivre et lui dictait la formule de ses besoins. La seconde réclame une intervention de l'Instinct vital plus violente encore, un aveuglement encore plus complet, — car il s'agit de fausser la raison au nom même de la raison et d'enfanter en plein midi les fantômes de la nuit. Or la race est loin de son enfance ; l'Instinct vital n'a plus sur elle le pouvoir de la contraindre à ce point à l'absurde. Elle

(1) *Principes métaphysiques de la Morale* Traduction J. Tissot, avertissement, p. v.

est formée en espèce définitive et qui ne varie plus. Elle ne peut tenir sa vie morale que des attitudes traditionnelles enracinées par la coutume et par l'hérédité, devenues chez elle des manières d'être indépendantes de la foi qu'elles supposaient au début. C'est cet ensemble d'idées qu'embrasse et circonscrit la conception de M. Barrès. Appliqué à une race parvenue au point précis de son évolution où se trouve la nôtre, le Kantisme de la raison pure peut avoir l'empire de déssécher les anciennes racines, mais le Kantisme de la raison pratique est impuissant à créer une plante nouvelle, à imposer utilement sa greffe, parce que la connivence de l'Instinct vital lui fait défaut.

Périlleux donc pour la race en ce sens qu'il irait à la stériliser, le triomphe du Kantisme en morale marquerait la mainmise d'un groupe étranger sur l'esprit national. En effet, le Kantisme est protestantisme. Dominées avec force par l'Instinct vital, proches de leur puberté, les races protestantes subissent actuellement encore cet aveuglement qui accompagne les époques de fermentation religieuse; elles sont et se montrent capables d'une adhésion — monstrueuse du point de vue intellectuel, — au dogme rationaliste. Elles y sont déjà préparées, car l'impératif catégorique se confond parfaitement avec la croyance à une révélation naturelle qui est le dogme du protestantisme le plus affranchi. C'est d'ailleurs ce qu'ont parfaitement senti les partisans en notre pays de la morale Kantienne et c'est ainsi que M. Renouvier a conclu naguère, pour assurer le triomphe de ses idées, à la nécessité de « protestantiser la France ». Ce triomphe signifierait chez nous la déchéance de la race autochtone et la suprématie d'une minorité qui, en se mettant en opposition de tout temps, et par tous les moyens que les circonstances suscitaient, avec les attitudes de la généralité de la nation, montrait qu'elle appartenait, au point de vue ethnique, à d'autres groupements et n'était liée que par hasard de fortune à celui-ci.

Un tel triomphe, s'il pouvait advenir, aurait aussi des conséquences funestes d'ordre plus général. Au point de vue de l'intelligence libre, il consacrerait dans l'humanité un recul de plusieurs siècles. Une religion telle que le protestantisme, si libérale soit-elle en apparence, et quelque progrès qu'elle ait pu réaliser à son heure et dans certains milieux sur d'autres formes religieuses, une telle religion, par le fait seul qu'elle est dans la période de sa virulence, c'est-à-dire qu'elle inspire une foi active, entraîne nécessairement avec elle un obscurcissement de l'intelligence et réalise en un peuple un état de Connaissance beaucoup moins pur que celui que l'on voit compatible avec une religion ancienne, entièrement dépouillée, et dont les liens n'enchaînent plus. Par ses qualités mentales, par la vétusté de son système religieux, la race française est actuellement la seule chez laquelle on puisse espérer voir durer, pendant une période de quelques siècles peut-être, cet état d'intellectualisme pratique que l'Instinct vital ne tolère qu'à de rares détours de l'histoire. Le triomphe du protestantisme Kantien en faisant perdre à la race française les bénéfices intellectuels de sa maturité, serait donc à ce titre non seulement un péril national, mais aussi, d'une façon générale, un péril pour l'Esprit, parce qu'il retarderait le règne de l'une de ses manifestations les plus pures et ruinerait quelque chose de rare dont la réussite exige, avec des conditions particulières, de longs siècles de préparation. C'est donc comme principe de fanatisme possible, en tous cas comme un état religieux et régressif en comparaison de l'état plus intellectuel réalisé par l'évolution en ce pays, que l'on envisagera ici sans indulgence le dogme Kantien de la *raison pratique*.

§

Kant, dans sa première Critique, a établi que la raison pure spéculative est impuissante à atteindre les idées de la liberté, d'âme, de bien suprême, de divinité, et par conséquent à démontrer leur existence. L'expérience, seule, a-t-il établi, en fournissant un contenu aux concepts, les montre pourvus d'une réalité objective et permet d'affirmer qu'une existence les anime. Or les concepts Dieu, âme, liberté, bien, échappent, par leur caractère supra-sensible, à toute possibilité de voir leur existence révélée par l'expérience. Kant ne reviendra pas sur ce verdict d'impuissance prononcé contre la raison pure spéculative. Il le maintiendra en toute occasion avec une entière assurance, et dans son traité relatif à *l'Insuccès de tous les essais philosophiques de théodicée*, il insiste pour montrer le néant de toutes les preuves anciennes touchant les idées métaphysiques, pour bien établir l'impuissance de la raison spéculative à justifier la sainteté, la justice et la bonté divines, si bien que dans cette œuvre qui appartient à la période de reconstruction, le nihilisme de la Critique apparaît sous son meilleur jour et avec toute sa force.

Sur quelle preuve irréfutable, et si solide qu'elle dispense de toutes les autres, Kant va-t-il donc fonder la réalité de ces idées théologiques qu'il ressuscite l'une après l'autre ? Sur l'existence de la loi morale découverte dans une faculté nouvelle de la mentalité humaine, qui apparaît ici sous le nom de *raison pratique*. C'est la raison pratique qui, *a priori*, signifie à la volonté un impératif, à l'activité humaine un « Tu dois ». De ce fait, Kant va déduire l'existence de toutes les idées métaphysiques reléguées par la raison pure dans le domaine de l'Inconnaissable. Un commandement suppose, chez celui qui le reçoit, la liberté d'obéir et voici la liberté que la raison pure ne pouvait atteindre, qui du reste demeure pour nous incompréhensible, — Kant à bon droit le veut ainsi, — postulée par la loi morale qui ne saurait s'exercer sans elle, en sorte que nous devons tenir son existence pour assurée. La liberté, dit Kant, dans les *Fondements de la Métaphysique des mœurs*, doit être supposée comme propriété inhérente à la volonté de tout être raisonnable. Mais la volonté de l'homme, avertie par *l'impératif* de l'existence de la loi morale, est sollicitée d'autre part par des motifs sensibles dont l'empire ne lui permet pas d'accomplir entièrement et immédiatement les ordres transmis par la *loi*, d'atteindre le souverain bien. La sainteté, c'est-à-dire, la parfaite conformité à la loi morale, ne peut être réalisée par l'homme, être raisonnable plongé dans le monde sensible, que dans un progrès à l'infini. Or ce progrès à l'infini suppose une existence et une personnalité de ce même être raisonnable prolongées également à l'infini, c'est-à-dire, l'immortalité de l'âme.

L'existence de Dieu est à son tour postulée, selon Kant, par ce fait qu'une cause douée d'intelligence et de volonté peut seule associer dans l'idée du souverain bien la félicité et la moralité. Pour enlever à sa doctrine tout caractère d'eudémonisme, Kant veut en effet que l'homme accomplisse la loi morale pour elle-même, indépendamment de tout appétit de bonheur. Mais le *souverain bien* ne serait pas le *souverain bien* s'il ne renfermait avec un idéal de vertu un idéal de félicité. Le fait d'un être méritant le bonheur et ne l'obtenant pas offrirait le spectacle d'un défaut d'harmonie incompatible avec l'idée même du *souverain bien*. La synthèse de ces deux éléments : moralité, bonheur, qui ne peuvent être entre eux dans un rapport de cause à effet ou de principe à conséquence, exige donc l'intervention d'un être parfait : cet être est Dieu ; Kant, parvenu à ce point du développement de sa pensée, rattache au Christianisme le faisceau des idées métaphysiques qu'il vient de rassembler et restitue ainsi, après le détour de la Critique de la raison pure, un système théologique et moral entièrement pareil à celui qui existait avant son entreprise critique. Mais il pense avoir ainsi rendu un grand service au besoin métaphysique et religieux de l'humanité en fondant son aspiration sur la raison, en donnant pour suppo t à la révélation un dogme rationnel.

En réalité la *Critique de la raison pratique* est le défi le plus méprisant qui ait jamais été porté par l'Instinct vital à l'Instinct de Connaissance : contraindre un grand esprit philosophique tel que celui de Kant à un si complet aveuglement, c'est, du fait de l'Instinct vital, la marque de toute puissance la plus évidente et la plus dédaigneuse pour l'esprit. On voit là comme une sorte de châtiment déshonorant infligé par le très haut dispensateur de l'Illusion et de la Vie au héros clairvoyant de la Connaissance, qui jusque-là, par-dessus tous les autres, avait divulgué les moyens de l'Illusion et de la Vie. Kant se voit ici produit en exemple comme quelque Nabuchodonosor, non de la puissance mais de l'esprit, métamorphosé en l'antithèse la plus complète de l'esprit et expiant, par l'humilité de son nouveau langage, une lucidité dangereuse.

La *Critique de la raison pratique* repose toute entière sur la pétition de principe la plus naïve qui se puisse concevoir, sur une substitution pure et simple de dénominations verbales, enfin sur la négation la plus radicale du principe de *la Critique* et des lois de toute critique. Tout le système théologique recrépi par Kant porte sur ce fait unique, l'existence d'une loi morale universelle, d'un impératif catégorique. Or Kant considère l'existence de cette loi morale comme un fait donné à priori par la raison pratique, un fait auquel il faut croire sans examen. Tandis que les idées de la raison pure sont des formes qui ne se montrent objectives qu'autant qu'une matière empirique vient les remplir, la loi morale est une forme dont aucune expérience ne révèle la réalité et à l'objectivité de laquelle Kant exige que l'on croie. L'artifice consiste donc à comprendre la croyance sous une des catégories de la raison, à prononcer le mot foi comme s'il devait s'épeler *raison pratique*.

Kant lui-même a reconnu, et M. Fouillée le constate dans son excellent livre de *Critique de tous les systèmes de morale contemporains*, — Kant a reconnu « qu'il n'y a d'autres fondements de la métaphysique des mœurs qu'une critique de la raison pure pratique ». Or ni dans les *Fondements de la métaphysique des mœurs* ni dans la *Critique de la raison pratique*, Kant n'a fait cette critique de la raison pure pratique. « Il en résulte, dit M. Fouillée, que la morale de Kant manque de base. » Cela n'empêche, qu'après cette constatation, M. Fouillée ne consacre cent pages de son volume à mettre Kant en désaccord avec lui-même sur tous les points secondaires de sa doctrine, sur toutes les déductions tirées de ce premier principe qui s'appuie sur le vide. Certes cette critique dénote les qualités de l'esprit d'analyse le plus subtil, le meilleur et le plus sûr: elle demeure claire en des régions obscures et pénètre patiemment dans les détails les plus minutieux de la matière à laquelle elle s'applique. Etant donné l'état actuel des mœurs philosophiques, il était nécessaire que cette critique fût faite. Mais que penser d'une coutume philosophique qui fait consister la philosophie à discourir si patiemment sur une théorie dont il a été reconnu tout d'abord qu'elle manque de base absolument ? S'il en est ainsi en vérité, si réellement cette théorie manque de base, et si ce n'est pas là une vaine formule n'emportant aucun sens, que reste-t-il à faire, sinon passer condamnation sur une telle théorie oiseuse avec rudesse et sans ménagement? L'opinion qu'un lecteur désintéressé et dégagé de la révérence scolastique se forme, après avoir lu M. Fouillée, de la théorie morale de Kant ne se peut résumer qu'ainsi : une pétition de principe sans excuse, impuissante à unifier et rendre cohérente une suite de subtilités et d'arguties dont la mauvaise foi ou le fanatisme religieux sous sa forme morale, avec l'aveuglement qui en résulte, peuvent seuls fournir l'explication. Ne paraîtra-t-il pas singulier à un tel lecteur de voir M. Fouillée lui-même, créateur de cette opinion, conclure par des éloges?

Ce sont là, dira-t-on, jeux de philosophes; mais ils sont de nature à inquiéter tous ceux qui apportent aux questions philosophiques une conscience sérieuse et voient dans les recherches métaphysiques autre chose qu'un vain sport dialectique. Si la science de connaître offre, ne fût-ce que pour un petit nombre, quelque intérêt, on pense ici qu'il faut stigmatiser qui la bafoue et que plus de rigueur est nécessaire lorsque l'auteur de l'injure, portant un plus grand nom, met en plus grand péril, par ce prestige, la connaissance. On ne témoignera donc aucun respect à l'égard de la préoccupation morale qui a fait dévier l'intelligence de Kant. La moralité d'un philosophe, c'est de suivre l'esprit dans toutes les voies où il mène, fussent-elles les plus périlleuses, de ne tenir rien pour sacré auprès de la droiture de l'intelligence. Cela exige un ascétisme que nous retrouverons chez Nietzsche, mais qui a fait défaut totalement au vieux Kant.

On va donc signaler ici les quelques tares mentales qui disqualifient dans son principe la morale Kantienne. Ces constatations imposeront le devoir de ne pas s'égarer plus longuement à la poursuite de déductions qui ne font d'ailleurs autre chose que ressusciter toutes les contradictions inconciliables de l'ancienne théologie.

§

On a montré précédemment comment les conclusions insuffisantes de la *Critique de la raison pure* et les hypothèses illégitimes hasardées dans cet ouvrage avaient seules rendu possibles les prétentions de l'Impératif. La raison pure spéculative, a dit Kant, ne peut atteindre les idées métaphysiques Dieu, âme, liberté; mais elle ne démontre pas que ces idées soient irréelles. Il est vrai que dans le monde phénoménal, qui nous est seul donné, nous ne connaissons pas de substance simple, ni de cause première, et que la loi des choses est la nécessité. Mais de ce que nous ne connaissons les choses que telles qu'elles nous apparaissent, nous sommes autorisés à supposer qu'en dehors du monde des apparences il existe un autre monde, celui des choses en soi ou des noumènes, en sorte que, si par une autre voie que celle de la raison spéculative, l'existence des idées métaphysiques était révélée, nous pourrions admettre cette existence dans le monde nouménal que Kant nomme aussi le monde intelligible, sans que leur incompatibilité avec les lois du monde sensible ou phénoménal impliquât contradiction. Or, pour demeurer sur le terrain de la pure critique, il eût fallu dire ceci : la raison pure spéculative épuise la faculté de connaître tout entière; il n'est pas de mode de connaissance en dehors de la faculté de connaître et tout ce que la faculté de connaître n'atteint pas demeure inconnaissable. D'ailleurs, non seulement la raison pure spéculative n'atteint pas les idées métaphysiques, mais elle déclare leur existence impossible ou se refuse à rien concevoir sous les noms dont on les désigne, en sorte qu'à suivre Kant sur le terrain singulier de ses hypothèses dialectiques, il faudrait dire ceci : si *par une voie extérieure à notre faculté de connaître*, il nous était donné de *connaître* l'existence de ces idées, nous ne pourrions accepter cette révélation sans renoncer à l'usage de notre raison.

Pour ne traiter ici que d'une seule des idées métaphysiques placées par Kant dans le monde intelligible, on rappelle qu'en un chapitre précédent on a montré la vacuité absolue du terme *liberté* en dehors de son emploi dans le monde de la relation phénoménale. La liberté, a-t-on établi, loin d'être le contraire de la nécessité, est dans le monde phénoménal un cas de nécessaire et exprime l'état que détermine avec fatalité la suprématie d'une force sur une ou plusieurs autres. Si par libre, on entend désigner ce qui n'est pas déterminé par une cause, c'est là un concept négatif qui n'exprime que notre ignorance et dans l'intérieur duquel il n'est permis de situer rien de positif, rien sur quoi il soit possible de spéculer. Lorsque des forces se manifestent à nous de telle nature qu'elles nous paraissent sans causes, nous en sommes réduits à penser ou qu'elles ont une cause que nous ignorons, ou qu'elles sont ce qu'elles sont en raison de la fatalité de leur nature. Il faut insister là-dessus parce qu'aucune de ces deux hypothèses ne nous permet de saisir une notion nouvelle, cette notion du libre arbitre, indispensable à Kant pour que sa loi morale ait un sens.

Le contraire de ce qui a une cause est ce qui est sans cause. Voilà le concept négatif qu'il est permis de former à l'occasion du concept de ce qui a une cause; or ce concept négatif est entièrement inintelligible. Donner un nom à ce qui est inintelligible, poser que ce qui est sans cause est *libre*, c'est ne rien dire, c'est former un mot dans lequel n'entre aucun sens. Ce qui n'a pas de signification dans le monde phénoménal qui est pour nous, de l'aveu de Kant, le seul monde connaissable, saurait-il en prendre une dans l'inconnaissable?

La question du libre arbitre ne paraît si complexe que parce qu'elle n'existe pas : ce qui n'existe pas est nécessairement inexplicable. Toute personne humaine est un faisceau d'instincts disposés entre eux selon un rapport plus ou moins élastique et variable, — mais d'une élasticité donnée et fixe, — en vertu de laquelle la hiérarchie instituée entre ces instincts est susceptible de se modifier plus ou moins selon la virtualité inconnue qui appartient à chacun d'eux. Ces modifications possibles se produisent sous l'influence de l'extérieur : circonstances, éducation, — mais dans les limites absolument déterminées qui leur sont assignées. Nous ne connaissons pas et nous ne pouvons pas connaître le rapport hiérarchique exact qui existe entre les instincts, ni la mesure selon laquelle cette hiérarchie est susceptible d'être intervertie, c'est-à-dire que nous ignorons les combinaisons diverses auxquelles se prête une même personne; mais cette disposition et cette subordination particulières des instincts en chaque personne, l'intensité de chacun de ces instincts, les chances de suprématie de chacun d'eux, les révolutions qui feront passer la puissance de l'un à l'autre, — tout cet ensemble constitue ce que nous nommons le caractère de la personne humaine. Tous les actes commis par celle-ci sont le résultat nécessaire de la rencontre de son caractère avec les forces extérieures. Et nous disons qu'il en est ainsi parce que nous ne possédons aucun autre principe d'explication. Nous ne pouvons concevoir l'acte commis que sous la catégorie de nécessité, bien que nous ne connaissions jamais, bien que nous ne puissions jamais connaître toutes les causes qui déterminent cette nécessité.

Ce n'est donc pas la question d'un déterminisme universel qui est ici en jeu. Il n'y a pas, il ne peut y avoir de déterminisme universel et absolu, parce que l'idée d'un premier principe est contraire à l'essence même de la causalité, fondement du déterminisme, loi formelle de l'esprit et principe de la sorcellerie de l'Univers. Mais tout acte nous apparaît comme nécessairement déterminé par un conflit entre des causes connues et des causes inconnues. A l'origine de toute série causale, il y a toujours une force dont nous ne saisissons pas la cause, qui par là s'élève pour nous de l'inconnaissable et dont nous ignorons le quantum et la virtualité. Mais si nous ignorons l'intensité de cette force, le degré et les modes possibles de sa virtualité, il nous est de toute impossibilité de concevoir que ces éléments n'existent pas, car aucune existence ne peut être appréhendée par l'esprit en dehors des catégories de la quantité et de la qualité. Or, du moment que ces éléments existent, nous ne pouvons concevoir qu'ils ne concourent à déterminer l'acte selon le rapport rigoureux qui existe entre eux et les éléments de causalité qui nous sont connus. L'intervention de l'inconnu et de l'inconnaissable dans tout acte émanant de la personne humaine n'a donc d'autre effet que d'introduire dans les conditions de l'acte un principe d'ignorance pour l'esprit, par où cet acte échappe à la possibilité d'être prévu mathématiquement, mais par où il ne saurait nullement échapper au caractère de nécessité qui détermine son accomplissement.

Tout acte humain, dira-t-on encore, a une double origine; il suppose, d'une part, une suite des pensées et des réflexions propres à éclairer la personne sur ce qu'il convient le mieux qu'elle fasse, à quelque principe d'ailleurs, intérêt, devoir, sentiment, qu'elle ait la résolution ou la coutume de subordonner sa conduite; il suppose d'autre part, une puissance propre de vouloir, c'est-à-dire d'exécuter ce qui a été jugé le meilleur, fût-ce à l'encontre d'instincts qui poussent à agir autrement. Or, ainsi que l'a dit Nietzsche, « une pensée vient quand elle veut, non pas quand moi je veux ». Telle pensée qui surgit dans le cerveau de César n'apparaît pas dans le cerveau de Caliban. Il en est de même du vouloir. La faculté de vouloir existe en moi ou n'existe pas, et cela est indépendant de mon intervention. Et pas davantage il ne dépend de moi de prendre la résolution de vouloir ou de ne pas la prendre. Où celui-ci fait preuve d'un vouloir efficace, celui-là se montre incapable de tout vouloir. Avec la même fatalité, et en vertu de son caractère absolument déterminé, celui-ci fait acte de volonté et celui-là, malgré le désir qu'il en a, n'y parvient. Si l'homme était libre de vouloir à sa guise et d'exécuter toujours ce que dans son conseil il a jugé le meilleur, on cherche vainement quel mobile pourrait l'empêcher de mettre à profit ce pouvoir. De même si l'homme était libre d'avoir les meilleures pensées afin de se fixer les meilleurs buts, pourquoi n'userait-il pas toujours de ce privilège ? Mais « une pensée vient quand elle veut ». Un vouloir se manifeste au service d'un instinct quand cet instinct est le plus fort, et l'homme n'est libre ni de vouloir ni de penser en dehors des limites précises et des modes individuels de sa faculté de vouloir et de penser.

On est donc contraint de reconnaître qu'il n'y a place dans les actes de la personne humaine que pour la *nécessité*, pour une nécessité déterminée par un double courant de causalité : l'un, d'ordre intellectuel, et l'autre, d'ordre volontaire. Or, la liberté est le premier postulat de la loi morale, de l'impératif catégorique imaginé par Kant. Sans liberté l'impératif s'effondre, entraînant dans sa chute, selon la volonté expresse de Kant, les idées du devoir, de l'âme et de Dieu, échafaudées en pyramide périlleuse sur cette base bancale.

L'homme ne s'évade de l'ignorance nécessaire que dans l'absurde. Kant, pour faire place au concept inconcevable de la liberté, a imaginé un monde nouménal. On a constaté déjà que l'hypothèse des noumènes est inadmissible et constitue une des tares les plus grossières de la *Critique de la raison pure*. On a dit qu'en dehors de l'espace, du temps et de la cause, dont l'intervention suscite aussitôt le monde phénoménal, avec l'appareil rigoureux de ses lois, il n'y a place que pour l'hypothèse de la *chose en soi*, dont nous ne pouvons rien préjuger, sinon qu'elle est située extérieurement à tout état de connaissance, Un monde nouménal impliquant des lois, donc distinction en objet et en sujet, donc diversité, se confondrait absolument avec le monde phénoménal, en sorte qu'une telle hypothèse ne parvient pas même à se construire. Elle n'aboutit du reste qu'à ressusciter les extravagances théologiques, à susciter des antinomies dont l'esprit humain dans ses pires aberrations est seul responsable et qui n'existent pas dans la nature des choses. C'est ainsi qu'il n'est pas plus possible de concilier la nécessité phénoménale avec la liberté nouménale, qu'il ne l'était en théologie de concilier la liberté humaine avec la prescience et la toute-puissance divines.

Il faut donc proclamer bien haut que si Kant, avec la meilleure part de la *Critique de la raison pure*, où il érige en dogme la relativité de la connaissance, a doté l'esprit philosophique de la plus forte pensée des temps modernes, il a aussi, avec la *Critique de la raison pratique*, en s'efforçant à déduire l'absolu du relatif, mis au monde la monstruosité mentale la plus attristante qu'ait jamais enfanté l'imagination en proie aux suggestions de l'Instinct vital. On pense ici qu'un mensonge est une forme nécessaire de toute manifestation de la Vie, et qu'aucun temps ne se soustrait à cette nécessité ; encore faut-il que ce mensonge soit en rapport avec le développement intellectuel de l'époque à laquelle il se propose. L'ancien mensonge théologique offert à des races naïves avait la pudeur de justifier les contradictions qu'il impliquait au moyen d'un « credo quia absurdum » qui demeurait respectueux des lois de l'esprit et ne compromettait du moins que la volonté. Le mensonge Kantien, qui s'offre pourtant à une époque réputée moins grossière, a substitué à cette formule ce défi imprévu : un « intelligo quia absurdum » devenu la devise à vrai dire de tout le rationalisme contemporain.

§

Avant d'abandonner pour n'y plus revenir cette fabrique de monstres intellectuels qu'est l'œuvre du second Kant, il faut encore signaler pourtant que le titre même de sa dernière critique, si l'on tient compte du sens qui lui est donné, implique une confusion entre existence et connaissance qui fut le moyen théologique de toute la métaphysique spiritualiste, tant en Grèce qu'au Moyen-Age, et une pétition de principe sur laquelle se fonde toute morale de devoir, celle-ci : le pouvoir attribué à l'homme de choisir ses actes et de diriger son activité. Il semble, a-t-on dit déjà, que dans la *Critique de la Raison pure*, Kant ait examiné la valeur de toute notre faculté de connaître. Or, ce nouveau titre, *Critique de la Raison pratique*, suppose que nous possédons une nouvelle faculté de connaître et que cette faculté nouvelle est la volonté, la faculté de produire des actes ; car c'est de cette faculté que Kant va nous entretenir. Or, considérer la volonté qui, par les actes où elle se manifeste, est *objet* de connaissance, comme un nouveau et particulier *moyen* de connaître, c'est trancher la question qu'il s'agit précisément d'examiner, c'est créer une confusion qui engendre par la suite ces antinomies inconciliables dont on voudrait rendre la raison responsable, alors qu'elle proviennent seulement du mauvais usage que l'on en fait.

A côté de la *Critique de la raison pure*, il y avait place pour un autre ouvrage, pour une *Critique de la volonté pure*. Celui qui l'eût entrepris, avec un esprit indemne de prévention morale, eût été amené à concevoir la Volonté à la façon de Schopenhauer, — hors de l'homme aussi bien que dans l'homme, — comme la matière et le contenu de la Vie. Il eût constaté que l'homme possède la faculté de prendre conscience de ce contenu au titre phénoménal, selon les formes déjà décrites de la Connaissance. Critiquant alors la volonté telle qu'elle se manifeste dans l'homme, il se fût appliqué à discerner dans chaque acte quelle est la part de la Volonté, quelle est celle de la Connaissance. Il eût été contraint de réduire le rôle de la Connaissance à l'acte unique par lequel le sujet prend conscience de toutes les modifications de l'objet. Il eût vu que dans tout débat intérieur qui précède l'accomplissement d'un acte visible, la Volonté accomplit une série d'actes invisibles, rigoureusement déterminés par l'état de complexité et de perfectionnement de l'organisme cérébral et que tous ces actes, *une fois accomplis*, se reflètent dans la conscience où ils deviennent objets de connaissance sous le nom mythologique de *motifs*. Il eût vu aussi que la Connaissance n'intervient jamais dans la détermination des actes, mais que ceux-ci se succèdent dans l'homme, ainsi que hors de l'homme, selon les lois de la causalité naturelle, déroulant sous le regard de la Connaissance le tissu indéfini de l'Univers des perceptions et des sensations. Il eût vu qu'il ne peut en être autrement, parce que le fait de prendre conscience de quelque chose suppose nécessairement que quelque chose existe, parce que ce fait même de prendre conscience est subordonné à un mouvement moléculaire dans l'organisme, mouvement qui appartient à la série de la nécessité causale.

Une telle conception, fondée sur le respect

des distinctions naturelles, ne réclame plus des tentatives de conciliation impossible entre un libre arbitre nouménal et une fatalité phénoménale, entre la liberté humaine et la toute-puissance divine parce que de telles questions ne se posent plus. Plus de loi qu'il soit possible de transgresser, comme ce singulier impératif catégorique qu'il est plus aisé d'enfreindre que d'observer. Mais d'une part un monde objet de connaissance, offert au regard et se déroulant devant la curiosité de l'esprit comme un panorama en mouvement, un monde mis en œuvre par des moyens dont nous ignorons le principe; d'autre part, le sujet de la connaissance assistant à ce spectacle, dans le *moi* et hors du *moi*, à travers l'appareil d'optique que composent les lois de la représentation phénoménale.

Parvenu à ce point de vue, l'auteur se fût attaché à rechercher l'explication de ce double aspect que présente le monde objectif, selon que les manifestations de son activité apparaissent dans le moi ou hors du moi. Le point où la sensation se mue en perception eût fait voir l'union étroite de ces deux modes en même temps que le principe de leur distinction. La méthode eût alors exigé que l'on mît à part, pour les mieux étudier, les manifestations de la volonté intérieure au moi, et que l'on recherchât les formes particulières à travers lesquelles cette volonté apparaît. Car il va de soi que cette critique eût été, comme l'autre, purement *formelle* et n'eût rien décidé quant à la substance de la volonté, qui ne peut être atteinte et qui sort de l'inconnaissable. Le plaisir et la douleur eussent pu être considérés comme les formes de la volonté, imposant au désir sa réalisation dans l'acte. Mais il y eût eu lieu de se demander si, en deçà de ces formes de la sensibilité, et par analogie avec les affinités minérales qui, indépendamment de tout plaisir et de toute douleur, déterminent les mouvements commandés par la loi, il n'existe pas de formes plus pures de la volonté dans l'homme, des suggestions primordiales plongeant, par-dessous la floraison des apparences psychologiques, dans le monde profond de la chimie et dont le plaisir et la douleur ne seraient que la traduction la plus ordinaire. Ainsi atteindrait-on un véritable impératif armé des chaînes de la nécessité et assurant au drame de l'Univers une représentation de tous points conforme au texte.

Quelles que soient d'ailleurs ces formes pures de la volonté, dégagées par la critique elles certifieraient leur légitimité en ceci, qu'à la différence de l'impératif Kantien, elles exerceraient un empire réellement universel et qu'un acte ne pourrait pas plus devenir en dehors d'elles qu'un objet apparaître à l'esprit en dehors de l'espace, du temps, de la cause et des catégories de l'entendement.

Cette critique de la volonté est une œuvre qui demeure à entreprendre et dont la *Critique de la raison pratique*, simple pétition religieuse et sociale n'a pas même effleuré l'objet. En recherchant ce que les hommes doivent faire, au lieu de rechercher les lois suivant lesquelles les hommes accomplissent nécessairement des actes, Kant a posé au point de vue de la connaissance un problème analogue à celui qui consisterait à rechercher ce que *doivent* faire, comme s'il avaient le souci de choisir, les molécules d'un litre d'eau chauffée à cent degrés.

II

Ce qui vient d'être dit du concept de la liberté à propos de la morale Kantienne, joint à l'analyse spéciale qui a été faite de cette idée, considérée comme idole du ciel logique, en un chapitre précédent, dispense de critiquer dorénavant les systèmes philosophiques que l'on voit s'élever depuis Kant jusqu'à Nietzsche, systèmes qui, à l'encontre des principes de la raison pure spéculative, supposent tous la liberté et s'effondrent sans elle. Il n'est donc que de les énumérer aussi brièvement qu'il sera possible, que de les dénombrer en une revue rapide, comme des troupes à la solde de l'Instinct vital, pourvues encore d'armes démodées dont il semblerait que la portée ne dût plus être efficace.

Parmi ces systèmes pourtant, le criticisme de M. Renouvier se distingue par cette particularité, qu'au concept même de la liberté il a tenté de substituer le fait psychologique d'une présomption de liberté dont on ne saurait nier que les hommes ne soient pourvus, présomption qui lui a paru suffisante pour fonder la loi morale. Cette présomption de liberté est en effet le trompe-l'œil qui, dans la pratique, institue les morales diverses que l'on voit historiquement régir les hommes. Elle peut être pour un législateur de peuples — bienfaisant ou tyrannique — un moyen d'imposer des lois et de modeler un état social. Mais un philosophe, qui sait le mensonge de ce trompe-l'œil, et qu'il n'est pas de liberté, ne peut sérieusement songer à fonder sur cette apparence une loi réelle. En le tentant, il substitue à une théorie philosophique un moyen de gouvernement, il accomplit ce qu'ont accompli jusqu'ici toutes les philosophies au service de l'Instinct vital, et convertit par un coup de force un principe d'utilité en un principe de vérité. Ce procédé illégitime est bien d'ailleurs le seul qui légitime tout système rationaliste promulguant un impératif. On le découvre au fond du dogme protestant que M. Renouvier eût voulu imposer à ce pays, dogme qui pose à son principe la croyance à l'existence de Dieu en vertu d'une révélation naturelle (raison pratique), parce qu'il est commode et utile de disposer, en réalité, d'un pareil être pour régler la vie morale, individuelle et sociale. Mais ce pouvoir, qui passe l'hypocrisie, de se donner le change, de se duper soi-même par mesure d'utilité, ce pouvoir qui est le privilège des peuples au service de l'Instinct vital, tels que le sont actuellement les peuples anglo-saxons, ne paraît pas être l'apanage d'une race intellectuelle comme la nôtre, soit qu'elle tienne cette netteté de l'esprit de qualités natives, soit qu'il la faille expliquer par son état de maturité. On peut déduire de cette considération que les théories de M. Renouvier, en tant que système et danger social, ne parviendront pas à obscurcir la mentalité nationale, si menaçantes toutefois qu'elles paraissent actuellement par leur alliance avec le protestantisme universitaire, dont M. Goyau, dans un livre récent, très soigneusement documenté nous dit les tendances et les compromissions (1).

Au titre philosophique, il va de soi qu'un tel système n'admet pas la discussion et qu'il se classe lui-même, par ses appels à la croyance, hors la science de la connaissance. Mais il est d'un extraordinaire intérêt qu'un philosophe de la valeur de M. Renouvier n'ait pas craint de le formuler. Cela donne la mesure de l'empire tout-puissant que peut exercer l'Instinct vital sur de bons esprits; cela est fait pour nous montrer l'enceinte où ils sont enfermés et où se brise pour eux toute logique.

Cette enceinte est bâtie avec les matériaux qui sont — ou que du moins ces philosophes déclarent être — indispensables au maintien de l'existence. Aucun raisonnement ne prévaut contre cet intérêt supposé : c'est sur cet intérêt, et non sur un autre argument, que se fonde le dogme de la primauté de la morale, par lequel la faculté de comprendre est subordonnée à la faculté de croire dans les choses mêmes de l'Intelligence. C'est, animé par le zèle d'un si puissant intérêt que M. Renouvier s'écrie, à propos du Kantisme, avec cet accent de Polyeucte confessant le vrai Dieu, si choquant pour une oreille philosophique : « Et ce qu'il y a d'extraordinaire, c'est que le dogme métaphysique se reconstitue jusque dans la *Critique de la raison pure*, œuvre de démolition, et que la grande nouveauté, le criticisme affirmateur, *la morale prenant*

(1) Georges Goyau : *L'Ecole d'aujourd'hui*. Perrin.

le pas sur les doctrines, la vraie critique enfin appartient à d'autres ouvrages (1). » Et en note, l'auteur affirme de nouveau sa croyance en ces termes : « Les conclusions de M. Secrétan ne sont pas en tout différentes des nôtres, car s'il continue à tenir pour la métaphysique, il admet du moins la prééminence de la *morale et c'est là le point essentiel.* » Enfin on ne saurait résister à citer ici cet autre extrait, qui, sous le couvert d'un nom illustre, est propre à idéaliser toute cette classe d'esprits, serviteurs de l'Instinct vital, et à faire voir, en enregistrant simplement leur aveu, l'ordre de considérations partiales à souhait et étrangères à toute logique sur lequel s'appuie avec confiance leur philosophie. Le philosophe que l'on fait comparaître ici c'est Aristote lui-même, traduit par M. Renouvier et dont voici la déclaration, en guise de conclusion à une théorie sur les futurs contingents : « Cet avenir est réellement incertain dans quelques cas. Autrement, il n'y aurait plus de liberté ; tout serait nécessaire et les délibérations des hommes seraient vaines, *ce qui n'est pas tolérable* (2). »

« Ce qui n'est pas tolérable ! » Ainsi philosophait *ab irato* il y a deux mille et quelque trois cents ans le père de la philosophie. Telle est l'intolérance typique, tel est l'acte volontaire que requiert à son principe tout système philosophique soucieux de formuler une morale impérative, et cette même intolérance est encore de nos jours l'unique justi-

(1) *L'année philosophique* (1868), p. 101. *L'infini, la substance et la liberté.*

(2) *L'année philosophique* (1868), p 27.

fication de cette doctrine de la primauté de la morale qui fanatise la philosophie criticiste en France et l'incite à prendre rang de religion positive.

★

M. Renouvier toutefois ne s'en est pas tenu à cette présomption de liberté dont la vertu risquait d'apparaître vraiment trop chancelante. Il a tenté de faire place en philosophie au concept d'une liberté réelle et il a suivi pour parvenir à ce but un détour où il a accompli d'excellente besogne. On sait que M. Renouvier rejette entre autres choses dans le Kantisme toute la théorie des noumènes : cela l'induit à refuser toute réalité aux idées d'infini et de substance qui ne sauraient prétendre, d'après Kant lui-même, qu'à une existence nouménale. Fidèle à cette conception, M. Renouvier a entrepris à travers la philosophie des différents âges une critique générale de ces concepts, critique du plus haut intérêt et d'une grande solidité. Mais sait-on dans quel but le philosophe a entrepris de ruiner ces concepts? M. Renouvier pense atteindre du même coup le concept de la nécessité ; tout au moins il espère pratiquer au travers de cette idée inexorable une brèche par laquelle il se flatte d'introduire la liberté dans le monde des phénomènes. Si l'infini peut se concevoir comme un tout substantiel plein et continu, il en résulte aussi que « tout est solidaire », que « tout s'enchaîne et se lie indissolublement dans la substance du plein » (1).

(1) *L'année philosophique* (1868), p. 7.

Rien ne peut être soustrait à la nécessité. Il est donc indispensable, estime le philosophe, pour faire place à la liberté, de détruire les idées d'infini et de substance. Sans l'Infini « la Substance matérielle s'écroule, la série éternelle des phénomènes (a parte ante), puis la prévision ou détermination antécédente quelconque (a parte post) manquent de base et il faut admettre des commencements, des premiers commencements à chaque chose et à toutes » (1).

Voici donc, introduite par M. Renouvier, cette conception des commencements de série et des hiatus entre séries causales que l'on a rencontrée déjà au cours de cette étude, à l'occasion du livre de M. Boutroux sur *la Contingence des lois de la nature.* On ne peut donc qu'objecter ici une fois de plus que la liberté n'est pas le contraire de la nécessité, que la liberté est, en dehors du sens relatif où ce mot a cours dans la pratique, un concept vide de toute signification, que la nécessité causale est pour l'esprit le seul principe d'explication des phénomènes, que là où nous ne pouvons appliquer ce principe, le domaine de l'ignorance commence pour nous et qu'il n'y a place en ce domaine, pour aucun concept, fût-ce pour celui de la liberté, quelque besoin que puissent avoir de ce levier des philosophes désireux de se muer en sacerdotes ou en politiques et de graver la loi sur les tables de la conscience. Il n'est pas prouvé que le concept d'un indéfini, rebelle à toute détermi-

(1) *L'année philosophique* (1868).

nation, substitué au concept d'un infini embrassant la totalité des conditions, ferait naître nécessairement des solutions de continuité dans la chaîne des phénomènes ; mais si cette preuve était faite, elle n'irait à rien de plus qu'à étendre le domaine de l'ignorance et à appauvrir l'espoir scientifique. Si considérable que l'on imaginât le nombre des commencements de série, il n'arriverait jamais que, du choc de ces énigmes multipliées, jaillit dans l'esprit quoi que ce soit de semblable à de la liberté au non-sens métaphysique du mot.

§

A côté de M. Renouvier, on ne saurait oublier M. Pillon, fondateur de cette *Année philosophique* qui fut et demeure encore la forteresse du criticisme. La doctrine de M. Pillon est identique à celle de M. Renouvier, primauté de la morale, acceptation intégrale de la *Critique de la raison pratique* et de l'impératif comme dogme indiscutable et comme principe d'explication de la Connaissance, rejet des noumènes et prétention pareille d'écarter toute métaphysique. Cette similitude est rare entre philosophes, mais elle s'explique précisément par l'acte de foi qui se cache sous les apparences dialectiques du système et « fait du criticisme une doctrine vraiment positive », nous dit M. Pillon. C'est une religion positive qu'il eût fallu dire.

Le criticisme de M. Renouvier semble avoir été la manifestation la plus importante du rationalisme dogmatique de Kant, bien qu'il en soit en même temps l'expression la plus hétérodoxe par le rejet du monde nouménal. Mais à côté des philosophes de cette école, nombre d'autres, s'inspirant de la péripétie Kantienne, jugèrent possible de concilier ces deux instincts, qui s'excluent, croire et comprendre. Parmi ces philosophes, dont les uns sacrifièrent davantage à la croyance, tandis que les autres firent une part plus considérable à la critique il faut grouper, autour de MM. Renouvier et Pillon et à la suite de M. J. Tissot, qui fut un pratiquant fervent de la religion rationnelle, des noms tels que celui de M. Lachelier, qui tenta de conférer au principe de finalité, forme logique de la Connaissance, une réalité nouménale, tels que ceux de M. Dauriac et de M. Boutroux, ceux enfin de nombreux philosophes indépendants, spiritualistes ou chrétiens, qui n'échappèrent pas à la forte influence de Kant et tâchèrent de trouver dans l'arsenal de sa dialectique des armes pour défendre des idées chères et des prétextes pour aboutir toujours, après des apparences d'émancipation à quelque restauration de morale impérative. Pour tous ceux-ci, la loi morale est demeurée, vestige théologique, le clocher choisi, en vertu de quelque pacte secret de l'instinct, comme but de toute course à travers les idées. Sous cette dernière catégorie se rangent, à la suite de MM. V. Cousin, Jouffroy et du groupe éclectique, MM. Ravaisson, Secrétan, Janet, Franck, Caro, Jules Simon, M. Vacherot aussi, — bien qu'il prétende dégager la morale de la dépendance de la religion et de la métaphysique et l'appuyer sur la seule psychologie. Les systèmes de tous ces philosophes supposent une loi morale impérative et la liberté : ils relèvent par là des critiques précédentes et témoignent de cette régression philosophique dont Kant, après la *Critique de la raison pure*, a donné l'exemple le plus illustre.

III

Tandis que le Criticisme français, considéré en son représentant le plus autorisé, rejette la théorie nouménale de Kant et se fonde sur la *Critique de la raison pratique*, sur l'impératif catégorique, pour se persuader qu'il atteint l'absolu, les philosophes qui, en Allemagne, entreprirent de spéculer à la suite de Kant, employèrent pour parvenir au même but une tactique toute contraire. Le spectacle demeure d'une belle et complète ironie : à peine l'Instinct de Connaissance, se manifestant dans le génie critique de Kant, a-t-il montré l'impossibilité pour l'esprit d'atteindre rien d'autre que du relatif, à peine a-t-il gravé le mot *inconnaissable* aux confins du monde phénoménal, aussitôt le même homme de génie par qui fut promulguée cette claire découverte se précipite sur cette porte close de l'inconnaissable et emploie toutes ses vieilles forces à l'ébranler, aussitôt tout ce qui dans le monde fait profession de philosopher invente fausses clefs, paralogismes et sophismes pour pénétrer dans ce domaine inaccessible et croit en rapporter l'absolu sous quelque forme.

En Allemagne, par l'entremise des Hegel, des

Fichte et des Schelling, le noumème va s'incarner dans le phénomène à moins que le phénomène ne se hausse jusqu'au noumène. L'un et l'autre se mêlent et s'étreignent, tandis que du sujet confondu avec l'objet émerge l'absolu. Avec Hegel, le phénomène n'est plus l'apparence subjective que Kant avait déterminée; il est doué d'une existence immédiate, engendrée nécessairement par le développement logique de l'idée. Fichte et Schelling en useront à l'égard des lois critiques avec la même liberté et ces divers systèmes ne sont que desseins prêtés à l'absolu, descriptions, sur le calque des données historiques et scientifiques, des modalités de l'Etre qui, au terme de son évolution, prend toujours souverainement conscience de lui-même. De telles vues théoriques pourraient valoir comme hypothèses et pronostics hasardés sur les destinées de l'Univers : à ce titre elles pourraient être des romans philosophiques offrant à l'avidité métaphysique un aliment ou des aliments divers au gré des prédilections. Encore, pour être acceptables en ce genre, devraient-elles être construites de façon à ne pas blesser les lois de la raison, devraient-elles s'abstenir de nous montrer un état de savoir et de conscience absolue dans une confusion de l'objet et du sujet qui ne laissent place à aucun état de connaissance. De telles conclusions communes à tous ces systèmes les montrent en contradiction avec les principes critiques dont ils se réclament.

Après cela, on ne saurait à vrai dire leur reprocher d'admettre au nombre de leurs éléments ce concept de la liberté qui fut de tout temps le ciment des hypothèses métaphysiques, non pas que ce concept n'y soit représenté, mais parce qu'il y figure sans aucune utilité et ne fait pas en réalité partie de l'édifice. Dans un système qui assigne au monde un développement spontané, mécanique, à la manière de la philosophie de Hegel, on cherche en vain la place de la liberté. Pourtant Hegel l'y a introduite parce qu'elle a sa place dans tous les anciens édifices théologiques et que l'esprit des hommes s'y montre attaché, aussi, parce qu'elle entraîne la responsabilité et que la sentimentalité moderne, comme l'ancienne, exige cette condition pour légitimer la morale, la justice et le droit de punir. D'ailleurs, introduire la liberté dans le monde de la nécessité, n'est-ce pas le vieux procédé philosophique créateur d'antinomies que l'on pose comme inconciliables, puis que l'on résout avec désinvolture, et dont la présence, chassant la raison de la place, assure la perpétuité du jeu métaphysique ?

On ne saurait nier que Hegel n'ait produit avec sa forme dialectique un procédé très propre à systématiser, procédé industriel en quelque sorte, en ce sens qu'une fois mis en jeu par l'intelligence la plus moyenne, il façonne de lui-même, sans que l'auteur ait besoin d'un nouvel effort original de pensée, la matière qui lui a été confiée. Parallélisme du rationnel et du réel, confusion de l'être et de la pensée dans l'idée qui tour à tour déroule ces modes pour les résorber, mouvement dialectique de l'idée, — thèse, antithèse, synthèse, — par lequel celle-ci engendre elle-même ses formes successives, se contrariant et se divisant pour se concilier et s'unir en une unité supérieure, tels sont les rouages de cette dialectique.

Sous la direction de Hegel, ce machinisme idéologique a produit, en ses développements applicables à la pratique, le système politique de gouvernement absolu qui, par rencontre, se trouva être l'idéal prussien vers 1828, époque à laquelle le philosophe distribuait avec une autorité souveraine son enseignement à Berlin. Depuis, l'Hégélianisme s'est démocratisé. Avec Karl Marx, et d'une façon générale avec tous les constructeurs de futures Salente, il a donné naissance à nombre de théories sociales où s'épanouit le plus bas optimisme. Car grâce à la synthèse toujours tout s'arrange : si la vie laisse découvrir quelque part des antagonismes, l'auteur se réjouit et l'humanité n'a qu'à se féliciter avec lui des conflits où elle se déchire ; car cet antagonisme, en nous montrant que l'idée grandit et évolue, que la vie gagne en complexité, nous annonce des solutions prochaines en une ordonnance plus parfaite. Tout dans la nature se coordonne, conspire vers l'unité, concourt à l'harmonie. A travers le rude lábeur moderne, l'humanité se dirige vers une ère de félicité. Comme dans les mauvais romans tout finit bien : la synthèse promet au monde un Messie, et tandis que le temps actuel s'accomplit parmi les luttes coutumières, un Eden s'entr'ouvre dans les perspectives de l'avenir, un Eden inquiétant, dont l'ancien paradis catholique peut seul faire imaginer la félicité et l'ennui. Car en matière de bonheur comme en tout autre ordre de conception, la prétention métaphysique de créer de l'absolu se heurte aux lois de notre faculté de connaître dont les formes indéfinies n'engendrent que du relatif. La sensibilité secrète de l'humanité rejette la fadeur de cette félicité parfaite. En harmonie avec la curiosité de l'Intellect que tout assouvissement attise pour une recherche plus anxieuse, elle se sait insatiable. Le Faust de Gœthe connaît cette loi; il spécule sur cette forme de la sensibilité humaine pour duper Méphistophélès, lorsqu'il conclut avec lui le pacte sous cette condition où il insiste : « Si tu peux me séduire au point que je vienne à me plaire à moi-même, si tu peux m'endormir au sein des jouissances, que ce soit pour moi le dernier jour ! Je t'offre le marché... Si je dis jamais au moment: Attarde-toi, tu es si beau ! Alors tu peux me charger de liens. »

LA TRANSFORMATION PHILOSOPHIQUE

> « Par hasard », c'est la plus vieille noblesse du monde, je l'ai rendue à toutes les choses, je les ai délivrées de la servitude du but.
>
> (*Zarathoustra*) (1).

I. Auguste Comte et les bénéfices de l'esprit positif : la science française. M. Taine et l'ecole de M. Ribot. — II. La conception d'une finalite universelle, dernière tare métaphysique de la philosophie positiviste. Ses consequences : un bien en soi, le devoir sous la forme de la selection artificielle, la religion de l'altruisme, de la Justice et de l'Egalité.— Caractere fictif de l'altruisme.— La Justice en soi : une attitude pour mourir. — III. Des sources physiologiques de la morale : l'activité et les tempéraments divers où elle se manifeste —Explication du quiproquo de l'Imperatif. — IV Thomas Carlyle : le heros, pris comme principe de coordination de l'energie sociale.

I

Avec le Kantisme de la *Raison pratique*, et le Criticisme de M. Renouvier, avec les systèmes métaphysiques allemands de Hegel, de Fichte et de Schelling, avec les diverses écoles spiritualistes ou franchement théologiques qui ont été précédemment énumérées, la nomenclature se trouve épuisée des systèmes qui, après la *Critique de la raison pure*, continuèrent de spéculer hors des limites et contre les lois de l'Esprit.

(1) *Zarathoustra*, p. 234.

La philosophie positive est née : Auguste Comte la nomme, et, malgré l'appareil systématique avec excès de ses idées, malgré sa prétention de fonder un nouveau pouvoir spirituel, il ne doit pas être dépouillé de l'honneur d'avoir le premier formulé avec netteté l'importance et le caractère de cet avènement. Le premier aussi il a reconnu la nécessité de circonscrire et d'ordonner ce domaine positif de l'esprit en instituant une classification des sciences, en traçant des cadres où distribuer les ébauches plus ou moins avancées du labeur et de l'effort intellectuel. Rétrospectivement, il a, d'une vue juste, totalement embrassé et délimité le rôle de la science critique de la Connaissance, destinée à détruire l'empire de la théologie et des idées métaphysiques, mais impuissante à créer de nouvelles formules de vie. Enfin il a fait œuvre de prévoyance : il a appelé avec force l'attention sur le danger dont l'esprit positif était menacé par le faux rationalisme kantien, par ce compromis, dont Kant a fourni le modèle et qui consiste à rétablir, contre les solutions de la raison, en vertu d'un intérêt moral et politique tenu pour supérieur, l'autorité des anciennes croyances. « Cette transaction systématique, dit-il à ce sujet, n'est nullement particulière aux Jésuites, quoiqu'elle constitue le fond essentiel de leur tactique ; l'esprit protestant lui a aussi imprimé à sa manière une consécration encore plus intime, plus étendue et surtout plus dogmatique : les métaphysiciens proprement dits l'adoptent tout autant que les théologiens eux-mêmes ; le plus grand d'entre eux, quoique sa haute moralité fût vraiment digne de son éminente intelligence, a été entraîné à la sanctionner essentiellement, en établissant d'une part que les opinions théologiques quelconques ne comportent aucune véritable démonstration et, d'une autre part, que la nécessité sociale oblige à maintenir indéfiniment leur empire (1). »

Une notion si juste du moment précis de l'évolution, cette connaissance et ce pressentiment du péril dont l'esprit est encore menacé assignent à Auguste Comte un rang de premier ordre dans l'histoire de la pensée. On peut lui reprocher le caractère de religiosité dont il a empreint les idées scientifiques, on peut condamner sa prétention de résoudre par un nouveau dogmatisme, fondé sur une présomption de finalité, le problème moral. Mais on verra que cette présomption de finalité absolue est la dernière tare métaphysique dont se trouvent marqués encore tous les systèmes positivistes. A ce titre aussi, Comte reste donc le représentant le plus typique de l'esprit nouveau, offrant avec une sorte de relief emphatique ses qualités et ses défauts.

Avant de dévoiler ce dernier vestige métaphysique, qui a persisté dans la philosophie positiviste, comme un organe témoin d'un état mental antérieur, il importe de constater tout d'abord le progrès sans précédent réalisé, avec cette conception nouvelle, par la science de la Connaissance.

Le positivisme en France, en Angleterre ou en Allemagne, est la consécration pratique, l'applica-

(1) *Discours sur l'esprit positif.* Ed. de la Société positiviste, p. 108.

tion immédiate et logique des déductions de la *Critique de la raison pure*. On peut dire désormais que la science philosophique comprend deux sections distinctes : dans la première, l'esprit procède à une critique de la connaissance, tranche de ce qui est connaissable et de ce qui ne l'est pas; dans l'autre, l'esprit entreprend l'étude de tout ce qui est connaissable. La philosophie, considérée sous ce double aspect, reconquiert ainsi le rang de science de l'universel auquel elle avait tout d'abord prétendu. Mais si l'on considère que la critique de la connaissance a été faite une fois pour toutes, il reste qu'il n'y a plus actuellement matière à philosopher, c'est-à-dire à connaître, en dehors de la science du phénomène et que le véritable philosophe est, à proprement dire, le savant, quelque espèce de phénomènes qu'il observe d'ailleurs.

Ainsi, le système d'illusionisme métaphysique auquel aboutit la Critique a pour contrepartie dans le monde phénoménal le déterminisme le plus rigoureux. Si en effet les lois de l'esprit sont ordonnées de façon à nous dérober de quelle façon l'univers est constitué, et ce qu'il est en son essence, de façon à nous faire assister, selon la rigueur d'un mécanisme à un spectacle sans fin, il ne reste plus qu'à contempler ce spectacle donné, à tenter de le mieux voir, d'une vue plus proche et plus distincte, au moyen de tous les instruments d'optique que la science invente.

Les questions métaphysiques, de cause première, d'origine et d'essence du monde, d'âme et de liberté étant reléguées dans le domaine de l'inconnaissable ou dans celui de la pure impossibilité, tout effort de l'intelligence appliqué à de tels objets est désormais condamné. L'activité mentale qui, pendant des siècles, s'est consumée en vains efforts pour résoudre ces problèmes situés hors de la connaissance, se trouve ainsi ramenée vers son objet véritable qui devra être mieux approfondi et mieux étudié d'autant. On peut donc prétendre que les meilleurs philosophes, depuis le grand événement de la Critique, sont ceux qui s'abstiennent avec le plus de soin de toute spéculation métaphysique et se retranchent avec plus de rigueur dans le domaine de l'observation. De ce point de vue, l'absence en ce pays de grands systèmes philosophiques tels que ceux d'outre-Rhin, notre silence métaphysique au cours de ce siècle ne saurait plus nous être imputé comme un dénûment. Il faut y voir bien plutôt la manifestation de l'instinct critique de la race, le privilège d'une vue naturellement juste et claire, surtout, si l'on met en regard de cette disette l'extraordinaire fécondité dans le même temps de l'esprit scientifique, représenté par des géants tels que Lamarck, Lavoisier, Laplace, Geoffroy-Saint-Hilaire, Cuvier, Claude Bernard, Pasteur. Belle qualité de l'inconscient d'une race, celle qui consiste à produire, à telle heure précise de l'évolution, les hommes mêmes que requiert ce moment de la durée.

Dans le cadre même de la philosophie, M. Taine s'est montré fidèle observateur de cette abstention métaphysique. En marquant, dans son beau livre de l'*Intelligence*, le parallélisme entre la série des faits psychologiques et la série des faits physiologiques qui, sans jamais pouvoir se joindre, se répondent par-dessus l'abîme énigmatique de la représentation consciente, il a tracé à la recherche philosophique, dans la double voie qui lui est ouverte, sa tâche utile. Renouant lui-même avec la part qui pouvait être sauvée de la philosophie sensualiste du XVIIIe siècle, il a excellé à décomposer en leurs éléments au moyen d'associations d'images, des mentalités individuelles ou ethniques, des systèmes complets d'idées abstraites. Du même point de vue, on doit considérer aussi comme la marque d'une belle tenue intellectuelle et d'un désintéressement tout scientifique l'existence d'une école documentaire comme celle de M. Ribot : enfermée dans le domaine strict des études psychologiques et préparant d'excellents matériaux pour des constructions futures, elle sait s'abstenir d'entreprises prématurées ayant pour but de lier ensemble des ordres de phénomènes entre lesquels les ponts manquent encore et ne seront peut-être jamais établis.

II

Les systèmes positivistes proprement dits tant en France qu'en Angleterre, ceux d'Auguste Comte et de Littré, ceux de Darwin, de M. Spencer, de Stuart Mill et de Bain ne témoignent pas toujours du même scrupule chez leurs auteurs et on va voir que l'esprit d'aventure métaphysique s'est glissé dans la partie la plus vitale de leurs spéculations, dans la morale. Considérée comme science d'observation pure et simple, la morale doit être, ainsi que Nietzsche l'a intitulée, un chapitre de l'histoire naturelle. Il est évident que les manières d'être des hommes peuvent être l'objet d'une observation scientifique, au même titre que les coutumes et les manières d'être des différentes espèces animales qui se laissent déterminer avec une précision presque rigoureuse. Mais la matière à étudier est ici plus complexe. Il semble également que si les espèces animales sont pour la plupart et désormais fixées, l'espèce humaine soit encore par ses organes les plus élevés, cerveau et centres nerveux supérieurs, en voie d'évolution. De ce fait, tandis que l'observation est rendue plus difficile, la tentation grandit de rechercher quelle sera la direction de ce mouvement en avant, de déterminer de quelle façon il s'accomplira, c'est-à-dire de préjuger du sens de la Vie. De là à décider de ce que les hommes doivent faire et à rétablir l'idée du devoir, il y a un entraînement logique, auquel n'ont pas résisté les nouveaux philosophes.

Ayant d'abord étudié, ainsi que l'exigeait la science positive, les manières d'être anciennes et actuelles des hommes, ils se sont hasardés à rechercher par induction ce que seront dans l'avenir ces manières d'être, ce qu'elles deviendront, en vertu d'un développement nécessaire. Ainsi ils en sont venus à substituer à l'ancienne conception d'un type moral proprement dit, soumis à un impératif, la conception d'un type normal, en harmonie avec le sens de l'évolution. Cette induction suppose non seulement que le principe de finalité a une vertu

14.

objective et s'applique à un Univers en soi; mais encore que la fin de cet Univers est déterminée et connue. Dès lors la connaissance de cette fin entraîne la notion d'un Bien universel et positif. Le Bien devient l'ensemble des tendances et des actes les plus propres à réaliser la fin de l'Univers. Cette fin, la sélection naturelle en assure d'une manière fatale l'accomplissement, en sorte qu'elle a de ce fait un caractère impératif. D'autre part, l'homme ayant pris conscience du but de l'Univers dans l'humanité, et du chemin qui conduit à ce but, a le devoir de seconder la sélection naturelle par une intervention volontaire et parallèle. Tout au moins, la part de l'humanité qui apporte ce concours, par le fait qu'elle se montre en harmonie avec la tendance de l'Univers, doit-elle être dite bonne et vertueuse.

Telles sont les conclusions auxquelles aboutissent la plupart des systèmes positivistes. On voit que le concept de la finalité y ressuscite l'idée d'un souverain Bien et que la sélection artificielle y tient l'office du devoir. Or cette conception du but n'est en réalité qu'une présomption intellectuelle substituée à l'ancienne présomption morale. Ce que les philosophes prennent pour une divination, — au moyen d'une induction scientifique, — de ce que sera l'avenir, comporte toujours en réalité un élément d'appréciation personnelle, par où leur théorie cesse d'être scientifique et devient, selon l'expression de Nietzsche, « lutte pour les goûts et les couleurs » (1). Par là elle entre en concurrence avec d'autres théo-

(1) *Zarathoustra*, p. 162.

ries différentes, subit les chances du combat et n'a d'autre vertu que sa force. Car il n'est pas permis d'assigner des buts à la vie; les lois rationnelles nous dérobent la possession des causes premières où se trouveraient enregistrées la qualité et la virtualité des forces dont l'évolution constitue la Vie. Avec cette inconnue au début de la série causale, il est impossible d'en déterminer la suite autrement qu'en manière de gageure et de jeu de hasard. Les goûts et les instincts particuliers propres à chaque homme ou à chaque groupe d'hommes, ces goûts et ces instincts où le désir prend sa force de levier, sont la seule source légitime d'une idée de finalité; cette idée est par conséquent toute relative. La philosophie positiviste, en assignant, à l'humanité tout entière et à la Vie, une finalité dernière et déterminée en qualité, dogmatise à la façon de l'ancienne philosophie. Elle sort des limites de la connaissance et entre au service de l'Instinct vital, usant de l'ancien procédé théologique, qui consiste à transformer en l'idée du vrai pour agir sur les imaginations, des attitudes d'utilité particulière, des pétitions de tempérament individuel ou ethnique. Elle rétablit de la sorte la notion d'un bien suprême et d'une morale universelle : elle crée un mensonge, un mensonge vital.

§

Ce mensonge quel est-il? A vrai dire il diffère peu des précédents, il est encore à forme chrétienne. Il consiste à poser l'existence d'une loi naturelle qui, après avoir déterminé l'individu à la réalisation de son bien propre, le contraint ensuite avec nécessité à la réalisation du bien commun, en sorte qu'au cours de l'évolution, l'égoïsme se mue fatalement en altruisme et que l'harmonie finale de tous les bonheurs est le but de l'évolution. — Il va sans dire que l'on passe ici sous silence tout ce qu'il y a d'excellent et de scientifique dans les premiers principes sur lesquels la philosophie positiviste s'appuie pour fonder sa morale, tout ce qu'il y a d'ingénieux et de concluant dans ses analyses, toute la part très considérable de rénovation qu'elle comporte, pour ne retenir, à la barre de cette critique, que ce vestige de l'ancien esprit métaphysique, cette présomption de finalité que l'on vient de formuler. —

« Aime ton prochain comme toi-même », dit le Christ. « Aime ton prochain, aime l'humanité plus que toi-même », s'écrie Auguste Comte. M. Littré adhère à cette formule; il pronostique la nécessité du règne final de l'égalité et de la justice, et l'esprit, si scientifique pourtant, de M. Spencer souscrit à ces principes. Or, s'il est permis de s'exprimer avec mansuétude sur le compte d'anciennes idées métaphysiques et d'anciennes formes religieuses parce qu'elles sont bien mortes, s'il faut laisser aux philosophes politiciens, spéculant sur la longue sottise populaire, la tâche facile et lucrative d'attaquer ces ruines inoffensives, on ne saurait, sans pusillanimité, observer la même attitude à l'égard d'une idolâtrie qui vient d'achever de nos jours sa croissance et d'atteindre la taille de sa plus grande force. La religion du Progrès réalisant l'Egalité, la Justice et le Bonheur universels, erreur scientifique de la part des philosophes, sert de texte, dans ses réalisations pratiques, aux plus basses flagorneries prodiguées au nombre par la crainte ou la ruse d'une aristocratie de hasard inférieure à sa fortune. Une telle religion représente l'idéal le plus humiliant qui puisse être offert à l'humanité et à une saine démocratie, riche d'avenir et grosse d'une élite.

On n'a affaire ici qu'à l'erreur des philosophes. Elle consiste, a-t-on dit, en la présomption d'assigner des buts à la Vie : elle constitue un anthropomorphisme à forme rationnelle. Les philosophes positivistes, à la manière des rationalistes, règlent encore le pas de l'évolution sur le rythme du désir humain. En proposant pour fin à la Vie la réalisation d'une harmonie bienheureuse, le règne de la Fraternité et de la Justice universelles, ils ne font en réalité qu'obéir à leur atavisme chrétien. Mais ils se couvrent d'autres raisons. M. Littré fonde la vie morale tout entière sur une lutte entre l'égoïsme et l'altruisme, qu'il dérive, physiologiquement, le premier de l'instinct de nutrition, le second de l'instinct de génération, et il conclut à une prépondérance finale de l'altruisme, en raison de cette loi biologique qui accorde la suprématie à ce qui est complexe sur ce qui est simple. Or, M. Littré considère la nutrition et la génération sources de l'égoïsme et de l'altruisme comme deux phénomènes irréductibles l'un à l'autre. Dès lors, comment décider si l'un est plus complexe que l'autre? En quoi l'acte de la nutrition peut-il être considéré comme plus simple que l'acte de la génération? L'acte de la nutrition consiste à convertir des substances étrangères en sa substance propre, l'acte de la génération consiste à propager hors de sa propre substance une substance semblable. En vérité, quel critérium, autre qu'un besoin théorique, un intérêt dialectique, saurait trancher entre les deux au point de vue de la complexité?

Avec M. Spencer et les philosophes de l'école évolutionniste, il en va autrement. Ceux-ci ne considèrent pas l'égoïsme et l'altruisme comme deux phénomènes distincts; mais à juste titre et par de claires analogies, ils réduisent l'un à l'autre. L'égoïsme est pour eux l'unique mode dont les succédanés engendrent l'activité morale tout entière. Dès lors, si l'on dit que l'altruisme est le but de l'évolution, il ne faut pas oublier que l'altruisme n'est ici qu'un nom donné à l'égoïsme en l'une de ses phases et que, dans tout acte d'altruisme, sous quelque aspect qu'il se présente, devront se retrouver, à l'analyse, les éléments d'égoïsme pur qui le composent. La loi biologique invoquée précédemment devra donc être appliquée directement à l'égoïsme, sans aucune substitution de vocable. Il faudra dire simplement que les formes les plus parfaites de l'égoïsme sont les plus complexes, et on retombera sous le joug des lois de l'esprit en constatant que cette complexité peut s'accroître indéfiniment, en sorte qu'il est en réalité impossible d'assigner à l'évolution un but qualitatif quelconque.

On n'opposera donc plus l'altruisme à l'égoïsme, mais on discernera que l'altruisme représente un affinement et en réalité un accroissement de l'égoïsme primitif. L'école anglaise a dirigé dans ce sens ses analyses. L'homme, remarque-t-elle, vit en société. Or, la vie sociale exige, de chaque individu, un renoncement partiel à son égoïsme immédiat, consenti dans la mesure où cet égoïsme serait inconciliable avec celui de tous les autres. Voici donc un acte d'apparence altruiste. Mais la vie sociale est aussi pour l'homme une condition de force; elle augmente son bien-être, en sorte que ce renoncement immédiat que l'on vient de constater n'a d'autre mobile et d'autre but, à l'analyse, que d'obtenir, d'une façon médiate, une augmentation de la puissance égoïste. Il constitue donc un calcul d'intérêt nécessitant une complexité cérébrale : ce calcul s'opère chez les individus de tous les groupes humains destinés à vivre, et avec un degré de perfection qui mesure les chances de triomphe du groupe dans la concurrence avec les autres groupes. La sélection naturelle élimine les collections d'individus où ce calcul ne se fait pas, les groupes où cette prévoyance et ce pouvoir de désintéressement intéressé ne s'exercent pas. Toutes les vertus altruistes, c'est-à-dire toutes celles où l'on prend en considération l'intérêt d'autrui (sincérité, fidélité à la foi jurée, charité) apparaissent donc ici de la façon la plus nette comme des moyens d'égoïsme. Logiquement, c'est par là qu'elles valent, c'est là leur titre de noblesse; il est de nature intellectuelle.

§

Il en est de même des sentiments de justice, de fraternité, d'égalité, dont M. Littré fait une classe d'aspirations supérieures et qu'il implique en une tendance mentale vers l'identité. Le sentiment de la justice qui résume les autres dans leurs conséquences communes, et en vertu duquel, par une transposition de l'égoïsme, un individu vient à souffrir de ce qu'autrui ne possède pas les mêmes avantages que lui, le sentiment de la justice, répandu dans une société, est un des moyens les plus propres à assurer la conciliation des égoïsmes individuels et à rendre la vie sociale possible. Mais l'utilité du sentiment de la justice et sa possibilité même présupposent l'existence d'une matière à laquelle il s'applique, c'est-à-dire d'un égoïsme intense, véritable substance de la vie, dont il vient tempérer l'excès afin d'en ordonner les manifestations.

La justice, en effet, ne saurait être qu'un moyen de réglementer l'égoïsme, de le rendre possible et d'assurer son triomphe. Elle ne peut être son but à elle-même. On a dit, précédemment, qu'une nouvelle et libre analyse des éléments de l'activité humaine aurait pour résultat de ranger ces éléments sous deux grandes classes générales : dans l'une seraient comprises toutes les attitudes pour vivre ; dans l'autre, toutes les attitudes pour mourir. Tous les sentiments altruistes ne sauraient être ordonnés sous cette seconde catégorie ; on verra plus tard qu'ils peuvent avoir une autre origine et on vient de montrer déjà leurs racines plongeant dans l'égoïsme, mais le sentiment de la justice, en tant qu'on le considère comme une entité distincte, est le type de ces attitudes pour mourir et ne peut être interprété que comme une manifestation de lassitude et d'épuisement aspirant directement à la suppression de toute évolution, à l'anéantissement de toute vie phénoménale.

Il faut en effet concevoir ici la justice, en dehors de toute sentimentalité confuse, à la façon positive de M. Littré, comme *une tendance à l'identité*. Telle est la justice en son essence, et c'est seulement sous cette forme intellectuelle qu'il est possible de lui assigner une signification saisissable; mais elle se montre aussitôt en opposition directe avec la tendance de la Vie, qui réclame la diversité. L'appétit de justice ne peut être assouvi que par l'abolition complète de toute différence entre les individus, logiquement par l'abolition de l'individu: car on ne saurait admettre que la réduction de tous les êtres à une similitude qualitative satisfasse les exigences de la justice absolue; des êtres si semblables qu'ils soient entre eux, dès qu'ils sont pourtant distincts, sont répartis en des lieux différents, cette différence de situation engendre de nécessaires inégalités qui, selon la formule d'Aristote, *ne sauraient être tolérées*. La justice, telle qu'elle est en soi, ne réalise son vœu d'identité que dans l'Unité absolue, en un nirvana, hors de la vie phénoménale, celle-ci étant, en son essence et en son principe, différenciation.

Si l'on dit que la justice consiste non plus à niveler et à faire disparaître les différences établies par la nature entre les êtres, mais à les respecter, si l'on estime juste que celui qui doit commander commande, que celui qui doit obéir obéisse; si l'on situe le règne de la justice en une coordination hiérarchique de tous les êtres, déterminant une harmonie de l'Univers, — qui fixera entre tous les êtres ces rapports hiérarchiques? Ce ne saurait être que la lutte qui pèse les forces afin de les équilibrer. La justice ne serait donc autre chose que la consécration du triomphe des plus forts et l'acceptation de leur autorité par les plus faibles.

Abandonnant comme détournée ici de son sens véritable cette interprétation de l'idée de justice, pourra-t-on prétendre du moins qu'une telle harmonie de l'Univers, sans regarder aux moyens par lesquels elle se réalise et qui seraient de nature à la disqualifier aux yeux des philosophes humanitaires. pourra-t-on prétendre qu'une telle harmonie soit la fin vers laquelle tend l'évolution? Cette prétention reste encore entachée de présomption métaphysique, car elle suppose que le monde est un tout donné susceptible d'être embrassé par l'esprit. Or, le monde, tel que nous le connaissons, n'est pas pour nous un tout donné : nous ignorons son principe, les sources de l'Être se perdent à jamais devant nos explorations dans le désert des régions inconnaissables; il en résulte, comme on l'a dit précédemment, qu'ignorant la nature et la puissance de la cause il nous est impossible de déterminer la direction du phénomène qu'elle engendre, ni de prévoir les conditions de son accomplissement, qu'en un mot toute prétention d'assigner à l'Être une finalité est condamnée.

Dépossédé de la connaissance du but, la philosophie évolutionniste se trouve frappée dans sa prétention de formuler une morale universelle, puisque les principes constitutifs de cette morale n'étaient autre chose que les moyens les plus propres à atteindre le but, puisque seule l'existence du but était garante de la légitimité des moyens en même temps qu'elle sanctionnait leur autorité et assurait le triomphe de la loi.

III

On a vu Kant, avec la *Critique de la Raison pratique*, subordonner tout le faisceau des idées métaphysiques à l'existence d'une loi morale dont ni lui ni ses disciples ne sont parvenus à établir la réalité. Or, si l'on récapitule les différents avatars de la philosophie, depuis la *Critique de la Raison pure* jusqu'aux conclusions les plus récentes des écoles positivistes, on remarque que, par le fait de la grande autorité de Kant, cette façon dont il a posé le problème a prévalu.

Abandonnant, pour fonder la loi morale, les moyens dogmatiques *a priori* et le recours à la foi déguisée en une catégorie spéciale de la raison, la philosophie positiviste n'en a pas moins tenté d'établir qu'il existe une loi morale. Elle a donné pour support à cette loi morale, ainsi qu'on vient de l'exposer, l'idée métaphysique de la finalité. Cette prétention d'assigner des fins à l'Univers a été condamnée comme un fait d'anthropomorphisme rationnel aussi illégitime que les pétitions des dogmatismes précédents. On reste donc en présence de cette conclusion : Il n'existe pas de loi morale universelle. Aucune révélation, aucun axiome rationnel, ne commandent à l'homme ce qu'il doit faire. Rien en soi n'est bien, rien en soi n'est mal.

Cela bien établi, et si l'on se tourne vers la vie, ce fait d'observation s'affirme aussitôt : qu'il existe partout des morales, que, du point de vue de ces morales, il existe un bien et un mal, que c'est même le fait caractéristique et la fonction unique de toute morale de créer un bien et un mal, en considération desquels promulguer un « Tu dois », « Tu ne dois pas ». En présence de cette fonction unique de toutes les morales, et si l'on considère, par contraste, combien diffèrent entre elles ces notions de bien et de mal dans l'intérieur de chaque morale, l'évidence de cette conclusion aveugle l'esprit, à savoir que le fait moral, avec son corollaire, le bien et le mal, est une dépendance d'un principe antérieur qui lui impose sa forme, qu'il est, comme tous les autres phénomènes, situé dans le monde de la relation, qu'il est un effet d'une certaine cause.

Où donc rechercher cette cause, si ce n'est dans l'activité humaine où l'on voit se former les actes auxquels s'appliquent les qualifications *bien* et *mal?* Où rechercher la cause de la diversité des morales, sinon dans la diversité des tempéraments où elles plongent leurs racines? C'est donc, dira-t-on, l'activité elle-même qui crée sa loi et la révèle à l'esprit, loin que l'esprit la lui commande.

Ceci est la fin du brouillard métaphysique : voici dissipée et fondue, dans la blancheur de l'air, la dernière brume qui demeurait encore accrochée aux spéculations de l'école positiviste. C'est aussi la fin de l'hallucination nocturne; c'est le chant du coq ; la lumière rend aux choses de la nature leur vrai contour; les arbres fantomatiques, les haies apostées au bord des routes, les toits de chaume aux formes inquiétantes se montrent avec leurs claires apparences. C'est l'aurore et tel est le titre symbolique donné par Nietzsche à celui de ses livres dans lequel il salue cet éveil matinal de la lumière sur les paysages de l'Intellect. Il est indispensable de faire halte ici : c'est un décor changé, il faut voir et toucher ces choses véridiques et innocentes qui, durant l'obscurité nocturne, terrifiaient.

Ainsi tout l'ancien appareil de la morale, avec son lit de Procuste où devaient s'égaliser les énergies de toutes tailles, avait pour principe une interversion opiniâtre, de la cause et de l'effet, du principe et de la conséquence. Dans les notions *bien* et *mal*, conséquences d'une manière d'être donnée, formes d'une attitude déterminée de quelque volonté, on voulait situer le principe de ces manières d'être, la loi de cette volonté. Ce qu'il importe donc maintenant de faire voir, c'est comment et par quel artifice cet antique malentendu prend naissance, c'est de quelle façon se forme le quiproquo de la morale. Cela apparaîtra au cours de l'analyse que l'on va faire, analyse dont le but sera de rechercher à quel moment précis de son évolution l'activité engendre la loi morale.

§

Toute activité est d'abord et une première fois entièrement spontanée. Sous l'action du besoin en dehors de toute intervention de la conscience, des mouvements sont projetés vers une fin. Cette fin est atteinte ou ne l'est pas : si elle ne l'est pas, de nouveaux mouvements sont essayés jusqu'à ce que, dans la substance vivante qui est le principe de ces tentatives, soient éliminées les suites de mouvements les moins propres à atteindre la fin, jusqu'à ce que soit enregistrée, conservée, intégrée par la mémoire mécanique la suite de mouvements la plus propre à atteindre cette fin. En cas de réussite, voici constitués, par le fait de l'adaptation d'un moyen à une fin, un individu, un organisme, une fonction. En même temps, cet individu, cet organisme, cette fonction, se trouvent en possession d'une méthode. Toute innovation, toute invention, tout changement, qui, avant cette réussite et cette adaptation, emportaient chance d'une réalisation et devaient être en conséquence tenus pour des éléments de progrès, seraient signe maintenant de déchéance et de désagrégation. Il n'y a plus place désormais que pour des actes de répétition. La suite de mouvements la plus parfaite qui a créé un organisme marque aussi la limite de son évolution. Elle est un modèle, ce modèle sera répété indéfiniment, avec perfection tant que l'organisme sera dans la période de sa force, avec maladresse, lorsque cet organisme penchera vers son déclin. Du haut en bas de l'échelle biologique, ce procédé trouve son application : il intervient dans la formation des agrégats cellulaires les plus simples, et dansla formation des organismes les plus complexes, tels que les appareils de la mentalité. Ce processus définitif qui adapte avec perfection le besoin à sa satisfaction, en même temps qu'il crée à l'organisme sa puissance, son moyen de vivre, le réalise, lui donne sa forme particulière, détermine sa qualité et sa finalité fonctionnelle, individuelle ou spécifique. C'est par la vertu de ces processus accumulés que se sont réalisées au cours de l'évolution, par l'obscur travail des associations cellulaires, toutes les espèces animales, toutes les variétés de races dans l'intérieur d'une même espèce, toutes les variétés individuelles dans l'intérieur d'une même race. Toujours et partout ces processus ont emporté fixation d'une espèce, d'une race, d'un type; ils ont en même temps réalisé et créé des buts. Comme réalisateurs de buts, ils sortent pour nous de ce foyer de causalité inconnue où la vie forge la diversité. Comme créateurs ils sont des modèles à imiter pour toute substance vivante, de même espèce. Ils enferment un groupe, et le définissent et, parmi les individus du groupe, qui les imite avec perfection prospère, qui les imite mal pâtit.

Si, à ce processus biologique partout identique, on superpose la conscience, voici le monde moral avec l'illusion sitôt surgie de la liberté, qui, sous des noms nouveaux, va refléter fidèlement les circonstances et les péripéties de la physiologie. On voit maintenant à quel moment de l'évolution physiologique il convient de situer la formation d'un impératif, d'une loi morale? C'est au moment précis qui suit l'invention par l'organisme du processus parfait au moyen duquel il se réalise et détermine sa finalité. Cet organisme, qui s'est constitué de la façon que l'on vient de décrire et dont les origines se perdent dans la causalité inconnue, cet organisme porte donc en lui maintenant sa destinée. Une coordination plus ou moins harmonieuse s'est établie entre les différents centres nerveux qui le constituent, entre les diverses tendances qui le sollicitent. Avec plus ou moins de bonheur, à l'époque de sa plus haute puissance, il a vibré selon le rythme le plus harmonieux qu'il était en son pouvoir de réaliser. Ce rythme servira de modèle à tous les rythmes subséquents; selon que la mémoire organique sera plus ou moins bonne, il sera plus ou moins fidèlement reproduit, et l'individu disposera de plus ou moins de puissance. Mais, en même temps, par l'intervention du mirage de la conscience, ce rythme modèle va se traduire, dans la représentation mentale, sous la forme d'un ensemble de préceptes impératifs dont la netteté et l'autorité seront en raison de la coordination plus ou moins parfaite réalisée dans l'organisme. Egalement, les fictions du mérite et du démérite vont être les représentations fidèles et les ombres portées de l'énergie plus ou moins efficace développée dans le phénomène physique. Chaque fois que l'organisme se montrera inhabile à reproduire le processus utile, cette défaillance se traduira dans la conscience par le sentiment de la faute, par le remords; toute réussite se traduira par le contentement intérieur, par le sentiment d'une bonne conscience. Bien et mal seront ce qui réalise ou ce qui ne réalise pas la fin déterminée de l'organisme.

§

Est-il besoin de le faire remarquer, les morales individuelles qui sembleraient devoir être très nombreuses sont au contraire très rares. Les tempéraments qui, ayant pris conscience de leurs manières d'être, les approuvent quelles qu'elles soient, qui reconnaissent pour le bien ce qui favorise leurs tendances, pour le mal ce qui les opprime, sont exceptionnels. Car chaque individu naît parmi un groupe qui a déjà sa morale, et qui par l'éducation l'inflige au nouveau venu. C'est dans ce sens que Nietzsche a pu dire: le plaisir du toi est antérieur au plaisir du moi. Dans chaque groupe humain quelques tempéraments plus forts ont prévalu, et, par la fascination de l'exemple, ont imposé à tous les autres leurs propres manières d'être, leurs appréciations sur les choses; ce sont ceux-là que Nietzsche appellera des créateurs de valeurs; ce sont eux qui apposent sur les actes les étiquettes bien et mal. Ils sont les auteurs des morales sociales, des morales proprement dites, de celles qui sont communes à tout un groupe.

Qu'est-ce donc qu'une morale sociale? C'est, dira-t-on, la formule d'un tempérament qui a prévalu. A quelle époque de l'évolution d'un groupe humain faut-il situer la source de la morale sociale propre à ce groupe? En quels hommes doivent être recherchés le principe de cette morale et son titre légitime? En ceux-là qui, à une époque généralement préhistorique, spontanément réalisent les attitudes les plus propres à assurer à l'organisme qui se cherche et s'invente avec eux sa plus grande puissance.

Par cette adaptation d'un moyen à une fin, selon la ligne la plus courte, par cette réussite issue d'une loi de l'inconscient ou sortie du hasard, ils ont réalisé selon sa perfection un type ethnique, ils ont créé à une race sa destinée. Ils ont fourni l'activité modèle. C'est d'après la courbe de leurs gestes que les législateurs venus après dessinent la loi morale. La codification de la morale et sa promulgation ne caractérisent donc pas la période de force et de santé la plus haute d'un groupe humain. Les hommes de cette période parfaite n'ont besoin de méthodes ni de morales, ils accomplissent naturellement les gestes qui leur conviennent le mieux, ceux qui leur procurent la plus grande puissance. Mais les hommes de la période suivante commencent à imiter leurs manières d'être. Ils les imitent parce qu'elles procurent la puissance, parce qu'elles sont les plus propres à coordonner leur activité, à en réunir en faisceau tous les éléments.

C'est à cette époque qu'apparaît le législateur ou sacerdote, c'est ici et à la suite de son intervention, qu'il faut situer cette substitution de conséquence à principe qui aveugle par la suite les hommes et marque la genèse historique de toute morale. Car le législateur recueille dans les modèles qu'il a encore devant l'esprit ce qui était en eux attitudes d'utilité, c'est-à-dire moyens pour la puissance. Ces attitudes d'utilité, il ne les donne pas simplement pour ce qu'elles sont ; mais pour augmenter leur force et consacrer leur prestige, afin qu'elles retiennent la race sur la pente de la décadence lorsque celle-ci aura perdu ses instincts, il en fait des commandements, leur assigne une origine divine et les impose à la crédulité par la crainte et les promesses, — châtiments et récompenses immédiats ou futurs. — Ainsi ces règles qui ne tirent leur valeur que de ce qu'elles sont décalquées sur les modalités d'une activité, ces qualifications *bien* et *mal* qui ne représentent pas autre chose que les buts particuliers recherchés, ou évités par cette activité, ces règles et ces appréciations sont situées pour les activités subséquentes auxquelles elles se proposent en une région antérieure à toute activité, en une région supra-terrestre que l'on invente et que l'on a vu être tour à tour la divinité et la raison. C'est ainsi que le Bien et le Mal, retirés de l'enchaînement phénoménal, sont convertis en ces idoles rationnelles qui ont pris la place des anciennes idées théologiques.

Après que l'on a remis les choses en place, le sort des morales se montre lié à la fortune des activités qui leur ont servi de modèles. Parmi celles-ci ce sont les mieux douées, les plus aptes, d'un mot les plus fortes, qui ont réussi à vivre, à durer, à imposer leurs modalités, c'est-à-dire leur Bien et leur Mal. Ce qui était favorable à ces activités, ce qui était pour elles moyen de puissance et rien autre, est devenu par la suite le Bien. Le Bien est donc une forme ancienne de la Force. Comme une coquille témoigne qu'un animal vivant la forma naguère pour s'y créer une demeure et une forteresse, tout concept de Bien témoigne qu'une activité forte s'y complut naguère, y trouva sa joie et sa force. La Force seule décide du Bien. Le concept du Bien est intérieur au concept de la Force ; il en relève expressément et tient de lui tout ce qu'il vaut. La Force est l'ancêtre qui transmet au Bien l'héritage de sa noblesse, le titre qu'elle sut acquérir. Telles sont les conclusions qu'il faut accepter dès que l'on a élevé ses regards au-dessus du brouillard métaphysique et bien qu'elles contrarient la sentimentalité rationaliste actuellement en honneur.

IV

Ces conclusions vont trouver leur expression parfaite dans l'œuvre de Nietzsche.

Toutefois, en ce qui touche ce point spécial, mais d'une importance suprême, de l'origine subjective et du caractère purement relatif de la morale, il est impossible de passer sous silence la contribution de Carlyle à la solution nouvelle de ce problème et on ne saurait sans injustice contester ou amoindrir son rôle de précurseur.

Ce qu'il y a de remarquable en Carlyle, c'est la sûreté d'esprit avec laquelle il imagine un nouveau procédé d'enquête et comment, avec un clair et haut bon sens, il va rechercher le fait moral là où il est enfermé, comme du minerai dans le roc de la montagne, dans la substance concrète de l'activité humaine. Ceci est un fait considérable à l'issue de la métaphysique. A cette question : Qui a créé la morale ? Carlyle répond d'instinct : L'homme, le héros. Du coup il rétablit l'ordre véritable du rapport interverti par la théologie, il dissipe le quiproquo ; on pourra désormais s'entendre. Carlyle a nettement conscience de ceci : que le fait moral consiste en un principe de coordination distribuant selon une hiérarchie les éléments de l'activité, de manière à fixer à un homme ou à un groupe d'hommes leur destinée. Ce principe directeur apparaît en l'homme en dehors de son intervention ; il est un premier mouvement de l'Inconscient, il sort de la nature, de l'inconnu. C'est en effet avec raison que M. Barthélemy, au cours de sa belle étude sur le maître écossais (1), assimile la conception de la conscience chez Carlyle à celle de l'Inconscient chez M. de Hartmann. Si Carlyle fait si grand cas de la conscience, c'est qu'elle lui apparaît le moyen de saisir ce principe de coordination qui donne à chaque existence son sens véritable, qui porte avec lui révélation du contenu de la Vie. Carlyle proclame la nécessité du silence ; la conscience pour lui est un fait de solitude : fermer toutes les ouvertures de l'âme qui donnent accès au monde extérieur, se clore en soi-même, diriger tous ses regards, concentrer toute son attention vers l'intérieur, assister à l'éclosion mystérieuse de son propre soi, recueillir ses ordres, voici la genèse de toute morale individuelle. Elle semble donc avoir pour condition une contrainte exercée sur soi-même, une contrainte qui permette d'entendre le commandement de l'instinct directeur imposant à tous les autres sa suprématie et leur signifiant leur tâche. Mais cette contrainte exercée sur soi même, qui semble un moyen, n'est en-

(1) Edmond Barthélemy : *Thomas Carlyle*. Ed. du Mercure de France.

réalité qu'une conséquence du pouvoir de cet instinct directeur et ne fait rien d'autre que de manifester son existence. C'est parce que cet instinct existe qu'une contrainte est exercée par lui sur tous les autres : c'est là le premier acte de son autorité, il impose le silence avant de proférer des commandements distincts. A l'origine de la morale individuelle, comme à l'origine de la morale sociale se trouve *un fait de domination;* il y a, dans les deux cas, triomphe d'une force imposant ses manières d'être soit à un groupe de centres nerveux, soit à un groupe d'hommes.

Cette conception toute positiviste du fait moral éclate chez Carlyle en maint passage de son œuvre. C'est ainsi qu'il admire chez les anciens Norses « cette sauvage course et bataille de mer durant tant de générations. Il était besoin, dit-il, de s'assurer quelle était la plus forte espèce d'hommes, qui devait commander et à qui? (1) » et il reconnaît que le triomphe d'une idée ou d'un homme fixe la valeur, la bonté de l'une et de l'autre: « Je dis parfois que tout va par défi de guerre en ce monde, que la force bien comprise est la mesure de tout mérite. Donnez une chose au temps : si elle peut prospérer, c'est une bonne chose (2). » Voici ce qu'il y a d'excellent chez Carlyle, voici quelle est la nouveauté sortie de son Inconscient. Ce n'est pas en vain qu'il s'est isolé des bruits du monde extérieur, et qu'il a tendu douloureusement toute son attention

(1) *Les Héros*. Traduction Izoulet. p. 52.
(2) *Les Héros*. p. 126.

afin de saisir les paroles de cette voix sans bouche qui s'élève pour quelques-uns de l'abîme intérieur. Ce que cette voix balbutiait en sons indistincts, il l'a articulé en claires formules.

Il semble toutefois qu'à côté de cette attitude purement intellectuelle Carlyle ait montré aussi quelques défaillances, qu'il n'ait pas échappé entièrement à l'influence de son milieu, qu'il se soit laissé retenir par des manières de penser qui eussent dû être pour lui dépassées, qu'il n'ait pas exprimé avec toute la rigueur qu'elles comportaient les conséquences du principe qu'il avait mis en lumière. Selon M. Barthèlemy, dont l'étude sagace et consciencieuse témoigne d'une connaissance approfondie de son auteur, le trait caractéristique de la conception de Carlyle est celui-ci : « Sentiment de l'identité de la Force et du Droit, de la Valeur morale et de l'Intelligence (1). » Or, identité n'est pas assez dire. A la théologie métaphysique formulant avec Kant la primauté de la morale, il faut opposer sans ambages la primauté de la Force. Il n'y a en effet apparente identité entre la Force et le Bien qu'autant que la Force demeure stationnaire. Partout où la Force évolue et s'accroit, elle substitue aux formes anciennes du Bien et du Droit des formes nouvelles. Le Bien affecte donc des apparences variées; il en existe des conceptions très diverses : partout où une activité disposant de la Force s'est fixée pour un temps, elle a créé une forme du Bien, elle a fait consister le Bien en de certaines qualités. Ainsi la

(1) Edmond Barthèlemy : *Thomas Carlyle*, p. 197.

notion du Bien reçoit l'empreinte de la Force, reconnaît son empire et subit les métamorphoses qui lui sont imposées par elle. La Force, au contraire, demeure toujours identique à elle-même : elle ne varie qu'en quantité. Elle est donc l'ancêtre vénérable duquel procède toute vertu, et il arrive en effet ceci, que, longtemps après avoir perdu toute efficacité, le Bien tire encore quelque crédit de cette généalogie, à la façon dont un titre nobiliaire évoque à l'occasion de celui qui le porte le souvenir de l'ancêtre qui le mérita.

Cette *identité* accordée par Carlyle entre l'idée du Bien et l'idée de la Force, alors qu'il eût fallu proclamer l'antériorité et la suprématie de la Force, constitue donc une première concession à l'ancienne conception de la morale. Elle va l'amener à en consentir d'autres. La notion du devoir semble impliquée en cette maxime où éclate une présomption de finalité : « L'homme en premier lieu se met en relation avec la nature et ses puissances, les admire et les adore; ensuite il discerne que toute puissance est morale, que le grand point est la distinction pour lui du Bien et du Mal, du *Tu dois* et *Tu ne dois pas*. Tout ce qui est droit s'implique dans ce fait de coopérer avec la réelle tendance du monde; vous réussirez par ce fait (la tendance du monde réussira), vous êtes bon et dans le droit chemin (1). » Il est malaisé toutefois d'assigner à cette phrase le vrai sens qu'elle comporte : les mots ne sont que des symboles de la pensée, des symboles à plusieurs

(1) *Les Héros*, p. 49.

degrés ; selon le niveau de l'Intelligence qui en use pour s'y exprimer, il les faut transposer d'un ou plusieurs tons. On a constaté déjà que le monde moral n'était, avec des noms nouveaux, que le reflet dans la conscience, sous le jour illusoire de la liberté, des phénomènes réels qui évoluent dans l'organisme. Tout organisme, a-t-on dit également, comporte un processus modèle qui assure son meilleur fonctionnement, qu'il répète avec plus ou moins de perfection, selon qu'il est lui-même dans la période de son énergie ou de sa décadence, et qui donne la mesure idéale de sa force. Cet idéal dynamique emporte dans la conscience la conception d'*Obligation* et de *Devoir*. L'accomplissement du Devoir correspond donc en réalité à l'état de force et de santé de l'organisme, l'idée mythologique du Devoir signifie ici le fait réel de la Force. Il est donc vrai de dire que le grand point, pour l'être organisé qu'est l'homme, est de distinguer son Bien et son Mal, ce qu'il *doit* et ne *doit* pas faire, si l'on entend par là que le pouvoir de cette distinction et celui d'agir en conséquence signifient chez cet être organisé un état de force et d'harmonie. Toute la difficulté est de décider dans quelle limite les mots employés par Carlyle doivent être transposés pour être réduits à confesser sa vraie pensée, de savoir s'il est dupe ou non du mirage de la conscience.

Selon la tendance plus ou moins forte qui pousse chacun à réduire la pensée des autres à la sienne ou à l'en distinguer, on accordera à Carlyle le bénéfice du symbole ou on le lui contestera. Telle appréciation émise dans les *Héros* ou dans le *Sartor resartus* établissent que sa pensée, à quelque moment de son évolution, s'ouvrit largement sur un monde de fatalité pure où la morale n'a pas accès. « Il serait plus sage, prononce Teufelsdrœckh, de nous soumettre à l'Inévitable, à l'Inexorable, et de regarder même celui-ci comme le mieux (1). » Si l'on tient compte de cette forte conception du *fatum* qui se manifeste parfois dans son œuvre, il semble que l'on devrait interpréter comme des images et des apparences les mots *devoir* et *bien* et *mal* dont il se sert et qui, en dehors d'une théologie, sont inconciliables avec le point de vue fataliste. D'autre part, pour demeurer objectif dans les limites du possible, il semble qu'il faille aussi tenir compte de l'atavisme, du milieu puritain, de la race dont Carlyle, en somme, résume en lui l'idéal selon son meilleur sens et avec une extraordinaire intensité. De tels facteurs ont mis en lui le goût de l'ascétisme, de la contrainte, le culte de l'effort ; ce sont là des exercices au cours desquels l'activité intérieure élabore la Force. Ils signifient la présence de la Force. Il est vraisemblable que Carlyle ait placé la liberté là où la fatalité de sa nature le dominait avec la violence la plus inflexible, là où son caractère se manifestait avec la plus entière autonomie, dans ce pouvoir de s'efforcer, développé en lui avec intensité, pouvoir donné comme tout le reste, et dont il n'était point responsable, mais dont il a pu oublier le rôle purement représentatif, en sorte que l'illusion de la liberté, avec les conséquences morales

(1) *Sartor resartus*. Traduction Edmond Barthelemy, p. 277. (Ed du Mercure de France)

u'elle entraîne, est demeurée pour lui attachée à e pouvoir.

Quoi qu'il en soit, par ce culte de la Force, et e l'Effort, qui lui en paraît être le moyen, Carlyle ffre avec Nietzsche un nouveau point de ressemlance. Sa conception de la vie est nettement inlemne de tout eudémonisme; il n'a pas en vue le onheur de l'homme, mais sa grandeur. C'est ce nême point de vue que Nietzsche développera avec ne beauté incomparable, lorsqu'il définira la Vie : ce qui veut toujours se dépasser soi-même », orsqu'il prescrira à l'homme de tendre vers le urhumain et donnera pour base unique à la morale a volonté de puissance.

Avant de considérer dans l'œuvre du philosophe llemand cette conception de la morale, il imporait de rendre à Carlyle la justice qui lui est due et le montrer que sur ce point du moins il fut un préurseur. Carlyle n'a pas interprété selon toute sa igueur la conception qui germa dans son cerveau. l l'a exprimée toutefois en termes assez clairs pour qu'elle ait pu être traduite par d'autres esprits selon a signification inviolable. C'est le fait peut-être les hautes pensées de jaillir des profondeurs de 'Instinct, mystérieuses et voilées au regard de celui qui les enfanta, pour aller s'épanouir à l'heure de eur maturité, éclatantes et nues, en des consciences plus lointaines.

FRÉDÉRIC NIETZSCHE

Amor fati (1).

NIETZSCHE.

I. Des sources de la pensée philosophique. — Toute philosophie est l'objectivation d'un état de tempérament. — La philosophie de la Connaissance est l'objectivation de l'Instinct de Connaissance. — Nietzsche apporte aux vérités de la *Critique* la consécration d'une sensibilité. — Evolution de l'Instinct de Connaissance vers la suprématie. Caractère de cette évolution chez Nietzsche. Son moyen : l'Instinct de grandeur sous l'apparence de l'ascétisme chrétien. — La vertu morale ancienne, principe de la transformation philosophique. — Valeur immédiate et concrète de l'œuvre de Nietzsche. — II. — Philosophie de l'Instinct de Connaissance. — Négation des idées Dieu, chose en soi. — Point de cause première, ni de fin universelle, mais l'ignorance à l'origine et à l'issue du phénomène. — L'illusion du *moi* fondement de l'illusion du libre arbitre. — Impossibilité d'une loi morale universelle. Valeur purement formelle de la vérité. — III. La morale propre à la philosophie de la Connaissance : une esthétique. — Le monde justifié comme phénomène de beauté ; Schopenhauer et Nietzsche. — L'art Apollinien et l'art Dionysien. — Les vaniteux et les méchants, bons acteurs de la Vie. — Le vertueux est le spectateur. — IV. La philosophie de l'Instinct de grandeur : le surhumain pris comme symbole. — La cruauté à l'égard de soi est l'unique vertu, mais engendre des pratiques diverses. — La morale de circonstance adoptée par Nietzsche : condamnation de l'attitude esthétique. — Condamnation du Christianisme. — Contre l'eudémonisme. — La morale des maîtres et la morale des esclaves. — Caractère plus général de la doctrine ; son efficacité.

I

Tout système philosophique est l'objectivation dans la mentalité d'un tempérament prenant con-

(1) Frédéric Nietzsche : *Nietzsche contre Wagner*, trad. p. Henri Albert, p. 97. (Ed. du Mercure de France, *Le Crépuscule des Idoles.*)

science de ses manières d'être, de ses désirs et de ses aversions, érigeant en bien ce qui le favorise, en mal ce qui lui est contraire. —Cette idée domine et éclaire toute la philosophie de Nietzsche; elle commande aussi toute appréciation valable portée sur cette philosophie.

Nietzsche a exprimé cette idée maîtresse en maint endroit de son œuvre, mais il l'a développée avec une netteté particulière aux premières pages de *Par delà le Bien et le Mal.* « Il m'est apparu peu à peu, dit-il, que toute grande philosophie se réduisait jusqu'ici à une confession de son auteur comme en des mémoires involontaires et inaperçus, puis aussi que les vues morales (ou immorales), en toute philosophie, formaient le véritable germe d'où, chaque fois, la plante entière est éclose (1). » Avec insistance il ajoute : «... chez le philosophe rien d'impersonnel ; en particulier, sa morale témoigne, d'une façon décisive, — *de sa nature*, c'est-à-dire, de l'ordre dans lequel sont placées les intimes tendances de son être (2). » Ainsi les instincts fondamentaux de l'être sont pères de la philosophie. « Toute tendance est impérieuse : comme *telle*, elle aspire à philosopher (3). » Au principe de toute philosophie, se trouve « une suggestion », un souhait de cœur, et Nietzsche dénonce le manque de droiture des philosophes qui ne s'avouent pas cela, qui tous se réclament d'une dialectique rigoureuse et des procédés du seul instinct de Connais-

(1) *Par dela le Bien et le Mal*, p 8.
(2) *Ibid*, p. 9.
(3) *Ibid*, p. 8.

sance pour ériger en vérités leurs préjugés. Puis il s'aperçoit que c'est là une ruse de l'instinct particulier qui les mène, un moyen, pour cet instinct, de conquérir la puissance et d'imposer son empire. Une grande importance a été attachée en effet parmi les hommes aux décrets de l'Instinct de Connaissance; on les a distingués des pétitions de tous les autres instincts sous le nom de *vérités*. Chaque tendance particulière, dès qu'elle aspire à dominer, se propose donc tout d'abord d'asservir l'Instinct de Connaissance afin de le contraindre à promulguer son propre vœu, afin que son vœu intime soit sacré vérité. « Vous avez mis votre volonté et vos valeurs sur le fleuve du devenir... c'est vous, les plus sages, qui avez mis de tels hôtes dans ce canot; vous les avez ornés de parures et de noms somptueux, vous et votre volonté dominante (1). »

Ainsi, il n'y a au monde que des instincts, dont les rapports entre eux engendrent des états de tempérament. Il n'est point de philosophie qui n'ait pour support un de ces états de tempérament.

§

Une première conséquence de ce principe est que la philosophie de la Connaissance pure elle-même a pour condition d'existence un état particulier de la sensibilité auquel elle est indissolublement liée. Elle est, comme toute autre philosophie, l'objectivation d'un instinct devenu prépondérant,

(1) *Zarathoustra*, p. 166.

elle est l'objectivation de l'Instinct de Connaissance. « Et toi aussi qui cherches la Connaissance, tu n'es que le sentier et la piste de ma volonté ; en vérité, ma volonté de puissance marche aussi sur les traces de ta volonté du vrai (1). »

Cela n'implique pas que les principes de la science de la Connaissance soient purement subjectifs, mais qu'ils ne sont visibles, qu'ils n'acquièrent force impérative qu'autant qu'une sensibilité intéressée à les découvrir par le plaisir qu'elle en retire les matérialise et les concrète. C'est une chose de déduire une philosophie à la façon de Kant, au moyen d'analyses abstraites et de procédés en quelque sorte algébriques où le cerveau seul intervient, et c'est autre chose de la porter empreinte dans sa sensibilité, à l'état d'intuition et d'instinct, comme ce fut le cas pour Nietzsche. La première méthode détermine la vérité scientifique, mais ne la fixe pas : car elle ne vaut que pour les esprits dépourvus de passions intéressées à contredire ses verdicts. La terre continue à demeurer immobile après la découverte de Galilée, jusqu'à ce qu'une forme nouvelle de la sensibilité l'emportant sur l'ancienne conception biblique, tolère sa course.

C'est qu'aussi la vérité n'a pas l'importance que lui prêtent les hommes depuis qu'elle est devenue l'objet de leur idolâtrie. Il est nécessaire, pour que les hommes s'entendent, qu'ils adoptent à l'égard des phénomènes des interprétations pareilles, mais il est indifférent qu'ils s'accordent sur la vérité ou

(1) *Zarathoustra*, p. 159.

sur l'erreur; c'est pourquoi ils ont pu sans inconvénient vivre et mourir pendant des milliers d'ans, d'un consentement universel, sur une terre immobile. M. Remy de Gourmont, dans ses variations sur la nature de la certitude (1), remarque qu'il n'existe pas de vérité historique, que seuls les faits indifférents ne sont pas contestés. L'un de ces faits tenus jadis pour certains cesse-t-il d'être indifférent, le voici du même coup objet de controverse et dépouillé de son caractère de vérité. Cette constatation peut être étendue en de certaines limites aux axiomes de la raison. Pour devenir incontestées, pour apparaître incontestables, il est nécessaire que les réalités rationnelles aient su émouvoir une sensibilité, assez fortement, pour que celle-ci les ait faites siennes, et, les mettant en lumière, les ait rendues visibles. Avant qu'une réalité passe vérité il lui faut recueillir l'adhésion de la croyance humaine. Les vérités mathématiques elles-mêmes n'ont pu être remarquées par l'intelligence que lorsqu'elles se sont révélées comme indispensables pour résoudre quelque intérêt pratique. Intangibles quant à leur réalité, leur vérité ne put éclater sans un recours à l'approbation des consciences, et cette approbation dans le principe dut être partiale. La nécessité de partager des terres donna naissance sans doute à la découverte des lois qui s'appliquent à la mesure des surfaces; mais il est vraisemblable que ces lois ne furent déterminées selon leur rigueur que le jour où deux copartageants de force égale furent

(1) *Epilogues*. Mercure de France, juillet 1899.

contraints, par l'impuissance où ils se trouvaient de prendre avantage l'un sur l'autre, d'accepter l'arbitrage de l'Intelligence seule.

Du moins voudrait-on croire qu'une fois manifestées ces vérités mathématiques demeurèrent aussitôt évidentes pour tous. Mais il serait téméraire de l'affirmer si l'on songe que les vérités négatives de la critique philosophique, si voisines des précédentes, n'ont pas joui de ce privilège. L'exemple de Kant, si proche de nous, fut de nature à nous édifier. La *Critique de la raison pure* nous a fait assister en effet à ce hasard singulier d'une philosophie en opposition avec la sensibilité dominante du philosophe qui la formule. Il en est des vérités de la critique comme de la découverte de Galilée : elles se justifient comme phénomène de somnambulisme. Il faut, pour s'expliquer leur apparition prématurée, se figurer l'instinct de Connaissance, au temps encore de sa servitude, demeuré, durant quelque sommeil léthargique des autres instincts, seul en éveil, et maître furtif de la puissance, célébrant ses rites, promulguant ses lois, et devançant l'époque de sa suprématie. Mais tandis que Galilée persiste dans son rêve, tandis que la découverte qu'il apporte, reniée par les hommes de son temps, trouve asile dans sa conscience de connaisseur, Kant, sitôt éveillé de cet état somnambulique où il a tenu le rôle de médium du Génie de la Connaissance, Kant s'empresse de détourner l'entreprise instituée à son insu du but vers lequel elle se dirigeait. Il était arrivé ceci, que non seulement la sensibilité de Kant n'avait pas eu de part à l'élaboration de cette philosophie, mais que les conclusions de cette philosophie étaient en antagonisme absolu avec les modes de sa sensibilité. Le premier acte de Kant rendu à lui-même, retombé sous le joug de sa *suggestion* normale, et obéissant *au souhait du cœur* qui le mène, le premier acte de Kant est, ainsi qu'on l'a vu, de renverser cet échafaudage élevé sous son nom, mais en réalité sans son concours. Il imagine les noumènes. Il redevient aussitôt le professeur idéal de cette philosophie scolastique à laquelle Méphistophélès, dissimulé sous la robe du Docteur Faust, renvoie, en ces termes ironiques, le jeune étudiant qui l'interroge : « Et puis, vous devez avant toutes choses vous adonner à la métaphysique. Là, vous voyez approfondir ce qui n'est pas du ressort du cerveau de l'homme. »

On a vu comment, à la suite de Kant, cet enseignement continua durant un siècle d'être en honneur. Pourtant, aussitôt après le travail secret de l'Instinct de Connaissance imprimant sa loi sur les tables de la Critique, les principes de la raison pure possèdent la même valeur scientifique qui leur est reconnue de nos jours. Que leur manque-t-il donc pour régner? La consécration d'un tempérament qui les adopte et leur confère la vie physiologique. Nietzsche est ce tempérament. Le fait qu'il signifie est l'acceptation et la consécration par une sensibilité du nihilisme métaphysique créé par Kant à son insu avec la *Critique de la raison pure*. Du point de vue qui domine cette étude où l'on a pris parti pour l'Instinct de Connaissance dans sa longue révolte contre la tyrannie de l'Instinct vital, c'est là l'événement le plus considérable réalisé par l'apparition du nouveau philosophe. Avec Nietzsche, l'Instinct de Connaissance est devenu à son tour maître et tyran.

§

Du plus loin que nous voyions poindre la Vie, elle nous apparaît pourvue d'un Instinct de Connaissance, car l'Instinct de Connaissance est le principe même de la vie phénoménale. Sans lui il n'est pas de représentation, puisqu'il n'est pas de spectateur. Il témoigne donc que l'activité de l'Univers s'intéresse à la représentation de sa propre exubérance, qu'une joie est attachée au seul fait de connaître. Toutefois aux origines, et pendant la plus grande partie de l'évolution physiologique, l'Instinct de Connaissance se montre subordonné à tous les autres. Il est serf; l'intellect est *moyen* au service des autres instincts. Il est dressé à les avertir des dangers à éviter, des bons coups à tenter; il parle et ment à leur guise et se tait sur leur ordre; il est en même temps le miroir où ils jouissent orgueilleusement du reflet de leur puissance. Il est scribe aussi et compose des philosophies, des religions et des morales à leur usage, méthodes d'hygiène et remèdes destinés à prolonger leur force; il n'est pas encore son but à lui-même. En même temps nous le voyons peu à peu acquérir une importance croissante, en sorte que l'évolution biologique semble se diriger d'un état de moindre connaissance vers un état de connaissance majeure. C'est ainsi, pour ne citer qu'un seul exemple pris aux racines de la physiologie et aux premiers stades de la vie phénoménale, c'est ainsi que l'action de la lumière sur le tégument cellulaire, qui ne se révèle à l'origine que comme sensation agréable ou douloureuse, se mue et se fixe en représentations de couleurs qui diffèrent selon le degré d'intensité de la sensation primitive. La sensation se transforme de la sorte en perception, le monde extérieur se précise. Une partie de l'activité unique répandue dans l'Univers devient, pour l'autre, un spectacle. Tandis qu'elle va continuer de se diversifier en la suite des phénomènes suivant la virtualité de la cause se multipliant et se brisant en ses effets, l'Instinct de Connaissance, désertant la scène où la pièce suit son cours, va se montrer dans sa fonction supérieure sous la forme de l'activité spectatrice qui donne une raison d'être au spectacle.

Tout état de connaissance n'est autre chose qu'un rapport de position et de quantité entre ces deux modes de l'activité, dans l'Univers ou dans l'homme, selon que l'on se place à un point de vue métaphysique ou psychologique. A se tenir à ce deuxième point de vue, il apparaît que l'évolution vers la Connaissance la plus parfaite s'accomplit par une tendance du *moi* à retrancher de soi-même et à situer hors de soi en spectacle intangible une part de plus en plus grande du monde sensationnel. De même que l'œil a converti en une perception, en un fait de connaissance, la sensation lumineuse, de même le *moi*, dans la mesure où l'Instinct de Connaissance est parvenu à le dominer, retranche de lui-même et situe en spectacle les émotions, les désirs et les craintes de tous les autres instincts. Au terme de cette évolution, une inversion complète s'est produite, un déplacement de la puissance. L'énergie unique de l'Etre qui animait d'une vie si abondante la foule diverse des instincts s'est retirée d'eux pour se concentrer dans l'Unique instinct de Connaissance. Dès lors, les vainqueurs de naguère ne sont plus à même d'imposer leur interprétation de l'existence : privés de mouvement, inertes et figés, ils sont impuissants à dissimuler, par la rapidité de leurs gestes, les feintes et les mensonges par où ils illusionnaient. C'est l'Instinct de Connaissance qui désormais donne à l'Univers sa signification et l'Univers à son regard n'est rien de plus qu'un fait de perception. Les autres instincts, tandis qu'ils étaient maîtres, ont inventé des buts, qu'ils ont révérés, et, pour ces buts, des moyens qu'ils ont sanctionnés. Ces moyens et ces buts sont pour l'Instinct de Connaissance un motif d'intérêt, mais il ne voit en eux autre chose que les fictions et les intrigues propres à instituer la représentation à laquelle c'est son rôle d'assister, et dont il se dit la raison d'être. Dieu, la Vérité, la Liberté, toutes les finalités imaginées par les instincts, lui apparaissent autant de perspectives et de décors propres à faire naître l'illusion scénique et à la satisfaire. Depuis qu'il n'est plus asservi à figurer sur la scène aux côtés des autres instincts, il a acquis une vue claire de toute cette sorcellerie pratiquée par des acteurs hallucinés. C'est sa joie à lui et sa fonction, en même temps qu'il se prête au jeu du spectacle, d'en connaître les artifices et de les décrire, c'est au prix de cette connaissance qu'il est bon spectateur, et, qu'initié à ce que le spectacle comporte d'irréel et de convenu en son principe, il ne risque pas de s'indigner mal à propos et de troubler la représentation par une intervention déplacée. Les principes de cette initiation supérieure sont contenus dans la philosophie de la Connaissance pure, dans cette philosophie qui, selon l'expression de Nietzsche, « ose classer la morale elle-même dans le monde des apparences... parmi « les illusions » comme simu'acre, conjecture, préjugé, interprétation, art (1) ».

§

On vient de décrire le tempérament intellectuel qui donne naissance à la philosophie de la Connaissance. Il reste à rechercher comment ce tempérament s'est formé chez Nietzsche, à reconstituer, s'il se peut, les phases de son évolution, à préciser sa généalogie. L'avènement de l'Instinct de Connaissance à la souveraineté du *moi* comporte en effet plusieurs interprétations; il comporte peut-être aussi plusieurs origines.

La conception du monde propre à Schopenhauer fait place à quelque moment, comme celle qui vient d'être exposée, à la prééminence de l'Instinct de Connaissance. Mais ce règne de la Connaissance n'est ici que le signe annonciateur du déclin de la Vie. La Vie, mauvaise en soi selon Schopenhauer, évolue d'un état d'intensité caractérisé par un

(1) *Pages choisies*, p. 13.

aveuglement de l'Instinct de Connaissance et par l'exubérance de tous les autres instincts, vers un amoindrissement d'elle-même. Au cours de cette évolution et de ce déclin, l'activité totale de l'Univers se dissipe ; en même temps, les instincts qu'elle animait se décolorent et, comme dans le paysage mental que l'on vient de décrire, apparaissent immobilisés par la torpeur qui les gagne devant le clair regard de la Connaissance. Ce regard abolit l'illusion qui faisait croire à la réalité des apparences et, dans cette connaissance parfaite qu'elle prend de son caractère fictif, la Vie phénoménale, lassée de sa course douloureuse, trouve le motif suprême qui la détermine à se renier. La dernière parcelle d'énergie qui persistait encore dans le monde s'évanouit et l'Instinct de Connaissance, fantôme lui-même et apparence, et qui n'a fait que survivre à tous les autres instincts, détermine, en fermant son regard, la chute de l'Univers phénoménal dans le nirvana souhaité par l'yoghi et par le saint. Le règne de la Connaissance survient donc ici, non pas parce que l'Instinct de Connaissance s'est fortifié, mais parce que les autres instincts se sont affaiblis. Il marque la dernière étape de la vie phénoménale et, du point de vue pessimiste, le réveil du mauvais rêve de la Vie.

La conception de Nietzsche est différente. L'énergie totale de l'Univers n'évolue pas, selon lui, d'un état d'intensité vers un état d'amoindrissement, puis vers un reniement d'elle-même; elle évolue de l'un de ses modes vers l'autre, de l'acte à la connaissance. Aucune parcelle de l'énergie répandue dans l'Univers ne se dissipe, mais toute énergie délaissée par l'activité en acte est récupérée intégralement par l'activité spectatrice. Le phénomène-vie, c'est en quelque sorte l'écoulement de l'*activité unique* de l'une vers l'autre de ses formes. Etant donnée cette conception de l'Univers, quel va être chez Nietzsche le principe qui déterminera la transformation de l'énergie en acte en énergie spectatrice ?

La vie selon Nietzsche est instinct de puissance, elle est ce qui veut éternellement se surmonter soi-même. Or, si toute philosophie est bien une confession de son auteur et l'expression d'une physiologie, cette définition de la Vie nous livre le secret de la tendance qui est devenue, chez Nietzsche, impérieuse, elle nous révèle l'instinct qui le mène et en lequel il a situé son *moi*. Nietzsche lui-même, dira-t-on donc, est une incarnation de l'instinct de puissance, de l'instinct de grandeur, il est celui qui met sa joie dans la conscience de sa force et qui veut sans cesse s'élever au-dessus de lui-même. Et on va voir en effet que cet état de tempérament est celui-là même auquel il nous faudra sans cesse avoir recours comme principe d'explication de toute attitude mentale adoptée au cours de l'évolution de sa pensée. C'est l'Instinct de puissance qui est en lui la cause génératrice de tout mouvement et qui, par une voie logique, assure en temps voulu le triomphe de l'Instinct de Connaissance et d'une philosophie purement intellectuelle. Cet instinct de puissance s'est inventé son moyen : la cruauté envers soi-même. Comment augmenter sa force si ce n'est en la mettant aux prises avec ce que l'on connaît de plus fort, et rien n'est plus fort en tout homme que son instinct dominant. Cet instinct qui ne connaît rien de plus fort que lui-même va donc se contredire et se martyriser. Ayant vaincu tout l'extérieur, il va se mesurer avec la contradiction de lui-même afin de se vaincre et de créer ainsi à sa place quelque chose de plus haut que lui.

Nietszche a conscience de ce moyen de grandeur, il l'a découvert, il le célèbre, le préconise et l'explique. « Presque tout ce que nous appelons culture supérieure repose, » dit-il, « sur la spiritualisation et l'approfondissement de la cruauté... Ce qui agit agréablement dans ce qu'on appelle pitié tragique et au fond même de tout ce qui est sublime, jusque dans les plus hauts et les plus délicieux frémissements de la métaphysique, tire sa douceur uniquement des ingrédients de cruauté qui y sont mêlés... Il y a une jouissance puissante, débordante, à assister à ses propres souffrances, à se faire souffrir soi-même. Que l'on considère enfin que le chercheur de connaissance, tandis qu'il force son esprit à la connaissance contre le penchant de l'esprit et assez souvent même contre le vœu de son cœur... agit comme un artiste et transfigure la cruauté ;...... déjà dans toute volonté de connaître il y a une goutte de cruauté (1). »

Cette cruauté à l'égard de soi-même, prise comme moyen de l'Instinct de grandeur, va nous rendre compte du lien qui existe entre l'attitude morale de Nietzsche et la morale chrétienne qui semble avoir

(1) *Par delà le Bien et le Mal*, p. 169.

servi de point de départ à son évolution. L'ascétisme que comporte parfois la culture chrétienne a en effet une grande ressemblance avec cette cruauté envers soi-même qui est pour Nietzsche le moyen de la grandeur, en sorte que l'on pourrait être tenté d'attribuer cette vertu du philosophe à son atavisme chrétien. Mais ce serait là une inversion de cause à effet contre laquelle il faut se tenir en garde si l'on veut conserver à l'Instinct de grandeur toute sa force explicative.

Le Christianisme en son principe est renoncement absolu, c'est là son caractère essentiel. Religion d'Orient, il est, comme le Bouddhisme, une attitude pour mourir, attitude d'utilité immédiate pour des activités lassées. C'est sous cette forme qu'il se manifeste dans sa perfection et dans sa pureté parmi le troupeau d'esclaves assemblé par le monde romain, et, plus tard, sous sa forme idéale, dans l'Imitation de Jésus-Christ. Il est un reniement de la vie, sans esprit de retour et sans calcul. S'il comporte quelque ascétisme, cet ascétisme est passager, sans avenir et sans virtualité, il consiste à renoncer à des joies appauvries, derniers liens qui attachent encore un malade à l'existence; il est moyen.

Le Christianisme joue dans le milieu barbare un rôle tout opposé. Il n'est plus ici son but à lui-même; il est à son tour moyen, moyen de l'Instinct de grandeur et d'une cruauté envers soi-même dont la virtualité dépasse de beaucoup la forme chrétienne, qui n'en peut être considérée que comme une phase, à son tour, passagère. Pour toute nature excessive et violente aux actes, le renoncement au libre jeu des instincts, à l'exercice de sa force, suppose une contrainte exercée sur soi-même. Toute force prête à se projeter au dehors, à se dépenser, à s'éparpiller en ses effets est retenue au dedans, retournée contre elle-même : un pouvoir d'inhibition se constitue ainsi. Le barbare chrétien qui regorge de forces vives situe son *moi* en ce seul pouvoir d'inhibition, il ne connaît rien de plus fort que lui-même et ce qui émane de lui : c'est donc avec lui-même qu'il va lutter et c'est dans la victoire sur soi-même qu'il va éprouver le sentiment de sa plus grande force, de sa plus grande puissance. Le christianisme, dans le milieu barbare, n'est qu'un expédient : là où se trouve une force d'impulsion trop intense, toujours prête à se gaspiller, dans la société comme dans l'homme, le renoncement chrétien pose une contrainte, crée un centre d'inhibition ; loin qu'il affaiblisse l'organisme individuel ou social, il le fortifie en le coordonnant, en hiérarchisant les instincts sous le commandement d'un seul.

Mais que le barbare sache s'appliquer le remède de cette contrainte, cela suppose en lui préexistante cette disposition à la cruauté envers soi-même qui sera le moyen de sa grandeur. L'orgueil et l'amour de la force pour elle-même, voilà donc ce qu'il faut reconnaître sous le chrétien chez le barbare. Cet instinct se décèle par l'attitude de la volonté tendue toujours dans le sens du plus grand effort, par la recherche et le choix du chemin le plus difficile.

Le renoncement ordonné par le christianisme n'a donc pour le barbare aucune valeur en soi; il n'exerce une séduction que parce qu'il est à un moment donné la chose la plus difficile. S'il cesse d'être la chose la plus difficile, il perd sa valeur, représente un idéal ancien, dépassé, et s'il est devenu par l'exercice un instinct naturel, apportant joie, s'il est devenu la chose la plus facile, il est aussitôt méprisable, et ennemi, et c'est de la tendance où il s'exprime qu'il est bon désormais de triompher. Ainsi le christianisme n'est chez le barbare qu'une des formes passagères de l'instinct de grandeur servi par la cruauté envers soi-même. Cet instinct de grandeur comporte un pouvoir d'exhaussement propre à soulever encore vers de plus âpres et de plus nobles cimes.

C'est en creusant ainsi jusqu'à découvrir les véritables racines de l'atavisme chrétien que l'on peut tenir compte, chez Nietzsche, de cette hérédité comme d'un élément caractéristique de l'évolution de sa pensée. A ce titre, il est intéressant pour nous d'apprendre de M. Lichtenberger que Frédéric Nietzsche, né en milieu protestant, appartient à une lignée sacerdotale et qu'il se proposa lui-même pour but, durant une partie de son enfance, de perpétuer la tradition des siens (1). Ce fait d'une culture chrétienne poussée à sa perfection marque à nos yeux le point où l'instinct de grandeur en est parvenu au cours de son évolution, lorsque Nietzsche en recueille l'héritage de la mentalité de ses ancêtres.

(1) *La philosophie de Nietzsche* (Alcan).

Sous l'apparence de l'ascétisme chrétien, c'est déjà l'instinct de grandeur propre au barbare d'occident que nous verrons avec Nietzsche évoluer vers de nouveaux destins.

Pourvu de ce tempérament qui trouve sa meilleure jouissance dans la cruauté exercée envers soi-même, Nietzsche, tout d'abord, reçoit de son atavisme le plus proche et accepte cette religion chrétienne qui lui prescrit l'empire sur lui-même, et lui livre ses passions à dominer pour exercer sa force. Il est alors dans la situation de ces prêtres qu'il combattra plus tard, mais auxquels il conservera son admiration, en disant d'eux : « Ils appelèrent Dieu ce qui les contredisait et leur faisait mal : et, en vérité, leur adoration avait quelque chose de très héroïque (1). » C'est pour l'attitude héroïque qui lui est commandée que Nietzsche aime le Dieu chrétien et les vérités chrétiennes. Mais voici que cette attitude lui est devenue trop aisée, voici que les actes de renoncement commandés par l'idéal chrétien sont réalisés sans peine. Le pouvoir de se contraindre, acquis douloureusement par les ancêtres, s'exerce maintenant sans effort : l'amour du plus difficile ne trouve plus à s'assouvir en cet acte de domination qui ne rencontre plus de révolte. Aussi le même instinct de grandeur qui engendra naguère et logiquement l'attitude chrétienne va-t-il, avec une égale logique, engendrer une attitude contraire. Il va s'inventer quelque douleur nouvelle à surmonter, il va, pour s'amplifier, susciter contre

(1) *Zarathoustra*, p. 123.

lui-même l'Instinct de Connaissance, il va lui donner la liberté de distiller « cette goutte de cruauté » qu'il recèle. Ainsi il va être amené à analyser son bonheur, « à nier alors qu'il voudrait affirmer, aimer, adorer (1). » Sous la forme chrétienne il a immolé en ses ancêtres et en lui-même son bonheur immédiat à un bonheur futur situé en Dieu. Le sacrifice s'est transformé en joie; par la perfection de son attitude, il réalise *immédiatement* le bonheur qui devait consister en la possession *future* de Dieu. L'Instinct de Connaissance va instituer un Dieu nouveau plus haut que l'ancien : la Vérité. Nietzsche désormais va soumettre à l'épreuve de la Vérité toutes ses croyances *anciennes*, ce Dieu nouveau étant seul assez fort pour lui faire ressentir la douleur qu'il convoite. « Il ne faut jamais demander si une vérité est utile, si elle peut devenir pour quelqu'un une destinée (2). » Voici quelle va être la maxime nouvelle à laquelle le philosophe va se tenir strictement attaché : c'est avec elle qu'il va s'élever d'une conception utilitaire, en morale et en métaphysique, à une conception purement intellectuelle, et qu'au cours de sa recherche de la Vérité il va être amené à découvrir et à confesser la science de la Connaissance.

§

On voit donc que c'est à l'intervention d'une qualité morale que la science de la Connaissance

(1) *Par delà le Bien et le Mal*, p. 70.
(2) Frédéric Nietzsche : *L'Antéchrist*, p. 241. (*Le Crépuscule des Idoles*, ed. du Mercure de France).

devra sa consécration. Après les explications qui ont eu pour but de reconstituer à l'ascétisme chrétien sa véritable généalogie, la cruauté à l'égard de soi-même et la victoire sur soi-même doivent être considérées comme les vertus les plus hautes du christianisme en Occident. Elles sont le principe de vie intérieure dont le christianisme est un moment la manifestation et la forme opportune. Sous cette forme chrétienne elles se nomment *ascétisme.*

On peut donc noter, avec M. Lichtenberger, que c'est au moyen de la vertu la plus haute du christianisme que Nietzsche surmonte le christianisme, le déisme et tous les postulats de l'instinct vital. Mais ainsi que cela a été exposé déjà, — après la *Critique de la raison pure,* — c'est précisément cette vertu morale qui seule est indispensable pour faire resplendir les principes de la science de la Connaissance. Le soleil de la Connaissance, depuis Kant, luit sur le monde, en sorte que toutes les choses frappées et éveillées par cette lumière projettent des ombres où elles peuvent prendre conscience d'elles-mêmes. C'est le courage, c'est la vertu ascétique qui manque aux hommes pour regarder ces ombres où s'inscrivent des images si différentes des chimères qu'ils ont enfantées durant le cauchemar nocturne. Ils ressemblent à ces habitants d'un pays lointain (1) que M. de Gourmont nous a décrits en un conte d'un symbole si précis, aux habitants de ce pays où la coutume exige que l'on crève

(1) Remy de Gourmont : *D'un pays lointain.*

les yeux des nouveau-nés, où l'usage des prunelles est une infirmité, où celui qui n'a pas subi l'opération libératrice est méprisé par ses frères ; car il est impuissant, en présence des spectacles réels, à percevoir les fantômes qu'une convention traditionnelle rend visibles pour tous les autres. Kant a réparé son crime d'avoir évoqué le soleil de la Connaissance, en prônant cette aiguille d'or de la foi, qui rend aux hommes, parmi le plein midi, la cécité bienheureuse. Mais Nietzsche est, dans ce pays singulier, l'être audacieux qui ose ouvrir les yeux et qui, malgré la douleur première de la rétine offusquée par la lumière, voyage à travers le monde des phénomènes, scrutant toutes les ombres où les choses se représentent, interrogeant sa propre ombre et acceptant sans réticence de voir tout ce qui s'offre à sa vue.

Sans réticence, mais non tout d'abord sans âpreté et sans douleur. Jusqu'en 1881 et principalement avec *Humain trop Humain*, avec le *Voyageur et son ombre*, l'attitude de Nietzsche est en effet celle d'un pessimisme héroïque. Il gravit les échelons de cette « grande échelle de cruauté religieuse (1) » qu'il a décrite lui-même ; il en est à cette hauteur où l'homme, ayant sacrifié à son Dieu ses instincts les plus forts, « sa propre nature », n'a plus rien d'autre à sacrifier que « toute consolation, toute sainteté, toute espérance, toute foi en une harmonie cachée, en des béatitudes et des justices futures ». Précisant le caractère ascé-

(1) *Par delà le Bien et le Mal*, p. 68.

tique de l'évolution de sa pensée, Nietzsche conclut : « Ne fallut-il pas sacrifier Dieu lui-même et, par cruauté à l'égard de soi, adorer la pierre, la bêtise, la lourdeur, le destin, le néant ? » Cette attitude pessimiste toutefois fera place dans la suite à une autre. Nietzsche, descendu au plus bas degré de sa vitalité, va, sous l'empire de la discipline ascétique, se mettre en état de défense contre la dépression pathologique et s'efforcer de la surmonter. « Un malade, dira-t-il, n'a pas le droit d'être pessimiste (1) » et, considérant d'un regard plus intrépide et plus froid les vérités de la critique, il s'accoutumera à ce nouveau paysage mental jusqu'à y trouver sa joie.

On va donc voir Nietzsche se prononcer sur toutes les questions soulevées par la métaphysique. Ses arrêts vont être marqués d'un caractère négatif, mais ce ne sera là en somme qu'une apparence et sa négation n'atteindra que les affirmations hasardées des philosophies précédentes. Si l'on tient ici même l'ensemble de ces arrêts pour la consécration du nihilisme créé par la *Critique de la raison pure*, c'est en considération de cette tendance de l'esprit humain à se persuader que la Vie est tout entière enfermée dans la conception ancienne qu'il en a imaginée et qu'il n'y a place, en dehors de cette conception, que pour le néant. Du point de vue de ce préjugé, Nietzsche, ruinant l'idéal ancien, semble ruiner la Vie. En réalité, il détruit des affirmations qui étouffaient elles-mêmes sous

(1) Cité par M. Lichtenberger : *La Philosophie de Nietzsche*, p. 95.

leur ombre d'autres formes de la réalité et de la Vie, auxquelles leur foi en elles-mêmes dissimulait seule leur caractère tyrannique et destructeur. L'idée de *Dieu* n'est-elle pas une négation de l'idée *homme*, l'idée d'une *chose en soi* n'est-elle pas une négation du phénomène? L'idée de liberté n'est-elle pas une négation de l'idée de loi? L'idée de vérité ne va-t-elle point à diminuer la réalité?

§

Les professionnels de la philosophie font à Nietzsche une autre querelle. Ils lui contestent la qualité même de philosophe, parce qu'il n'emploie pas les procédés dialectiques, en usage à l'école, parce qu'il ne s'astreint pas à tout remettre en question, à reprendre pour les opposer les unes aux autres les preuves anciennes, consacrées et contradictoires. On a déjà fait état de ces attaques, lorsque l'on a dit qu'après Kant la science de la Connaissance était constituée, que dès lors la perfection de l'esprit philosophique consistait à ne plus la remettre en question. Cette perfection existe chez Nietzsche. Ses affirmations, postulats d'un tempérament purement intellectuel, valent par la façon dont elles se superposent, comme des dais de lumières, au-dessus des analyses scientifiques. Là où Kant déduit, Nietzsche contemple d'une vue directe; là où Kant fait de l'algèbre, raisonnant sur des lettres qui représentent des suites d'idées, Nietzsche manie des réalités, les idées elles-mêmes. Son don philosophique et génial se manifeste par le choix des concepts sur lesquels il pose ses affirmations et ses dénégations, par l'angle qu'il ouvre à la vision, inondant les idées d'une lumière soudaine. La philosophie, chez Nietzsche, existe à l'état d'anatomie parfaite; mais elle se montre recouverte, ainsi que d'une chair frémissante, d'un lyrisme et d'une phrase concrète riche en images où l'abstrait se vivifie et se réalise. Et c'est aussi la merveille de cet esprit qui a plongé au plus profond des entités logiques de savoir, avec des arguments choisis, avec quelques mots dont la justesse fait éclair, montrer selon les procédés de la mentalité commune l'évidence d'une idée ou son impossibilité. Il ne faut pas oublier d'ailleurs que si, grâce à ces dons, une part de son œuvre est accessible à un nombre assez considérable de lecteurs, c'est aux esprits les plus accoutumés à la spéculation abstraite qu'elle révèle sa valeur intégrale, parce que ceux-ci, initiés aux rites de la technique philosophique, sont seuls en posture d'apprécier le tour de force par lequel Nietzsche transfigure et transpose en le raccourci de la phrase, de l'image et du symbole, les problèmes les plus ardus de la métaphysique.

II

La ruine des fictions anciennes se symbolise tout d'abord en la mort de Dieu. Pour les rationalistes qui croient encore pouvoir distraire du désastre quelques-unes des idées métaphysiques et morales pour leur faire tenir l'office du Dieu mort, la mort de Dieu peut laisser place au règne des fictions anciennes. Il leur semble qu'il n'y a rien de changé dans le gouvernement du monde, si ce n'est que la conception de l'univers s'est épurée et spiritualisée. Il leur semble que l'idée morale prise en elle-même et sans déguisement est quelque chose de plus noble que la forme divine où elle était contenue. Ils sont prêts à substituer une superstition à une autre et à tenir le préjugé nouveau pour excellent pourvu qu'il soit utile. Mais un esprit comme celui de Nietzsche a dès longtemps interprété l'idée Dieu selon sa signification la plus profonde, la plus abstraite, la plus vaste, la plus hautement symbolique : lorsqu'une conception de cette valeur explicative vient à s'abattre sous le regard d'un tel esprit, cette chute dans l'abîme prend une importance sans seconde. Aussi Nietzsche, prodigieusement ému de la grandeur d'une pareille catastrophe, conclut-il, à lire sur les visages l'indifférence de tous, que cet événement formidable est encore ignoré. Descendant pour la première fois du sommet de la montagne où il a longtemps établi sa retraite, Zarathoustra rencontre dans la vallée l'ermite pieux qui continue d'honorer le Dieu ancien par sa solitude et par sa ferveur. « Serait-ce possible, ce vieux saint dans sa forêt n'a pas encore entendu que Dieu est mort (1) ! » Pour se rendre compte de cette ignorance générale, Nietzsche invente cette explication : dans le monde mental et au regard de l'esprit, la grandeur d'un événement tient lieu de l'é-

(1) *Zarathoustra*, p. 8.

loignement des corps dans le monde de l'espace au regard des yeux. « La lumière des étoiles les plus éloignées arrive en dernier lieu aux hommes et, avant son arrivée, les hommes nient qu'il y ait là des étoiles (1). » C'est là une mesure, « un moyen de créer un rang » pour l'esprit. C'est cette mesure que Nietzsche applique dans la *Gaie science* à la mort de Dieu. « Cet événement formidable, dit-il, est encore en route, il marche, il n'est pas encore parvenu jusqu'aux oreilles des hommes. Il faut du temps à l'éclair et au tonnerre, du temps à la lumière des étoiles, il faut du temps aux actions, même après qu'elles ont été accomplies, pour être vues et entendues (2). » C'est seulement parmi les hommes supérieurs, parmi ceux que l'élévation de l'esprit met à la hauteur des grands événements, que cette nouvelle est connue et lorsque Zarathoustra les rencontre dans sa montagne, attiré vers eux par le cri de détresse qui est monté jusqu'à sa caverne, il s'adresse avec une déférence plus grande au vieux pape qui a assisté aux derniers moments de Dieu.

Pourtant cette révérence ne cache aucune incertitude sur la réalité de l'événement. Dieu est bien mort sous le regard de la Connaissance. « S'il existait des dieux, s'écrie Zarathoustra, pourquoi, comment supporterais-je de ne pas être un Dieu? Donc il n'y a pas de Dieu (3). » Et sous sa forme a bitieuse ce raisonnement implique toute la sagesse

(1) *Par delà le Bien et le Mal*, p. 244.
(2) Cité par M. Lichtenberger : *La Philosophie de Nietzsche*, p. 95.
(3) *Zarathoustra*, p. 114.

panthéiste; il exprime ce qu'il y a d'inconcevable pour l'esprit en toute hypothèse dualiste formée sur l'univers, il formule l'impossibilité de la coexistence de l'homme et de Dieu, du fini et de l'infini, au point de vue de la puissance, de la justice et de l'espace, au point de vue de la moralité et au point de vue de la cosmologie.

Mais Dieu n'est que le symbole des idées métaphysiques, l'expression première, sentimentale et grossière du problème. Nietzsche, au-dessous de ce symbole populaire, recherche les manifestations plus fines et plus subtiles de ces idées. Derrière Dieu, qui s'est dérobé, il trouve *la chose en soi* et, dès ses premiers ouvrages, nie la nécessité de croire à une chose en soi. Nietzsche pourtant, jusqu'à l'époque de sa conception du retour éternel, ne trouvera pas dans l'arsenal de l'esprit d'arguments pour nier la possibilité qu'elle soit. Cette conception du retour éternel, avec le phénoménisme absolu qu'elle implique, n'éveillera même en son esprit qu'une présomption très forte contre la possibilité de cette existence. Mais il s'élève dès le principe contre l'interprétation que font de *la chose en soi* les philosophes, lorsqu'ils prétendent non seulement poser son existence, mais la définir, la toucher et la saisir. Il reproche à Schopenhauer de considérer la volonté comme la chose en soi, mais il lui reproche surtout, et c'est là que son argumentation devient très forte, d'avoir cru que la volonté, prise comme chose en soi, pût s'atteindre elle-même. « Schopenhauer, dit-il, a donné à entendre que la volonté seule est connue de nous, entièrement connue, sans addition ni soustraction (1)... » « Comme si la connaissance venait à saisir son objet purement et simplement comme « chose en soi », comme si, du côté du sujet, ni du côté de l'objet, il ne survenait de falsification. Que la « certitude immédiate », la « connaissance absolue », la « chose en soi » renferment une contradiction *in adjecto*, je le répéterai cent fois (2). » La conception que Nietzsche condamne ici, c'est celle d'une chose en soi qui serait connaissable pour un intellect en sorte que sa pensée, fondée sur le sentiment d'une irréductibilité essentielle entre existence et connaissance, est bien identique à celle qui fut exposée ici même en un chapitre précédent et s'exprime en cette formule : la chose en soi, dont on ne peut dire si elle est ou n'est pas, ne saurait être qu'inconnaissable pour elle-même. Dès lors, il la situe dans ce domaine idéologique, « où l'indifférence est nécessaire ». « Ce qui est nécessaire, dit-il, vis-à-vis de ces choses dernières, ce n'est pas le savoir opposé à la croyance, mais l'indifférence à l'égard de la croyance et du prétendu savoir en ces matières (3) ». Il pense alors de la chose en soi ce que Zarathoustra exprime au sujet de Dieu à ses disciples : « Dieu est une conjecture, mais je veux que votre conjecture soit limitée dans l'imaginable (4). » Et à mesure que mûrit sa pensée, grandit aussi sa défiance contre le concept d'une chose en soi, cette défiance dont les raisons

(1) *Par delà le Bien et le Mal*, p. 21.
(2) *Ibid*, p. 19.
(3) *Pages choisies*, p. 137 (*Le Voyageur et son ombre*).
(4) *Zarathoustra*, p. 113.

ont été résumées aussi par Stirner en cet aphorisme : « Du fait qu'on élève l'Etre, on rabaisse le monde phénoménal à une pure illusion. »

§

Avec la négation de la chose en soi, ou avec la conception d'une chose en soi située hors de la connaissance, — c'est tout un, au point de vue de la logique métaphysique, — s'évanouissent les idées de cause première et de finalité universelle. Le monde phénoménal, qui seul demeure, repousse ces idées qui vont à l'abolir. Qui dit monde phénoménal, dit aussi diversité dans le temps, dans l'espace et dans la cause, diversité irréductible à l'unité. Or l'imagination d'une cause première se résorbant en la fin dernière qu'on lui assigne, supprime aussitôt toute représentation dans le temps et dans l'espace. L harmonie absolue reconstitue et égale l'unité absolue. L'adaptation parfaite du désir à sa fin supprime tout intervalle entre le désir et sa réalisation et ne souffre aucune évolution. Mais le phénomène a pour support un principe de divergence irréductible, un principe d'hostilité inconciliable entre les choses, qui seul a le pouvoir de les contraindre à demeurer distinctes dans le temps et dans l'espace, qui seul les maintient en leur lieu panoramique et dans leur rôle représentatif.

Dans ce monde du phénomène, le principe de causalité règne dans son intégrité, et tandis qu'il commande un déterminisme inflexible vis à-vis des objets de connaissance, vis-à-vis des choses telles qu'elles s'ordonnent au regard de l'esprit, par ses deux extrémités il se perd et égare l'esprit dans un royaume d'ignorance. Il lui signifie l'incompétence de ses lois pour atteindre l'Etre dans sa totalité et dans sa réalité. Il lui signifie que, dans la région de l'Etre, la notion de loi n'a pas accès. Ainsi le phénomène, qui seul nous est donné, nous apparaît d'une manière soudaine dans sa diversité, dans sa multiplicité, issu d'une région interdite à la Connaissance. Découvrir, au principe des choses, cette région où l'ignorance est la seule loi de la Connaissance, confesser que les lois rationnelles ne s'appliquent pas au concept de l'Univers pris dans son ensemble, c'est l'Unique sagesse de l'esprit explorant et fixant ses limites au cours de la recherche philosophique. Cette sagesse abonde dans Nietzsche. Afin de marquer cette impossibilité pour l'esprit d'étreindre l'Univers dans la loi, il fait célébrer par son Zarathoustra dans son chant le plus lyrique, ce royaume d'ignorance où l'Etre se dissimule à sa propre vue, ce royaume situé hors de la cause, de l'effet, de la conséquence et de la nécessité. « En vérité, proclame-t-il, c'est une bénédiction et non une malédiction lorsque j'enseigne. Sur toutes choses se trouve le ciel hasard, le ciel innocence, le ciel à peu près, le ciel pétulance. « Par hasard » c'est la plus vieille noblesse du monde, je l'ai rendue à toutes les choses, je les ai délivrées de la servitude du but. Cette liberté et cette sérénité céleste, je les ai placées, comme des cloches d'azur, sur toutes choses lorsque j'ai enseigné qu'au-dessus d'elles et par elles aucune volonté éternelle ne voulait. J'ai mis en place de cette volonté cette pétulance et cette folie, lorsque j'ai enseigné : une chose est impossible partout et cette chose est le sens raisonnable (1). »

C'est de cette région ignorée que s'élèvent les créateurs de valeurs, toutes les choses et tous les êtres qui ne disent pas leur pourquoi, qui ignorent leur pourquoi et pour qui c'est assez d'être des affirmations de soi-même, des réalités. Telles les propriétés multiples et irréductibles des corps simples auxquelles se brisent les analyses de la chimie. Telle dans l'homme, cette énergie indécomposable que Nietzsche signale en ces termes : « Au fond de nous-mêmes... un rocher de fatalité spirituelle, de décisions prises à l'avance, de réponses à des questions déterminées et résolues à l'avance. A chaque problème fondamental s'attache un irréfutable : je suis cela (2). »

Toute vie s'est élevée dans le passé de cette région inconnue, tout ce qui apparaît de nouveau dans la vie sort aussi de cette région. Lorsque Nietzsche, dans l'apologue des *Trois transformations de l'esprit*, cherche à caractériser par un symbole le créateur de valeurs nouvelles, c'est l'enfant qu'il choisit pour tenir ce rôle, l'enfant qui « est innocence et oubli, un renouveau et un jeu, une roue qui se déroule d'elle-même, un premier mouvement, une sainte affirmation (3) ». Il n'existe en effet dans l'homme que ce qu'il a acquis de l'éducation et ce qu'il a reçu de l'enfant qu'il fut en naissant.

(1) *Zarathoustra*, p. 235.
(2) *Par dela le Bien et le Mal*, p. 173.
(3) *Zarathoustra*, p. 29.

Tout ce qu'il tient de l'éducation est répétition, substance remâchée déjà et digérée un nombre indéfini de fois. Mais s'il y a en lui quelque nouveauté, cela, l'éducation n'a pu le lui donner et il le tient nécessairement de l'enfant même qu'il fut jadis. C'est un goût, un appétit nouveau, un don nouveau de voir des couleurs, de percevoir des sonorités, d'éprouver des émotions qui jusqu'alors n'ont été ni vues, ni perçues, ni ressenties. Par là l'enfant crée de nouveaux aspects de la réalité, des réalités nouvelles, il donne naissance au phénomène. Ce goût nouveau n'a pas de pourquoi, il échappe à toute causalité; mais dès qu'il se manifeste, il crée une causalité, se constitue en une cause première; car s'il n'y a pas une cause première unique, il y a une infinité de causes premières, de rocs de fatalité, de propriétés indécomposables pour l'esprit, surgies de la région ignorée antérieure au phénomène, et chacune de ces causes crée un déterminisme inflexible qui la mène à sa propre fin, en laquelle elle s'évanouit et se dissipe, sans compromettre la sécurité de l'Etre et sans non plus résoudre son énigme. Ainsi tout phénomène naît spontanément, sort de la région inconnue et apparaît aussitôt distinct dans un monde où il n'y a place que pour le divers, où aucune chose n'est admise sans un déguisement; il apparaît formé de toutes pièces, déterminant et réalisant, par le seul acte de son éclosion et avec une rigueur absolue, son essence, son appétit, l'objet de son appétit et les moyens propres à atteindre cet objet, créant le monde de la relation. « Le goût, c'est à la fois le poids, la balance et le peseur (1). » Il n'y a au monde que des goûts et des couleurs. Goûts et couleurs, qui sont la Vie, surgissent directement de la région inconnue où la causalité ne s'exerce pas, en sorte que la Vie étant sans cause ne saurait avoir aucune fin. Donc à la vie phénoménale point de cause et point de fin, mais dans le cadre de la vie phénoménale, un tissu serré de causes et de fins particulières, un harnais étroit de nécessité bridant tous les phénomènes et les asservissant à leur tâche.

§

A une telle métaphysique, à une telle conception de l'Univers, du macrocosme, Nietzsche juxtapose une psychologie, une conception de l'homme, du microcosme, non moins conforme aux lois de la connaissance. Pas plus que l'Univers, le moi n'est saisissable comme unité, et si nous avons pris la coutume de le considérer comme une substance distincte, c'est en vertu d'une fiction qui n'a de valeur que dans le langage et comme procédé pour construire la pensée. « Vouloir, dit Nietzsche, me semble quelque chose de compliqué, quelque chose qui n'est une unité que comme mot et c'est dans l'unité du mot que réside le préjugé populaire qui s'est rendu maître de la précaution des philosophes de tous temps très faible (2) ». Notre corps, que nous imaginons soumis à l'hégémonie du moi, n'est

(1) *Zarathoustra*, p. 162.
(2) *Par delà le Bien et le Mal*, p. 21.

en réalité qu'« une colonie d'âmes (1) » ou pour préciser la lettre de cette définition au moyen d'une expression plus habituelle à Nietzsche, une colonie d'instincts. Le conflit de ces instincts, les alliances momentanées ou les associations plus durables qu'ils forment entre eux pour soutenir chacun ses intérêts particuliers, ce conflit se traduit par des décisions et par des actes. Or, c'est dans ces actes, qui constituent une résultante, que le préjugé populaire situe le *moi*. Le moi est donc visiblement une formule algébrique résumant, sous un terme simple — mais pourvu seulement d'une réalité abstraite, tout un processus dont la réalité concrète est éparpillée en un très grand nombre d'éléments distincts et opposés. Le préjugé populaire accorde l'existence concrète à l'unité abstraite formée pour la commodité du langage et de la pensée. Un fait est pris pour une substance. Erigé en substance, considéré comme une entité réelle, ce fait, qui est une résultante et un effet, devient cause, cause du fait qu'il est en réalité, — *causa sui*. Ainsi la conception du *moi* en psychologie consiste, comme la notion Dieu en métaphysique, en une réalisation d'abstraits. Une création abstraite de l'intellect est considérée comme une création de la nature. Et cela se fait au moyen d'une interversion de l'effet en cause, de la conséquence en principe que le langage consacre. « Les mots et les idées nous mènent maintenant encore à nous représenter constamment les choses comme plus simples qu'elles

(1) *Par delà le Bien et le Mal*, p. 23.

ne sont... Il y a cachée dans le langage une mythologie philosophique qui à chaque instant reparaît, quelques précautions qu'on prenne (1). » Dans l'esprit du vulgaire, qui ne perçoit plus, sous l'unité du mot, la complexité du phénomène vivant, le langage fonde ainsi la superstition populaire. L'homme moderne croit à la réalité du moi, représentation fictive et résolution momentanée du conflit engagé entre la multiplicité des instincts, comme le grec ancien croyait à la réalité du dieu Pan, symbole de la diversité infinie des forces de la nature.

Le quiproquo que l'on vient d'expliquer engendre avec nécessité, cela se conçoit maintenant, tout l'imbroglio de la morale, avec la croyance au libre arbitre, au mérite, au démérite, à la responsabilité, avec le remords ou le contentement intérieur que cette croyance suscite,— toute cette fable de la morale, singulière, émouvante, risible et pitoyable, tragique, bouffonne et douloureuse, dont les hommes ne se lassent pas d'être les acteurs candides et convaincus. Une telle initiation entraîne un état de connaissance qui dépasse la négation du libre arbitre, puisqu'il montre la piperie et le malentendu au moyen desquels s'en forment naturellement l'illusion. Ne voit-on pas en effet que lorsqu'un instinct s'est rendu maître de tous ceux qui forment colonie dans le même corps et a accompli l'acte de son choix, il s'empare en même temps comme du drapeau de la colonie du *moi* qu'il fait flotter sur l'acte accompli et sur ses conséquences.

(1) *Le Voyageur et son ombre*, p. 132 (*Pages choisies*).

Il est libre naturellement puisqu'il est le plus fort. Mais la liberté a ici son sens usuel, elle n'est pas libre arbitre. La liberté est ici, ce qu'elle est partout, le privilège du plus fort, la conséquence d'un fait de domination. Qui est libre ici ? C'est l'instinct particulier qui domine tous les autres, non le *moi*, enseigne et drapeau, dont cet instinct s'est emparé, et qui appartiendra bientôt à un autre instinct si le précédent tyran est détrôné par un rival. Car ce rival s'emparera à son tour du *moi* symbole du pouvoir. Le *moi* revendiqué toujours par l'instinct le plus fort apparaît toujours en vainqueur et, de cette circonstance, naît l'illusion du libre arbitre chez qui réalise en une substance ce simulacre et cette enseigne.

Nietzsche, dans *Aurore*, nous fait assister à cette lutte des instincts, se disputant la suprématie dont la possession du moi est l'emblème. Il constate que la volonté de refréner un instinct, que les moralistes nomment empire sur soi-même, ne manifeste pas autre chose que l'entrée en scène d'un autre instinct luttant contre le premier. « Tandis que nous croyons nous plaindre de la violence d'un instinct, c'est au fond un instinct qui se plaint d'un autre instinct (1). » Et ce nouvel instinct attaque l'autre, au moment qui lui convient, avec les armes propres dont il dispose, et avec sa tactique particulière, en sorte que « la volonté de combattre la violence d'un instinct est en dehors de notre puissance, tout aussi bien que la méthode sur laquelle

(1) *Pages choisies*, p. 160.

on tombe et le succès que l'on peut avoir dans l'application de cette méthode (1) ».

§

Voici donc abolies dans la philosophie de Nietzsche, de la façon la plus radicale, les conditions d'une morale universelle, voici fermées hermétiquement toutes les fissures par lesquelles l'idée morale pouvait tenter de se glisser dans la science de la Connaissance. En métaphysique, point de chose en soi, pas de finalité de l'univers enseignant aux hommes ce vers quoi ils doivent tendre, leur signifiant ce qui est bien en soi et ce qui est mal; ainsi, pas de souverain bien, en sorte que si les hommes possédaient un libre arbitre, ils ne sauraient à quelle fin en user. En psychologie, pas de *moi*, mais des instincts luttant entre eux pour la puissance; pas de libre arbitre, — le mot même étant dépourvu de toute signification, puisqu'il serait la propriété d'un fantôme imaginaire, d'une abstraction, *le moi*, et non d'une volonté — en sorte que, s'il existait un souverain bien, les hommes ne seraient pas libres de l'atteindre, en sorte que les hommes ne seraient point responsables de tout ce qu'ils entreprendraient à l'encontre de l'idée du souverain bien ou en faveur de cette idée.

Nietzsche ne manque pas de tirer de ces prémisses métaphysiques et psychologiques les conclusions expresses qu'elles comportent et toute sa philosophie s'élève, tantôt avec violence, tantôt avec

(1) *Pages choisies*, p. 160.

ironie, contre l'idée kantienne de l'Impératif catégorique. « En vérité, proclame Zarathoustra, les hommes se donnèrent tout leur bien et tout leur mal. En vérité, ils ne le reçurent point, ils ne le trouvèrent point, il ne tomba pas comme une voix du ciel (1) », et Nietzsche, sans l'intermédiaire de son héros, exprime dans *Aurore*, d'une façon analytique, la même pensée, disant : « Jusqu'à présent la loi morale devait être placée au-dessus de notre gré : proprement on ne voulait pas se donner cette loi, on voulait la prendre quelque part (2). » C'est-à-dire que l'on prétendait assigner aux instincts une loi étrangère, différente de leur propre loi. Or les déductions de la métaphysique et de la morale ont établi qu'il n'existe aucun être à qui demander cette loi ou de qui la recevoir, et qu'un instinct n'obéit pas, en dehors d'une contrainte imposée par un autre instinct, et qui le brise et l'opprime, à une loi autre que la sienne.

Que reste-t-il donc debout dans le monde des activités humaines ? Des instincts issus d'une origine inconnue, mais pourvus d'une forme, d'une tendance déterminées, distincts les uns des autres, doués de plus ou moins de puissance. Dans l'intérieur de chaque être humain, de chaque groupe, de chaque race, une colonie d'instincts. Dès qu'une race, un groupe, un homme vivent, persistent dans la durée, ils témoignent par là qu'une hiérarchie s'est formée entre les divers instincts qui les habitent

(1) *Zarathoustra*, p. 76.
(2) *Pages choisies*, p. 157.

assignant à chaque instinct sa place et son rang parmi tous les autres. La description des rapports hiérarchiques qui se sont ainsi établis entre ces divers instincts formule un ensemble de manières d'être ; il est permis d'appeler cette description une morale. Mais on voit d'une part que cette morale n'a pas par elle-même de vertu, qu'elle ne semble impérative qu'en raison d'un équilibre de forces qui se tiennent les unes les autres en respect dans la limite où elles peuvent. Cet équilibre offre une certaine constance historique par où il peut illusionner, mais il ne comporte aucun caractère surnaturel. Il est le résultat d'un conflit d'activités en jeu et non une cause vivante et impérative, située en une région supérieure à des activités qu'elle commanderait. On voit d'autre part qu'au lieu d'une morale commune à tous il existe autant de morales sociales que de groupes sociaux, autant de morales individuelles que d'individus. « Celui-là, dit Zarathoustra, s'est découvert lui-même qui dit : Ceci est *mon* bien et *mon* mal. Par ces paroles, il fait taire la taupe et le nain qui disent : Bien pour tous, mal pour tous (1) »... « Cela est maintenant *mon* chemin, où est le vôtre ? Voilà ce que je répondais à ceux qui me demandaient « le chemin ». Car *le chemin*, le chemin n'existe pas (2). »

De la façon la plus absolue, point de morale universelle, point de morale au sens convenu du mot, telle est la conclusion de la science de la Connaissance telle que Nietzsche la formule sans restriction.

(1) *Zarathoustra*, p. 275.
(2) *Zarathoustra*, p. 277.

Il est essentiel, en enregistrant ces conclusions nihilistes, de se remémorer leur origine religieuse. Nietzsche a de cette origine une entière conscience: il considère l'athéisme comme la forme, la dernière apparue de l'idéal chrétien. Pour lui le principe du christianisme, consiste avant toutes choses, en la notion de sincérité à l'égard de soi-même. Or qu'est-ce qui a ruiné le Dieu chrétien? C'est « la notion de sincérité appliquée avec une rigueur toujours croissante ; c'est la conscience chrétienne, aiguisée dans les confessionnaux et qui s'est transformée jusqu'à devenir la conscience scientifique, la propreté intellectuelle voulue à tout prix (1). » Le même principe qui a eu raison du *dogme* chrétien doit avoir raison de la morale chrétienne. « La volonté de vérité, une fois consciente d'elle-même, ce sera — la chose ne fait nul doute, — la mort de la morale (2). » Ainsi c'est la notion de sincérité incluse dans la morale chrétienne qui a donné naissance au savant actuel, athée et négateur ; c'est ce savant qui doit être considéré comme le représentant le plus parfait de la culture chrétienne. Ses attaches manifestes avec l'idéal ascétique consistent en ce trait commun, qu'à la façon de l'ascète chrétien qui immolait ses instincts à Dieu, lui s'est créé un Dieu nouveau auquel il immole toutes choses : ce Dieu, c'est la Vérité.

Nietzsche va dépasser cet idéal nouveau. Il soumet à l'analyse le concept même de *vérité*, consi-

(1) Fréderic Nietzsche : *Généalogie de la morale*, p. 141 (*Aphorismes et fragments choisis*, par Henri Lichtenberger), éd. Alcan).
(2) *Ibid.*, p. 142.

déré jusque-là, à la manière dont le fut longtemps le Dieu ancien, comme supérieur à toute critique. Sous l'action de l'analyse, le concept de vérité se décompose et se dissout, le concept de vérité du moins, tel que l'envisageaient les savants objectifs. Ceux-ci le tenaient pour une mesure applicable à la substance des choses, pouvant servir à classer entre eux les phénomènes, à décider de leur prééminence et de leur bonté propre, à les atteindre dans leur réalité. Or c'est précisément là l'idée à l'égard de laquelle Nietzsche, d'instinct, se montre le plus hostile : « Il appartient au peuple, dit-il, mais non au philosophe, de croire que reconnaître soit connaître jusqu'au bout (1). » Il parle de son invincible méfiance à l'égard de la connaissance de soi, méfiance, dit-il, « qui m'a conduit si loin que je considérais même comme une contradiction *in adjecto* l'idée de la connaissance immédiate que les théoriciens se permettent (2) » ; et il estime ailleurs cette connaissance adéquate « cause de ruine (3) », ce qui s'accorde avec cette formule à laquelle aboutit toute sa philosophie, « le non-vrai pris comme condition de vie ».

Quelle est la base philosophique de ce parti pris? Cette idée qui a été exposée au chapitre deuxième de cette étude et qui, d'un point de vue métaphysique, laissant place à l'hypothèse de l'existence *d'une chose en soi*, a été exprimée sous cette forme : La chose en soi, unique en son essence,

(1) *Par delà le Bien et le Mal*, p. 19.
(2) *Ibid.*, p. 241.
(3) *Ibid.*, p. 49.

ne pouvant prendre connaissance d'elle-même qu'en se divisant en objet et en sujet, brisant son unité pour se saisir dans la diversité phénoménale, se conçoit nécessairement autre qu'elle n'est. De ce point de vue métaphysique, le mensonge de toute représentation apparaît comme inhérent à la nature des choses. A cela les anti-métaphysiciens répondent que ce mensonge n'est établi que par rapport à une chose en soi dont ils ne reconnaissent pas l'existence. Cela est juste, mais supprimée cette chose en soi, il ne reste plus qu'une suite de phénomènes dont on ne saurait dire s'ils sont mensongers et s'ils diffèrent quant à leur objet de la signification qu'ils prennent pour le sujet, puisqu'ils n'existent d'une façon certaine que comme phénomènes et qu'on ne saurait, sans tomber dans l'illusion populaire, leur accorder une existence purement objective. Ici donc il n'est plus question d'une équation, on ne trouve plus en présence deux termes entre lesquels estimer un rapport de différence ou de ressemblance, on ne rencontre plus un objet et son image, mais seulement un phénomène qui est ce qu'il est. Dès lors la notion même de vérité est supprimée d'une façon plus radicale encore que dans la précédente hypothèse métaphysique. Les mots objet et sujet sont de pures fictions, et il n'existe au monde que des faits de conscience indécomposables.

Les faits de conscience sont les seules réalités, ils sont tous des réalités au même degré, et il n'y a pas à distinguer entre eux s'ils sont plus ou moins vrais les uns que les autres, une telle préoccupation n'a plus aucun sens. La seule opération qu'il soit possible d'instituer à leur sujet consiste à réunir sous un même groupe les réalités pareilles, c'est-à-dire les faits conçus identiques par toutes les consciences et cette similitude n'existe, d'une façon complète, qu'entre ceux qui intéressent le mécanisme même du fait de conscience. En détournant le mot de son sens métaphysique, la philosophie critique a nommé *vérités* les faits de conscience de cet ordre : ils forment la catégorie des vérités logiques, mathématiques, géométriques. Mais cette notion nouvelle de *vérité*, limitée au mécanisme du fait de conscience, perd toute application à l'égard du fait de conscience lui-même. Il y a plus, c'est à travers l'appareil de ces vérités logiques, mathématiques, géométriques, sous l'action de la cause et de l'effet, du temps et de l'espace que les réalités acquièrent leur aspect multiple, énigmatique, changeant, qu'elles se diversifient, se montrent irréductibles les unes aux autres, et que, rebelles à tout pourquoi, elles dissimulent leur origine. C'est par la vertu même de cette forme universelle du fait de conscience que le savant s'engage dans le labyrinthe sans fin de l'enchaînement causal ou se heurte à des réalités inflexibles, telles les propriétés atomiques qui ne permettent pas qu'on les dépasse, et se tiennent comme des gardes inflexibles sur le seuil du mystère, sourdes, muettes, incorruptibles, ne donnant d'elles-mêmes aucune justification, sinon qu'elles sont cela.

Ainsi sous l'action de cette double analyse, du point de vue métaphysique comme du point de vue phénoméniste, la vérité perd son intérêt, son prestige, et sa divinité. Du premier point de vue, elle implique contradiction, du deuxième, elle ne régit qu'une catégorie de réalités indifférentes à l'humanité. Tout ce qui passionne, tout ce qui est objet de desir ou d'aversion, tout ce qui vit, est irréductible à la notion de vérité de par les lois mêmes de la Connaissance, les seules sur lesquelles les hommes se rencontrent en un accord universel. En morale plus qu'en toute autre matière, la notion de vérité doit être écartée pour faire place à la notion de réalité, car c'est dans ce domaine que le fait de conscience se montre sous son aspect le plus insaisissable.

Telle est la conclusion dernière de Nietzsche, et c'est pourquoi sa dernière paraphrase du nihilisme de la Critique se trouve en des chants d'amoureux adressés par Zarathoustra à la Vie, à la Vie sans cause, à la Vie sans but, à la Vie enveloppée tout entière dans l'étoffe capricieuse de sa seule réalité (1).

III

« Vraisemblance mais point de vérité, apparence de liberté, mais point de liberté, c'est par ces deux faits que l'arbre de la science ne risque pas d'être confondu avec l'arbre de la Vie (2). » Cette remar-

(1) *Zarathoustra; le Chant de la danse*, p. 147; *l'autre Chant de danse*, p. 319.
(2) *Pages choisies*, p. 122.

que, dans *le Voyageur et son ombre*, révèle chez Nietzsche le triomphe définitif de l'Instinct de Connaissance, dont on vient de dire les conclusions. Elle va à sanctionner, comme une nécessité, l'intervention, au principe de toute manifestation vitale, du mensonge et de l'illusion. Or qui a conscience de cette nécessité s'est déjà retiré de la Vie. Le propre de l'illusion est de ne point se reconnaître pour telle, mais de se tenir pour vérité. Il n'est possible, d'autre part, d'avoir pleinement conscience des conditions fatales de l'acte volontaire que lorsque cet acte voit défaillir l'énergie qui le suscite; il s'accomplit alors dans des conditions de faiblesse et de lenteur qui permettent à l'esprit de décomposer son mécanisme.

Quelle va être l'attitude du philosophe privé du pouvoir de s'illusionner, dominé entièrement par l'Instinct de Connaissance ? A quels actes, à quelle pratique sera-t-il déterminé logiquement ? Une morale étant l'ensemble des actes commandés par une conception donnée de la vie, quelle sera la morale propre à l'état de connaissance pure?

On peut procéder ici par élimination et si, après avoir écarté tous les modes d'activité qu'exclut l'état de connaissance pure, il reste quelque mode qu'il tolère et contre lequel il n'ait pas d'arguments, il y aura lieu de penser que cette activité spéciale, qui résiste à son analyse et qu'il ne peut détruire, est celle-là même qui anime l'Instinct de Connaissance et sans laquelle il n'y aurait pas de connaissance possible. Or l'esprit qui accepte dans ses dernières conséquences les conclusions de la science de la

Connaissance sait que tous les phénomènes, une fois apparus, s'enchaînent selon le mécanisme inflexible de la cause et de l'effet; il sait que ces phénomènes s'élèvent de l'inconnaissable, qu'il est impossible de les susciter, ni, une fois qu'ils sont apparus, de les modifier; il sait que le moi est lui-même un de ces phénomènes, en sorte que toute ingérence, par où il prétend intervenir, est elle-même impliquée dans la série fatale des effets et des causes; il sait enfin que ces phénomènes ne souffrent point d'être comparés entre eux au point de vue d'un mètre de vérité, ou de bonté. Quel intérêt de nature à lui donner conscience de lui-même, à le déterminer lui-même comme phénomène, quel intérêt pourra prendre un tel esprit à considérer cet écoulement des phénomènes? Tous les autres mobiles ayant été écartés, il n'en demeure qu'un, à savoir que cet esprit, à qui la science de la Connaissance défend de jamais intervenir, s'intéresse à la Vie comme à un spectacle. Il reste alors ceci : que la Vie, inexplicable au point de vue de la raison, se justifie par sa valeur représentative. Que la Vie soit un spectacle pour un spectateur, ceci en effet peut être le mot de l'énigme, ceci est le mot de l'énigme pour celui en qui l'Instinct de Connaissance a conquis la suprématie.

Or quelle qualité est-on en droit d'exiger d'un spectacle? C'est qu'il soit beau, et il se trouve aussi qu'au regard du connaisseur qui a passé au crible de la critique tous les concepts de finalité, de bien suprême, de vérité, de justice, qui les a éprouvés sans consistance et inconciliables avec la vie, un seul concept demeure intact et c'est aussi celui de la beauté. N'en faut-il pas conclure que le sentiment du beau est celui-là qui demeure dans l'esprit, en face des phénomènes, après que l'esprit a reconnu le caractère illusoire de tout effort tenté pour les influencer, après qu'il a cessé d'être dupe de sa propre activité et a rompu entre lui et les choses tous les liens ordinaires, tous les rapports d'utilité matérielle ou morale? La beauté donc, devra-t-on dire, est la sensation attachée à l'exercice de l'Instinct de Connaissance pure. Elle est la sensation de joie qui rend la perception possible, celle qui a le pouvoir de mettre le connaisseur en relation avec l'univers et de faire surgir pour lui le monde comme représentation.

On a noté déjà que la conception de la Vie comme phénomène esthétique est commune à Schopenhauer et à Nietzsche. Lorsque celui-ci se l'approprie, sur le seuil de sa propre pensée philosophique, il tient Schopenhauer pour un éducateur, son admiration pour le grand homme ne s'est pas encore atténuée, il est encore pessimiste. Que le monde n'ait pas de but, que l'aspiration du désir ne puisse se reposer en un souverain bien, que la vie soit dédiée à la lutte, à l'écrasement des faibles par les forts en vertu d'une loi fatale, tout cet ensemble de pensées est perçu par lui en douleur. Mais à la différence de Schopenhauer, l'interprétation du monde comme phénomène esthétique, en lui donnant une explication, le sauve du pessimisme, engendre chez lui une attitude contraire : l'amour de la vie. C'est ici que les deux philosophes se séparaient. Pour Schopenhauer le sentiment du beau, c'est la joie engendrée par la découverte du caractère illusoire de la vie ressentie comme douloureuse. La vie douloureuse en son essence, c'est là son point de départ; et pour lui, comme pour les Hindous, la vie illusoire, telle est la contre-partie et le contre-poison de cette première proposition. La science de la Connaissance, en révélant le caractère illusoire de la vie, détermine donc nécessairement une joie profonde et intense chez celui qui, ressentant la vie comme une souffrance, la croyait en même temps réelle. Avec Schopenhauer, avec les Hindous, la Connaissance réveille toujours le dormeur au moment d'un cauchemar, en sorte que la joie esthétique est la joie même qu'il éprouve à reconnaître, en ce qu'il prenait pour une réalité torturante, une fiction et un spectacle.

L'inversion de la douleur ressentie par la volonté agissante en la joie qu'elle éprouve dès qu'elle se fait spectatrice de sa propre action est aussi pour Nietzsche le principe de la joie esthétique. « Et voici ce que je me suis souvent dit en consolation, s'écrie Zarathoustra. Eh bien : allons, vieux cœur ! Un malheur ne t'a pas réussi, jouis-en comme d'un bonheur (1). » — C'est-à-dire : toi qui as pâti comme acteur, jouis maintenant comme spectateur. Mais pour Schopenhauer l'émotion de beauté n'est qu'un sentiment de transition. A la joie de la délivrance fait place, chez l'être que la Vie a meurtri, la résolution de ne pas se prêter à un jeu nouveau :

(1) *Zarathoustra*, p. 202.

il renie le désir qui une première fois l'a induit à vouloir la Vie et le renoncement absolu détermine en lui la fin de la vie phénoménale, le nirvana hindou ou l'anéantissement en Dieu du chrétien. Pour Nietzsche, au contraire, le sentiment esthétique compense chez celui qui l'éprouve toute souffrance endurée, au cours du drame représenté par les instincts. La beauté est rédemptrice de toute douleur.

§

C'est ce point de vue qui a donné naissance chez Nietzsche à la conception de l'esprit Apollinien et à celle de l'esprit Dionysien. Dans une critique de soi-même, écrite dans les dernières années de sa vie, il oppose ces deux conceptions, développées seize ans plus tôt dans son premier ouvrage, à l'idéal chrétien. « Le christianisme, dit-il, est par principe essentiellement et radicalement satiété et dégoût de la vie pour la vie, qui se dissimulent, se déguisent seulement sous le travesti de la foi en une autre vie, en une vie meilleure (1). » Le christianisme essentiel, comme le Bouddhisme, conclut à l'anéantissement. Or le Grec, selon Nietzsche, ressent, avec une sensibilité aussi vive que l'Hindou ou le chrétien, la douleur de vivre. Il a entendu la réponse de Silène, le compagnon de Dionysos, au roi Midas, lui demandant quel est le plus grand bien pour l'homme. « Race d'éphémères misérables, fils du hasard et de la peine, pourquoi me contrains-tu

(1) *Pages choisies*, p. 14.

à dire ce qu'il ne te sera pas agréable d'entendre ? Le bien suprême à jamais inaccessible pour toi c'est de n'être pas né, de n'être pas, de n'être rien. Le bien qui vient ensuite, c'est pour toi de mourir bientôt (1). » Mais en vertu d'un don de vitalité supérieur, le Grec surmonte la douleur que comporte la vie et pour cela il se crée un moyen : l'art.

Entre la réalité blessante et sa sensibilité trop vive, il interpose le monde de la représentation plastique et voici l'art Apollinien. Avec l'art Apollinien, le soupçon du caractère fictif de la vie phénoménale s'insinue en libérateur dans l'esprit de l'artiste. C'est dans le rêve, selon Nietzsche, que les images des dieux qu'il gravera dans le marbre se manifestent pour la première fois à son esprit. Il prend l'habitude d'observer son rêve : il y voit flotter le reflet de ses joies, mais aussi de ses terreurs et de toutes les menaces qui pèsent sur lui. « Ces scènes il les vit et les souffre — et cependant sans pouvoir écarter tout à fait cette impression fugitive qu'elles ne sont qu'une vision (2). » Ce soupçon d'irréalité suffit pour qu'il s'intéresse à son rêve, pour qu'il veuille le continuer, pour que ce rêve devienne pour lui spectacle. Lorsqu'il le transpose et le fixe ensuite dans le marbre, il le situe, par là même et complètement, hors de la vie, hors de toute atteinte possible de la douleur. Par ce caractère d'irréalité qu'il lui impose, plus fortement que dans le rêve, il le rend propre à susciter l'idée seule de la beauté, même lorsqu'il représente les gestes de la souffrance et de l'angoisse. C'est par

(1) *Aphorismes et fragments choisis*, p. 3.
(2) *Pages choisies*, p. 20.

là que l'art Apollinien délivre l'homme de la douleur, — par la victoire sur la douleur, en convertissant la douleur en joie, — au lieu de le délivrer par la fuite hors de la vie à la manière de la morale chrétienne. « Prendre la vie comme un jeu », voici ce que l'Art a appris aux Grecs. « Le sérieux, dit Nietzsche, leur était trop connu pour une douleur,... et ils savaient que, par l'art seul, la misère même pouvait devenir jouissance (1). » L'art tient donc ici la place que tient la morale dans la conception socratique, puis dans la conception chrétienne. « C'est l'art et non la morale, dit Nietzsche, parlant de son premier livre, qui est représenté comme l'activité essentiellement métaphysique de l'homme (2). »

Au moyen de l'art Apollinien les Grecs ont appris à enchaîner les réalités les plus redoutables dans la pesanteur, dans l'immobilité du marbre, dans les liens d'une représentation plastique où ils ont pu les contempler sans danger. Ils ont su jouir comme d'un spectacle de la beauté des choses les plus terribles. L'art Dionysien leur a appris quelque chose de plus; il a soulevé pour eux le voile de la Maïa hindoue. Sous l'empire d'une ivresse sacrée, le sentiment s'éveille chez l'homme de son identité avec toutes les formes de l'Univers et la joie de cette initiation s'exhale dans le chant des hymnes. Tandis que dans l'art plastique l'homme reproduit, par la ligne et le contour, les déguisements multiples sous lesquels la Vie se manifeste à lui dans les formes

(1) *Humain, trop humain*, traduit p. A. M. Desrousseaux, p. 189 (Ed. du Mercure de France).

(2) *Pages choisies*, p. 12.

extérieures, l'art Dionysien résorbe, en un mode d'expression unique, le chant humain, l'infinie diversité des phénomènes : ainsi il brise le mirage de leur dissemblance et les réduit à l'unité du sujet qui les perçoit comme visions, les éprouve comme sensations, et, à ce double titre, les crée. Ce que l'art Dionysien ajoute à l'art Apollinien, c'est la conscience chez l'artiste de l'identité du spectacle et du spectateur. Dès lors l'homme se conçoit comme le propre créateur de toute la douleur dont l'univers regorge. C'est lui qui la subit, mais c'est lui-même aussi qui la contemple, et c'est là pour lui la justification de la Vie. Initié au mystère de son identité avec toutes les choses, la beauté du drame de la vie lui compense désormais intégralement la souffrance qu'il assume comme acteur de la représentation.

C'est l'union de l'esprit Apollinien et de l'esprit Dionysien qui, selon Nietzsche, a donné naissance à la tragédie grecque. La conception pessimiste de la vie qui s'y manifeste, l'inéluctable destin que l'on y voit peser sur tous les actes, qui marque d'un sceau religieux les événements les plus cruels, qui incline toute morale sous le faix de la nécessité et divinise l'horrible, cette conception pessimiste « chez les Grecs de l'époque la plus forte, la plus vaillante » (1), s'explique par l'initiation dionysienne. C'est elle qui permet au Grec d'affronter le réel. Il sait grâce à elle percevoir le caractère fictif des maux les plus atroces et il exprime, dans la représentation tragique, cette conscience par où il asservit la douleur à être pour lui motif de joie contemplative.

(1) *Pages choisies*, p. 8.

Avec le Grec, tel que Nietzsche l'a imaginé, afin de l'instituer le protagoniste de sa propre pensée, l'intelligence libérée de sa servitude à l'égard de la vanité du but, des mirages de l'espace et du temps, de l'illusion de la diversité, manifeste, par la production de l'art, qu'elle a pris possession du sens de la Vie comme phénomène esthétique. Par la production de l'œuvre d'art, elle annonce qu'elle s'est retirée de la scène où elle agissait sous l'empire de l'illusion et qu'elle s'est fixée en spectatrice sur les rives du devenir, au bord du fleuve où les barques, chargées de masques et de valeurs inventées par la folie de Maïa, continuent de descendre le courant parmi tous les bruits de la Vie. — Cette conception, attribuée par Nietzsche au Grec de la période tragique, est aussi celle-là même qui a été développée en une précédente étude sur le Bouddhisme en Occident (1): on a montré alors comment la révélation de l'irréalité du phénomène, principe du suicide chez une race déprimée, est le prétexte d'une vie nouvelle chez l'occidental pourvu d'une surabondance d'énergie. On a montré, avec l'exemple particulier de Jean Lahor et de ses beaux poèmes dédiés à l'Illusion, comment une sensibilité d'occidental, qui percevait la vie en douleur, se transforme, à la suite de cette initiation, en une sensibilité esthétique, avide de perpétuer le spectacle, de le décrire, de l'évoquer et qui, avec la même ardeur dont, aveugle, elle maudissait la Vie pour sa cruauté, avertie maintenant et reçue dans la confidence, adore et célèbre la Vie pour sa beauté.

(1) *Mercure de France*, fevrier 1898.

§

Ainsi l'œuvre d'art est la suprême explication de la Vie. Là où l'idée de bien, là où l'idée de vérité ont échoué et ont dû confesser leur inanité, le concept de la beauté réussit à résoudre l'énigme. A l'heure la plus claire, à l'heure du plein midi, la sérénité esthétique, dominant l'illusion de toute douleur, éveille dans l'âme du connaisseur le sens et l'amour de la vie. La morale du connaisseur sera donc entièrement opposée à celle des hommes encore en proie à l'illusion de Maïa. Ceux-ci, en dernier ressort, voudront la justice, la paix, la douceur, la fraternité entre les hommes, tout ce qui est propre à diminuer dans la Vie l'intensité de la douleur, à faire les hommes pareils entre eux. Inconsciemment, d'un vœu secret pour eux-mêmes, ils recherchent les attitudes pour mourir ; ils préconisent tout ce qui est propre à mettre fin à la diversité , tout ce qui tend à plonger la Vie dans le sommeil de l'identité des êtres et des choses. Croyant perfectionner la Vie, la rendre meilleure et plus humaine, ils travaillent à l'abolir.

Le connaisseur au contraire aimera voir la Vie, et la vie humaine aussi, stimulée de plus d'ardeur, de plus de vanité, de plus d'amour de soi, de plus de frénésie, comme un lecteur de roman est avide de plus d'intrigues, de plus d'aventures, et se dégoûte de ces proses plates où rien n'arrive. Qu'il y ait des instincts tributaires de la joie et de la douleur physique, de la joie et de la douleur morale, que l'illusion de la justice et des concepts de l'idéologie vienne fausser, fomenter, embrouiller et attiser le jeu des instincts primitifs, l'Instinct de Connaissance s'en réjouit, car il est bon que le drame qu'il contemple soit intense et varié. Il est bon aussi que les acteurs soient dupes de leur personnage afin que le drame soit bien joué, afin que le but de la Vie, être applaudie par le spectateur, soit réalisé. C'est pourquoi le connaisseur aime les vaniteux. « Pour que la vie soit bonne à regarder, dit Zarathoustra, il faut que son jeu soit bien joué : mais pour cela il faut de bons acteurs. J'ai trouvé bons acteurs tous les vaniteux : ils jouent et veulent qu'on aime à les regarder ; — tout leur esprit est dans cette volonté. Ils se représentent, ils s'inventent ; auprès d'eux j'aime à regarder la vie, — ainsi se guérit la mélancolie. C'est pourquoi je ménage les vaniteux, puisqu'ils sont les médecins de ma mélancolie et puisqu'ils m'attachent à l'homme comme à un spectacle (1). » Mais le connaisseur aime surtout les méchants. « Ceci, dit Zarathoustra à ses disciples, est ma troisième sagesse humaine, que je ne laisse pas votre timidité me dégoûter de la vue des *méchants*. Je suis bien heureux de voir les miracles que fait éclore l'ardent soleil : ce sont des tigres, des palmiers et des serpents à sonnettes. Parmi les hommes aussi il y a de belles couvées d'ardent soleil et chez les méchants bien des choses merveilleuses (2). »

§

La vie étant un spectacle qui veut un spectateur,

(1) *Zarathoustra*, p. 202.
(2) *Zarathoustra*, p 203.

la vertu du philosophe consistera tout entière à être ce spectateur. Tout son effort ira à hypertrophier en lui les qualités du spectateur. Il lui faudra mettre entre lui et la scène où le drame se déroule le recul nécessaire, il devra détacher son moi de tout ce qui n'est pas joie contemplative, s'abstraire de toute joie directe prise aux actes, retrancher de lui-même tout appétit destiné à satisfaire un instinct autre que l'Instinct de Connaissance. Aussi doit-il s'interdire tout appétit de moralité où assouvir les désirs de son cœur aussi bien que tout appétit passionnel. Car tous ces instincts dépassés ne peuvent être traités par lui que comme les moyens d'un plaisir plus raffiné. Ils sont les acteurs de son théâtre : et s'il les applaudit pour la perfection de leur jeu, il ne peut être dupe de leurs plaintes, ni de leurs soupirs, ni de la présomption de leurs pensées et des mille petits buts qu'ils assignent à la Vie. « Je ne suis que variable et sauvage et femme en toutes choses, dit la Vie, je ne suis pas une femme vertueuse, quoique je sois pour vous autres hommes la « profonde » ou la « fidèle », l'« éternelle », la « mystérieuse ». Mais vous autres hommes, vous nous prêtez toujours vos propres vertus, hélas ! vertueux que vous êtes (1).» Le Connaisseur qui a entendu cet aveu de la Vie s'en tient à la contempler dans son inépuisable variété. Il ne lui demande plus autre chose que d'être belle et de réaliser la beauté dans une intensité d'énergie toujours croissante.

(1) *Zarathoustra*, p. 148.

Le moment où le connaisseur s'élève jusqu'à la perfection esthétique en laquelle consiste toute sa moralité a pour cause déterminante la concentration de l'énergie totale dont il est doué dans le seul Instinct de Connaissance. L'évolution de l'activité universelle de l'un vers l'autre de ses modes dont les phases ont été précédemment décrites, à défaut d'un accomplissement métaphysique, reçoit ici une consécration psychologique; elle s'achève et se parfait dans l'esprit du spectateur. Toute l'énergie qui l'anime a déserté maintenant celui de ses modes où elle se dépensait en actes. Et voici que peu à peu ces activités qu'elle engendrait et qui figuraient sur la scène du monde perdent leur pouvoir d'illusionner. Leur jeu se ralentit, la dernière force qui les animait les délaisse, la cause anémiée n'a plus le pouvoir de s'objectiver dans le devenir en de nouveaux phénomènes. Tout mouvement s'arrête et l'ensemble des activités passées et futures se fige dans l'immédiat présent en la pose immobile et souveraine de l'œuvre d'art. Le spectateur, jouissant, à l'heure de la plus grande clarté, de la connaissance la plus parfaite, initié aux artifices de la représentation phénoménale, délivré de l'illusion et libre de toute crainte, contemple avec une joie entière, parmi les perspectives de l'espace, parmi la fable de la durée, l'immense tableau des activités groupées chacune dans le costume de son rôle, figurant avec des gestes feints d'une admirable précision, dans le décor infiniment varié des formes matérielles, le jeu suprême de l'âme, émouvante en tous ses rôles, soit qu'elle mime le déchaînement des instincts, la contrainte des morales ou l'effort de la pensée vers les philosophies. En présence d'un spectacle aussi sublime, le spectateur est bien loin de l'attitude de renoncement conseillée par Schopenhauer. Gonflé de toute la sève de l'Univers, dans la jouissance plénière de son instinct de connaissance, loin qu'il songe à faire cesser le spectacle, il veut le contempler toujours; il applaudit, il exulte, il veut que le spectacle recommence sans cesse, qu'il dure toujours. Il veut la vie éternellement et telle qu'elle est. Il est toute une salle debout, et soulevée d'enthousiasme, exigeant de ses bravos et de ses cris que le drame recommence.

Ainsi, d'un tel point de vue, l'Univers phénoménal trouve son explication dans le phénomène lui-même et en dehors de toute métaphysique. Le seul phénomène esthétique supporte et retient tous les autres prêts, sous l'action de la douleur, à s'abîmer dans le néant. Il rachète même le passé, le « ce fut » à quoi se heurtent « le grincement de dents et la plus solitaire affliction de la volonté » (1). La volonté assigne au passé une valeur esthétique; elle lui donne un sens; à la manifestation de ce pouvoir, par où elle intervient, elle reconnaît dans le passé son œuvre; à ce signe elle se reconnaît elle-même créatrice de tout le passé. C'est pourquoi Zarathoustra enseigne : « La volonté est créatrice. Tout ce qui fut est fragment et énigme et épouvantable hasard, jusqu'à ce que la volonté créatrice ajoute : « Mais c'est ainsi que je le veux. C'est ainsi que je le voudrai (2). »

(1) *Zarathoustra*, p. 197.
(2) *Zarathoustra*, p. 19.

En dernière analyse, la morale de la science de la Connaissance se formule donc en un principe de stricte esthétique : Devenez, promulgue-t-elle, bon spectateur de l'Univers, que l'Univers soit pour vous un spectacle. Sachez transmuer toute sensation en perception, retirez votre moi de toutes les sensations étrangères, non pour renier la Vie, mais pour la percevoir en une sensation unique de beauté, mais afin de l'aimer et de la vouloir pour sa beauté : *amor fati*. Ceci en effet n'est plus de la résignation : c'est de la joie, c'est le chant d'ivresse de Zarathoustra. C'est le rire et la danse de Zarathoustra au-dessus de toutes les choses délivrées de l'esprit de lourdeur, délivrées de la servitude du but, de la conséquence et de la nécessité. Le renoncement de l'acteur devenu l'égoïsme du spectateur, veut et soutient l'Univers dans le ciel de la beauté.

IV

Avec les premiers développements de la pensée de Nietzsche, tels qu'ils viennent d'être exposés, l'Instinct de Connaissance a rencontré le philosophe qui devait, le rendant maître de la puissance, interpréter le monde selon sa volonté. Mais il faut rappeler ici qu'au début de cette étude, et tout en faisant l'aveu d'un parti pris en faveur de l'Instinct de Connaissance, on prophétisait, au nom même de la Connaissance, le triomphe nécessaire de l'Instinct vital, créant toujours sur les ruines des mensonges anciens les modalités d'une illusion nouvelle.

Nietzsche lui-même a pris soin de justifier cette prévision. Promulguer les lois de la science de la Connaissance pure, les aimer pour leur cruauté d'abord, puis pour leur beauté, ce n'est là qu'un premier état de sa pensée philosophique. Il a depuis évolué vers une autre conception ; il a pris parti pour l'Instinct vital, dont il semblait avoir compromis l'existence, et s'est ingénié à le fortifier. On dira plus loin les raisons et les motifs qui justifient ce changement. On va d'abord rechercher sa cause physiologique.

Toute philosophie, a-t-on dit avec Nietzsche, est l'objectivation d'un tempérament qui a pris conscience de lui-même. C'est un paysage mental, que fait surgir, dans un décor de motifs, un état physiologique donné. L'état de tempérament particulier à Nietzsche, a-t-on ensuite observé, est celui qui est caractérisé par la suprématie de l'Instinct de grandeur, servi par la cruauté à l'égard de soi-même. Jusqu'ici cet instinct a été, chez le philosophe, le principe du mouvement de sa pensée, il l'a transporté d'un lieu vers un lieu plus élevé, et c'est au cours de cette émigration vers des régions toujours plus cruelles et plus froides qu'il a rencontré, aimé et décrit la région où l'arbre de la Connaissance croît dans la solitude. Mais cet instinct de grandeur n'a pas jusque-là pris conscience de lui-même ; il ne s'est pas décrit, il n'a pas encore glorifié en une philosophie sa propre tendance. C'est maintenant ce qu'il va accomplir. Au lieu donc de nous faire le récit des coutumes et des mœurs propres aux contrées qu'il traverse, il va dire son propre mécanisme, exposer le rythme même du mouvement qui l'anime. Le moyen de la grandeur, ce par quoi on s'élève au-dessus de soi-même, ce par quoi on marche au-dessus de sa propre tête, le pouvoir de se contraindre et de se contredire soi-même, voici ce que Nietzsche va célébrer maintenant au cours de cette philosophie épique qui trouve dans le *Zarathoustra* son expression parfaite.

Quel moyen l'homme emploie t-il pour élever les eaux des fleuves au-dessus de leur propre niveau? Il forme des barrages qui s'opposent à leur courant et le contredisent. Aussitôt les eaux, qui s'écoulaient vers le bas selon la pente naturelle du sol, dirigent vers le haut leur effort; elles s'amassent et s'élèvent continument pour surmonter la digue qui fait obstacle à leur cours. Comme ces écluses qui exhaussent la surface des eaux, créant pour le bateau une profondeur artificielle et le soulevant jusqu'à lui faire surmonter les collines, la contradiction de soi-même rassemble des réservoirs et des lacs d'énergie qui soulèvent la volonté au-dessus d'elle-même. C'est par ce pouvoir d'endiguer l'exubérance des instincts, c'est par cette science d'ingénieur habile à construire des écluses pour la volonté, que Nietzsche s'est élevé d'une conception de bonheur épurée déjà, située hors du temps présent dans un pouvoir d'imaginer créateur de la foi, jusqu'à une conception de vérité qu'il a surmontée encore pour se fixer en un état de Connaissance pure.

Mais cette dernière étape, commencée dans la peine et dans l'effort, comme les précédentes, comme les précédentes aussi, s'est achevée dans la joie. Toute la douleur que comportait pour Nietzsche l'abandon des idées morales anciennes étant épuisée, la force qui le soulevait est aussi dépensée et le voici immobile sur le plateau de la joie esthétique qu'il vient d'atteindre, se reposant en toute sérénité dans la contemplation de la beauté. Dans un tel état, l'instinct de grandeur qui l'anime ne trouve plus son emploi et comme il est le maître véritable de cette colonie d'instincts qui composent le moi du philosophe, comme c'est lui qui tour à tour a délégué la puissance à l'instinct religieux, à l'instinct de vérité, puis à l'Instinct de Connaissance, il va retirer cette puissance au dernier de ses représentants et régner lui-même sous son nom. La cruauté envers soi-même va s'exercer maintenant sans feinte, non plus sous couleur de réaliser le vœu de quelque instinct particulier, mais pour servir le seul instinct de grandeur dont l'aspiration unique est de s'élever et après qu'il s'est élevé, de s'élever de nouveau, encore et toujours. Sitôt donc que se manifestera dans le moi quelque instinct joyeux, l'instinct de grandeur posera sur cette joie la contradiction d'elle-même comme une marche vers la hauteur, puis guettera aussitôt quelque joie nouvelle pour l'immoler encore et faire de sa dépouille un nouveau degré. Car l'Instinct de grandeur ne monte pas vers un but, il monte vers la hauteur, continument et sans limite, vers la hauteur qui ne peut jamais faire défaut à son aspiration. La vie est « ce qui doit toujours se surmonter soi-même ». Tel est le principe et tel est le sens unique de la dernière philosophie de Nietzsche. Zarathoustra se montre le réalisateur et le héros de cette tendance de la Vie. « Je suis cela, dit-il, dès l'origine jusqu'au fond du cœur, tirant, attirant, soulevant et élevant, un tireur, un dresseur et un éducateur (1)... »

Tel est aussi le sens unique du surhumain. Le surhumain n'est pas quelque but particulier : comme le royaume de Dieu, annoncé par Jésus, le surhumain est un symbole. Tout chrétien qui réalise en lui-même un état de renoncement parfait possède déjà le royaume de Dieu. Mais tout homme qui fixe pour tâche à sa volonté l'effort de s'élever sans cesse au-dessus d'elle-même, réalise en lui le surhumain. « La vie est ce qui doit toujours se surmonter soi-même, » c'est par application de ce principe que Zarathoustra enseigne : « Le surhumain est le sens de la terre (2) », et toute la valeur de cette définition est dans le *sursum* qui assigne à l'homme sa direction. « Ce qu'il y a de grand dans l'homme, c'est qu'il est un pont et non un but (3). » Dans le surhumain, c'est l'aspiration vers la hauteur qui seule est glorifiée, mais l'espèce supérieure que, par le moyen de cette aspiration fervente, l'homme pourrait engendrer, cette espèce supérieure ne marquerait pas l'accomplissement de la destinée ; elle serait elle-même et de nouveau soumise à la loi morale de gravitation vers la hauteur. Il lui faudrait disparaître à son tour et faire place à une forme plus haute.

Le surhumain, selon M. Lichtenberger, serait

(1) *Zarathoustra*, p. 335.
(2) *Zarathoustra*, p. 8.
(3) *Zarathoustra*, p. 11.

l'état réalisé par l'homme après qu'ayant détruit la table des valeurs qui fixe actuellement le rang parmi les choses et détermine la hiérarchie des vertus, il l'aurait remplacée par une autre. C'est en effet le but actuel que Nietzsche propose à l'humanité, mais ce n'est qu'un but de circonstance; sitôt atteint, ce but confessera sa vanité, et un but plus lointain, contraire peut-être, s'offrira à l'effort pour tendre de nouveau le ressort de la volonté. C'est par là que la philosophie de l'Instinct de grandeur se différencie de toutes les conceptions précédentes : elle ne comporte aucune présomption de finalité. Elle est la glorification épique de l'un des modes essentiels de la Vie; du mode selon lequel la Vie évolue sans cesse vers le futur. La Vie, pour Nietzsche, consiste uniquement dans ce mouvement sans terme, dans le fait même de cette évolution. C'est dans cette allure, dans cette démarche et dans cette danse qu'il parvient à entrevoir l'essence et l'âme de la Vie. C'est de cette grâce, de ce caprice et de cette ardeur qu'il s'éprend, et sa philosophie de l'Instinct de grandeur s'élance à la poursuite de cette course dont le but n'est nulle part, sinon dans une accélération sans fin de son propre élan et dans une frénésie toujours croissante.

§

Il n'est pas, a-t-on dit, de morale universelle, mais toute volonté engendre son désir et sa répulsion, toute chose vivante se crée ainsi son bien et son mal. Qu'est-ce donc que le bien pour l'Instinct de grandeur et qu'est-ce que le mal? Le bien c'est tout ce qui est propre à tendre la volonté, à la rendre plus forte, à la soulever vers le haut. « Notre chemin, dit Zarathoustra, va vers en haut, de l'espèce à l'espèce supérieure (1). » Le mal, c'est tout ce qui est de nature à affaiblir la volonté, c'est tout ce qui décèle un amoindrissement de l'énergie. « Quelle chose, demande Zarathoustra, nous semble mauvaise et la plus mauvaise de toutes? N'est-ce pas la dégénérescence (2)? »

Il n'est pas pour l'instinct de grandeur d'autre bien et d'autre mal que ceux-là. Il n'est pas d'autre vertu que celle qui consiste à accroître la puissance de la volonté, et le moyen par lequel on accroît la volonté, c'est, ainsi qu'on l'a dit, l'exercice de la cruauté à l'égard de soi-même. « Devenez durs », dit Zarathoustra aux hommes supérieurs. Ainsi la cruauté à l'égard de soi-même est l'unique vertu. Mais cela posé, on voit qu'une telle vertu va commander aux hommes des actes très différents, selon les circonstances extérieures qui les environnent, et selon l'état intérieur et individuel de leur volonté. L'instinct de grandeur commande une attitude commune, mais il ne peut spécifier quels actes déterminés devront être accomplis par tous. Car le même acte, vertueux pour celui-ci, parce qu'il implique contradiction de sa tendance dominante, sera vicieux pour celui-là parce qu'il implique, dans son cas particulier, un laisser-aller et une mollesse. Dans des circonstances pareilles, un timide rem-

(1) *Zarathoustra*, p. 101.
(2) *Zarathoustra*, p. 101.

porte une victoire sur lui-même et accomplit un acte de vertu en exprimant avec force sa pensée et sa volonté, un arrogant accomplit le même acte de vertu en tenant une conduite contraire. Il appartient donc à chacun de se créer sa moralité propre, c'est-à-dire de discerner quels actes comportent pour lui l'effort le plus grand, quels actes sont de nature à le surélever, afin de se prescrire ensuite ces actes.

§

Nietzsche, de son point de vue particulier, a formulé une morale particulière. Il la donne pour ce qu'elle est, il ne lui attribue pas une valeur universelle, mais il la signale comme pouvant convenir à ceux qui, gouvernés par l'instinct de grandeur, sont parvenus au même stade de l'évolution que lui-même, et sont entourés d'un paysage pareil de circonstances morales. Pour apprécier la valeur de cette morale, il faut donc rechercher l'état mental et philosophique sur lequel elle se fonde et en vue duquel elle se prescrit certains actes de préférence à d'autres.

Or, Nietzsche réalise, au début de sa vie morale, en vertu de son atavisme et de son éducation, l'idéal chrétien : le renoncement est pour lui l'acte le plus facile. La science de la Connaissance à laquelle il est parvenu, en le privant de l'illusion de la liberté, a fortifié d'un appoint intellectuel cette disposition morale. Enfin un état pathologique, engendrant la souffrance et réduisant sa vitalité à son minimum, lui montre en cette philosophie du renoncement la justification et l'interprétation la plus avantageuse de son inaptitude à vivre. Tout ce qui ruine et déprécie la Vie, qui en lui est amoindrie et qu'il ressent comme une douleur, doit être pour lui cause de joie et d'apaisement. Ce bilan étant établi, il est aisé de formuler la morale particulière que va prescrire la cruauté exercée sur soi-même à l'encontre d'une semblable disposition intérieure. Toutes les postures qui comportent contradiction de sa sensibilité vont devenir pour Nietzsche des vertus; elles seront pour lui, et pour tous ceux qui lui ressemblent, le moyen d'atteindre le surhumain.

Tout d'abord la vie que sa sensibilité de malade renie, il la veut plus intense. Pour qu'elle devienne telle, il émet le vœu que la concurrence entre les êtres se fasse plus redoutable, que les hommes soient plus différents les uns des autres, qu'ils instituent entre eux une lutte plus âpre pour la puissance. Voici donc aussitôt créée une morale en antagonisme absolu avec la morale esthétique d'une part que formula la science de la Connaissance, avec la morale chrétienne d'autre part. En réaction contre le pessimisme, symptôme moral du mal physique qui l'a déprimé, obéissant à l'instinct de conservation qui lui interdit « une philosophie de l'indigence et du découragement », Nietzsche va créer en lui et en l'homme la volonté d'aimer la Vie.

Dans sa peur de malade qui a vu la Vie près de s'éteindre, il lui faut condamner cette attitude contemplative du spectateur, — artiste ou savant — qui fut l'attitude vertueuse et triomphante de sa philosophie précédente, alors que l'Instinct de Connaissance, maître de sa pensée, interprétait l'univers selon le despotisme de son désir. C'est qu'en effet le spectateur ne fait rien pour le spectacle : il attend tout des acteurs. La science de la Connaissance elle-même n'a-t-elle pas d'ailleurs appris à Nietzsche que, pour instituer l'intrigue de la vie phénoménale, connaître n'est rien, vouloir la vérité n'est rien? Qu'est-ce donc qui vaut pour la Vie? Le *non-vrai*, répond la science de la Connaissance, le mensonge créateur du réel. Quel est le héros réclamé par la Vie? Celui qui apporte des goûts et des couleurs, qui met des valeurs dans les choses. C'est celui-là que Nietzsche appelle maintenant le philosophe.

Il faut lui accorder sa terminologie, tout en signalant en quoi elle diffère de celle dont on a coutume de faire usage. Pour Nietzsche, parvenu à cette dernière période de sa vie de penseur, celui qui découvre et décrit la science de la Connaissance pure, Kant entre tous, est un critique. Le philosophe, au contraire, est un homme d'action, il est celui qui impose à l'Univers une signification nouvelle. Interprétant cette conception de Nietzsche, M. Lichtenberger a dit excellemment : « Rien,... dans la Nature, n'a de valeur *en soi*, le monde de la réalité est une matière indifférente qui n'a d'autre intérêt que celui que nous lui donnons. Le vrai philosophe est donc l'homme dont la personnalité est assez puissante pour créer « le monde qui intéresse les hommes (1). » C'est, en effet, selon cette interprétation que Zarathoustra définit le rôle du philoso-

(1) *La Philosophie de Nietzsche*, p. 158.

phe : « Vous appelez volonté de vérité ce qui vous pousse et vous rend ardents, vous les plus sages. Volonté d'imaginer l'être, c'est ainsi que j'appelle votre volonté (1). »

La vertu du philosophe est donc d'engendrer des illusions fortes ; car de telles illusions donnent naissance à des appétits, à des désirs, à des aversions, à ce monde de la réalité qui intéresse les hommes. C'est de ce point de vue qu'il faut interpréter ces poèmes du *Zarathoustra* sur les *Savants* et sur l'*Immaculée Connaissance*, où le Créateur de valeurs nouvelles s'élève avec mépris contre le *connaisseur* dont toute l'énergie s'est concentrée dans le regard et qui refuse de prendre part au jeu de la Vie. Le connaisseur c'est cette oreille ou cet œil hypertrophiés auxquels est attachée une forme humaine minuscule, presque privée de vie, et Nietzsche nous montre ces savants objectifs, ces contemplatifs, ces consciencieux de l'esprit attendant « bouche béante les pensées des autres (2) », se glorifiant de ce qu'ils n'altèrent la réalité par l'apport d'aucune illusion. « Nous sommes entièrement réels, » disent-ils, « sans croyances et sans superstition. » « Vous êtes », leur répond Zarathoustra, « des réfutations mouvantes de la foi elle-même et la rupture de toutes les pensées. Êtres éphémères ; c'est ainsi que je vous appelle, hommes de la réalité... Vous êtes stériles, c'est pourquoi vous manquez de foi (3). »

(1) *Zarathoustra*, p. 159.
(2) *Zarathoustra*, p. 175.
(3) *Zarathoustra*, p. 166.

§

Mais si telle est la condamnation prononcée par Nietzsche, à l'époque où il formule la philosophie de l'Instinct de grandeur, contre les contemplatifs dont le crime est de ne pas participer à enrichir la vie de goûts et de couleurs, de passions et de désirs nouveaux, on conçoit quelle doit être sa réprobation à l'égard d'une entreprise qui attente contre la puissance même de la Vie, qui, comme le Christianisme, tend à ruiner et à amoindrir la Vie.

Du point de vue auquel Nietzsche s'est placé, il doit donc logiquement instituer une morale qui s'oppose en tous points à la morale chrétienne, perpétuée, que l'on y songe, si l'on veut distinguer où vont les sympathies et les aversions de Nietzsche, perpétuée, sous sa forme la plus pure, dans le protestantisme, puis dans la conception plus récente de l'esprit encyclopédique et révolutionnaire. En effet, et en hostilité immédiate, le premier principe de cette morale Nietzschéenne, proclame l'inégalité entre les hommes. « Ainsi me parle la justice, dit Zarathoustra : les hommes ne sont pas égaux. Ils ne doivent pas non plus le devenir. Que serait donc mon amour du surhumain si je parlais autrement? C'est sur mille ponts et sur mille chemins qu'ils doivent se hâter vers l'avenir et il faudra mettre entre eux toujours plus de guerres et d'inégalités : c'est ainsi que me fait parler mon grand amour (1). »

Proclamer l'inégalité entre les hommes, c'est faire

(1) *Zarathoustra*, p 137

simplement une constatation scientifique. Dans son amour pour ce qui est, en raison d'une déduction purement intellectuelle, Nietzsche doit donc prendre parti pour cette réalité, et il en résulte une condamnation logique prononcée contre la pitié dont l'effet va à combattre l'inégalité naturelle. L'instinct de grandeur, qui contraint Nietzsche à la cruauté à l'égard de soi-même, le détermine donc à prescrire également la cruauté envers autrui. « Devenez durs, tous les créateurs sont durs. » La pitié est l'écueil le plus redoutable auquel se puisse briser l'homme au cours de son ascension vers le surhumain. Toutefois, en dehors de cette contrainte logique, il est une autre explication plus profonde de cette condamnation de la pitié qui tient une si grande place dans l'œuvre de Nietzsche et blesse si vivement la sensibilité moderne. La contradiction de soi-même, qui est le principe de toutes les déterminations du philosophe, nous renseigne encore ici sur le mobile qui le décide. Concevons que Nietzsche proscrit la pitié parce qu'il ressent trop vivement la pitié, parce qu'il réalise trop parfaitement l'idéal de la culture chrétienne. Parvenu à triompher de sa propre souffrance, il demeure sans force contre la souffrance d'autrui. Sa sensibilité s'est transposée ; elle a maintenant ses racines dans les nerfs et dans le cœur du prochain. C'est là qu'il va falloir le torturer et qu'il faudra triompher d'elle.

C'est donc une nécessité, en quelque sorte physiologique, qui transforme la cruauté envers soi-même en une cruauté à l'égard d'autrui. Cette cruauté a pour principe une sensibilité trop aiguisée pour ce qui touche la souffrance du prochain. C'est le pitoyable qui redoute la pitié; mais celui qui est réellement dur n'a pas à se prescrire de le *devenir ;* il n'a pas à se mettre en garde contre la pitié, il l'ignore.

D'ailleurs pourquoi la cruauté, utile pour soi-même comme moyen de puissance, n'aurait-elle pas pour les autres la même efficacité? La faiblesse, la douceur trop grande, le pessimisme et la résignation nihiliste que Nietzsche a constatés en lui-même, à l'époque où sa vitalité descendit à son minimum, il en découvre les symptômes autour de lui et il leur donne pour cause commune le *phénomène chrétien.* Dès lors le christianisme lui apparaît comme une menace pour la Vie. La Vie, « ce qui veut toujours se surmonter soi-même », est arrêtée dans son élan vers la hauteur par la morale chrétienne. Le Christianisme, aux yeux de Nietzsche, est une maladie de la Vie, il est la plus grave des maladies de la Vie, car il compromet sa croissance : sous l'influence du Christianisme, la taille de l'homme va diminuant sans cesse. La médication qu'il avait adoptée d'abord pour lui seul, Nietzsche va donc la prescrire à l'humanité. Il va formuler pour l'humanité la loi de l'instinct de grandeur, et dénoncer comme mauvaises et dangereuses toutes les aspirations contraires à cet instinct.

§

L'aspiration la plus propre à mettre en péril la grandeur de l'homme, c'est l'aspiration vers le bonheur, puisqu'elle est incompatible avec le moyen de la grandeur, la cruauté à l'égard de soi : Nietzsche, après Carlyle, mais avec une bien autre violence, condamne tout eudémonisme. Afin de stigmatiser l'aspiration vers le bonheur, il en fait le lot des êtres les plus vils. C'est ainsi que Zarathoustra trace le tableau le plus méprisant des derniers hommes, qui ont inventé le bonheur, qui « ont abandonné les contrées où il était dur de vivre (1)». « Donne-nous le dernier homme », clame aussitôt la populace : le bonheur est le vœu de la populace. Mais les vertueux aussi sont une populace, et Zarathoustra les flagelle de ces paroles : « Vous voulez encore être payés, ô vertueux! Et maintenant vous m'en voulez de ce que j'enseigne qu'il n'y a ni rétributeur, ni comptable? Et en vérité je n'enseigne même pas que la vertu soit sa propre récompense (2) », et traversant la foule de ces hommes qu'il a vainement tenté d'élever au-dessus d'eux-mêmes, et jusqu'à lui, Zarathoustra constate : « Ils sont devenus plus petits et ils continuent toujours à devenir plus petits : c'est leur doctrine du bonheur et de la vertu qui en est cause (3). »

Cet eudémonisme qu'il condamne, Nietzsche le trouve dans le Christianisme, soit qu'il se trahisse d'une façon grossière dans la mentalité de l'esclave par l'espoir de félicités supra-terrestres, soit qu'il se montre chez l'ascète sous une forme négative, dans le fait du renoncement à la vie, dans une fuite

(1) *Zarathoustra*, p. 15.
(2) *Zarathoustra*, p. 126.
(3) *Zarathoustra*, p. 238.

loin de la douleur. « Ce qu'il y a de plus terrible maintenant, c'est de blasphémer la terre et d'estimer davantage les entrailles de l'impénétrable que le sens de la terre (1). » Ainsi parle Zarathoustra.

C'est donc, ici comme ailleurs, en réaction contre la sentimentalité chrétienne que s'élève la méthode d'endurcissement préconisée par Nietzsche, toute cette thérapeutique propre à susciter les énergies de la Vie et à les porter à leur paroxysme : nécessité de la douleur qui contraint l'homme à augmenter sa force pour dominer le mal, nécessité de la douleur, moyen du surhumain, et pour qu'il y ait beaucoup de douleur dans le monde, nécessité de la méchanceté, de la méchanceté de l'homme, moyen de douleur. « L'homme, dit Zarathoustra, doit devenir meilleur et plus méchant ; c'est ce que j'enseigne moi. Le plus grand mal est nécessaire pour le plus grand bien du surhumain (2). » Et Dionysos pense et s'exprime de même, Dionysos le dieu grec qui s'est pris à aimer l'homme pour son audace et son génie. « Je lui veux du bien, dit-il, je songe souvent aux moyens de le pousser en avant et de le rendre plus fort, plus méchant et plus profond qu'il n'est. » « Plus fort, plus méchant et plus profond ? » interroge le confident du Dieu. « Oui plus fort, plus méchant et plus profond — et aussi plus beau », répond Dionysos (3).

§

Dans ce système où la cruauté et la dureté sont

(1) *Zarathoustra*, p. 9.
(2) *Zarathoustra*, p. 407.
(3) *Par delà le Bien et le Mal*, p. 261.

des vertus, le vice le plus dangereux demeure donc la pitié, la pitié, avec toutes les vertus égalitaires préconisées par le Christianisme et admises parmi le troupeau des esclaves, telle cette douceur des faibles, qui « sont prévenants envers chacun et lui font du bien », « afin que personne ne leur fasse mal (1) ». Voici condamnée toute cette morale du renoncement, de la justice, de la peur qui rend de jour en jour les hommes plus petits, plus souffreteux, plus bas et convertit le monde en une demeure de malades. C'est sa pitié pour l'homme qui a tué le Dieu ancien. Pour que le surhumain soit, la pitié doit être surmontée. Que ceux-là meurent donc qui doivent mourir, que ceux qui souffrent et qui redoutent la Vie disparaissent de la Vie, ainsi du moins ils accomplissent leur destinée.

Le même point de vue engendre aussi la double conception d'une morale des maîtres et d'une morale des esclaves. La morale des maîtres est, d'un mot, celle des hommes qui affrontent la lutte instituée par la Vie pour la puissance. Le maître sait qu'il n'y a pas d'autre mesure entre les activités que la force ; il sait que la force fixe le rang et le degré de bonté. Il a, en tant qu'individu animé de désirs et de passions, une conception particulière de la Vie ; cette conception est sienne, il ne peut l'estimer selon le mètre d'aucun idéal précédemment inventé, mais nécessairement, parce qu'elle est sienne, il l'affirme à l'encontre de toute autre. La guerre décidera entre lui et ceux qui possèdent des concep-

(1) *Zarathoustra*, p. 240.

tions différentes. La guerre est la bonne épreuve, le seul concours impartial et juste, à vrai dire, le seul imaginable. C'est pourquoi Zarathoustra exige de ses guerriers qu'ils se réjouissent encore si leur ennemi a triomphé d'eux, car par ce triomphe le vœu de la Vie est accompli, la puissance appartient au plus fort, le meilleur se réalise. « Vous devez chercher votre ennemi et faire votre guerre, une guerre pour vos pensées. Et si votre pensée succombe, votre loyauté doit néanmoins crier victoire(1) ! » Pour que l'épreuve soit concluante, il faut que la guerre soit sans merci et exempte de pitié. Les seules vertus sont la bravoure et la cruauté, l'audace, la ruse, l'intelligence, toutes les manières d'être qui, selon les circonstances et l'âge des civilisations, sont les mieux qualifiées pour signifier *la force*. L'important c'est que l'être le plus fort impose sa pensée, sa conception de l'univers et que soient éliminés tous les faibles, les malades, tous ceux pour qui la vie serait souffrance et opprobre, *les mauvais*. « La guerre et le courage ont fait de plus grandes choses que l'amour du prochain. Ce n'est pas votre pitié, mais votre bravoure, qui sauva jusqu'à présent les victimes (2). »

En regard de cette morale des maîtres, voici le principe de la morale d'esclaves. Une faiblesse qui veut vivre contre la loi de la Vie se révolte contre la loi de grandeur instituée par la Vie. L'esclave est donc tenu de falsifier et d'intervertir toutes les valeurs. Ce n'est plus la force qui crée le bien ; le

(1) *Zarathoustra*, p. 58.
(2) *Zarathoustra*, p. 59.

bien existe par lui-même, et nécessairement il consiste en le contraire de la force, sans quoi l'esclave, qui est le plus faible, ne pourrait s'en emparer. La Vertu n'est donc plus de se précipiter au combat pour la conquête des choses les meilleures et de sacrifier sa vie pour les posséder. Les faibles seraient vaincus dans ce combat; la vertu est de renoncer aux choses les meilleures, afin que tous y renonçant, tous puissent ensuite se les partager *également*, afin que chacun en possède une petite part. La vertu c'est de supporter les offenses, de les pardonner, d'être humble, de se soumettre, afin que cet idéal du vertueux et du bon venant à prédominer dans l'humanité, l'état de guerre prenne fin où le plus faible est écrasé. Ainsi la morale d'esclaves tend à retrancher de l'humanité tout type supérieur; elle tend à rapetisser la taille de l'homme, à faire en sorte que la Vie, qui veut toujours se surmonter soi-même, aille toujours s'affaissant en dessous de soi-même. Interprétant d'une façon péjorative la morale chrétienne, Nietzsche a vu dans le Christianisme le type de la morale d'esclaves, et c'est pourquoi il a tourné contre elle toute sa haine d'amoureux de la grandeur de la Vie.

§

Ainsi, parti de cette conception d'un état actuel d'affaiblissement de la Vie manifesté ou causé par le phénomène chrétien, Nietzsche condamne la pitié et propose à l'homme supérieur, comme conséquence de la cruauté envers soi-même, la dureté à l'égard du prochain. Il est temps de rappeler ici que cette morale n'est, du point de vue de la philosophie de l'instinct de grandeur, qu'une morale de circonstance. La cruauté à l'égard d'autrui n'est, chez un être gouverné par l'instinct de grandeur, une conséquence de la cruauté à l'égard de soi qu'autant que cet être est parvenu au point de mettre sa meilleure jouissance dans le bonheur d'autrui, d'endurer sa plus vive douleur dans la souffrance d'autrui. La contradiction de soi-même exige alors la contradiction d'autrui et le plus grand danger pour l'être, individuel ou social, dont la sensibilité s'est ainsi extériorisée, est la pitié qui a causé la mort de Dieu. Mais le même principe exige une moralité toute contraire de celui dont les instincts sont entièrement tendus à leur assouvissement : à celui-là, que la considération de la douleur d'autrui ne retient pas dans son élan vers la puissance, la contradiction de soi-même, moyen de la grandeur, ordonne la bonté. « Que ta bonté, dit Zarathoustra, soit ta dernière victoire sur toi-même. Je te crois capable de toutes les méchancetés, c'est pourquoi j'exige de toi le bien (1). »

Cette remarque est de la plus grande importance pour dégager de la philosophie de l'instinct de grandeur la morale véritable qu'elle comporte et pour ne pas confondre cette morale supérieure avec l'application particulière que Nietzsche en a faite aux circonstances de son temps. L'attitude propre à l'Instinct de grandeur comporte en effet, à la fois, et cette morale de la dureté que Nietzsche a expo-

(1) *Zarathoustra*, p 164.

sée avec insistance, et une morale de renoncement engendrant un système de vertus fort semblables à celles que commande le Christianisme. Si Nietzsche a si violemment attaqué les vertus chrétiennes, c'est qu'en raison de l'appréciation qu'il porte sur l'humanité de son temps, elles lui paraissent avoir pour origine, non pas une énergie trop tendue, qui s'exhausse et s'accroît en se refrénant, en se construisant des écluses, mais une faiblesse qui s'humilie pour éviter des combats trop rudes, — non pas l'excès d'une force assez saine pour se coordonner, mais une anémie et une dégénérescence. Le précepte que l'on vient de citer sur la bonté imposée à celui qui est capable de toutes les méchancetés, ce précepte, qui n'est pas unique dans l'œuvre de Nietzsche, montre que la bonté et la pitié mêmes pourraient s'expliquer par une généalogie toute contraire à celle qu'il leur attribue dans le milieu actuel, et que, si elles se développent de nos jours parmi le troupeau des esclaves, elles pourraient surgir également, en vertu d'une autre filiation, dans le milieu des maîtres. Il en est de même du renoncement. Ce que veut l'homme, dit Nietzsche, « sous l'influence de la violente émotion, c'est toujours le grand, le violent, le monstrueux, et remarque-t-il par hasard que le sacrifice de soi-même lui donne autant ou plus encore de satisfaction que le sacrifice d'autrui, il choisit celui-là (1) ».

Ainsi conçue dans son essence, cette morale de l'instinct de grandeur comporte partout une appli-

(1) *Humain, trop humain*, p. 170.

cation. Mais cette application exige un discernement préalable. Qu'il s'agisse d'un individu, d'un groupe humain, d'une race, il n'est plus question de lui imposer, en guise de panacée, un traitement uniforme tel que celui de la morale chrétienne; mais il faut rechercher quel degré d'énergie vitale, c'est-à-dire d'égoïsme, anime cet être ou cette collection d'êtres; il faut ensuite, dans la mesure de cette évaluation et en raison de l'excès ou du défaut qui a été constaté, instituer une méthode propre à rétracter l'énergie sur elle-même ou à la développer contre l'extérieur. C'est ce que fait l'inconscient de chaque peuple ou de chaque race avec la religion qu'il adopte à l'époque de sa puberté : il mesure alors la puissance du frein qu'il se donne à la force de l'impulsion qui le meut. Par la suite, le frein s'use et laisse du jeu à la machine sociale, à mesure que l'énergie de la race, ayant intégré dans la coutume les actes d'utilité sociale, a moins besoin d'être contenue dans des limites auxquelles elle se restreint spontanément. D'où le danger de substituer dans une race un frein religieux construit pour un autre organisme à celui qu'elle s'est choisi en la période divinatoire de l'Instinct. Ceux-là seuls peuvent en douter qui, au lieu de considérer les religions et les morales comme des phénomènes physiologiques, leur supposent, qu'ils le confessent ou non, une origine surnaturelle.

§

A apprécier la philosophie de l'Instinct de grandeur en dehors de toute utilité particulière, fût-elle nationale ou ethnique, on voit qu'elle objective en une épopée l'une des deux tendances qui, se contredisant, constituent la vie phénoménale et sa représentation. Elle est le principe même du mouvement, d'une ascension sans limite et sans arrêt vers la hauteur. Si cette tendance existait seule et sans contrepoids, la vie, emportée dans un vertige vers le futur, ne s'objectiverait en aucun paysage, en aucun présent. Le phénomène serait aboli par la vitesse. Mais une autre tendance existe. Zarathoustra la nomme mon ennemi né, l'*esprit de lourdeur*. L'esprit de lourdeur, c'est la force d'inertie propre à tout ce qui est immobile et veut demeurer. Par l'effet de l'esprit de lourdeur combattant l'effort de l'Instinct de grandeur, la vie phénoménale s'attarde devant l'appareil de la conscience, où, à la faveur de ce ralentissement, s'inscrivent les paysages de l'histoire.

L'esprit de lourdeur a donc son rôle utile dans la représentation cosmique. Aussi a-t-il son protagoniste en tout esprit que satisfait l'heure présente. La philosophie de Nietzsche objective la tendance contraire. C'est là ce qu'il faut savoir pour en tirer parti et l'appliquer utilement. Partout où le mouvement de la Vie se ralentit, partout où se manifeste une déperdition de l'énergie, cette philosophie est propre à relever le pouls défaillant des activités. Elle apporte avec elle un principe d'accélération et un pouvoir de frénésie, elle est le moyen d'exaltation le plus efficace et le plus admirable. Elle est la chanson de gestes de la Vie célébrant la beauté, la force et l'agilité de son élan sans fin, enseignant le mécanisme de son ascension vers la hauteur et comment elle édifie par la contradiction d'elle-même les écluses où elle amasse son propre flux au-dessus du niveau ancien.

MÉTAPHYSIQUES ET MORALES DU POINT DE VUE DE LA CONNAISSANCE

Reconnaître le non-vrai comme condition de vie
(*Par delà le Bien et le Mal*)

I Les métaphysiques et les morales ne relèvent pas d'un critérium de vérité, mais d'un critérium de réalité. — II. Réalité des métaphysiques. Les religions et l'hypothèse. — III. Réalité du phénomène moral : Attitude d'utilité d'une physiologie. Les fictions où il s'exprime : la religion, la coutume et la littérature. — La conscience scientifique, dernier effort d'une physiologie pour promulguer ses attitudes d'utilité. Son rôle protecteur. — En contraste avec la mentalité scientifique, le rationalisme : une maladie de l'énergie et un danger pour la Connaissance.

Avec la première partie de la philosophie de Nietzsche, le but vers lequel se dirigeait cette étude a été atteint déjà. La philosophie de la Connaissance, ruinant les anciennes idées métaphysiques, a été réalisée dans sa perfection nihiliste, et le mécanisme de la vie, démonté, n'a plus laissé voir, — avec la croyance à une vérité étreignant la substance des choses, avec la foi en une finalité universelle — que le principe d'illusion qui instituait son mouvement.

Il est temps de poser maintenant les questions qui avaient été retenues jusqu'ici pour laisser cours à ces libres déclarations de l'Instinct de Connaissance, affranchi de toute servitude et maître de son domaine spirituel : une explication de l'Univers propre à calmer l'inquiétude métaphysique demeure-t-elle, d'une part, possible? D'autre part, comment vivre? Une morale peut-elle être constituée et sur quelles données?

La réponse à ces questions se fonde sur la distinction essentielle établie par la Critique, entre la Connaissance, en tant qu'elle s'appréhende elle-même, et la Connaissance en tant qu'elle appréhende l'Etre. La Connaissance, en tant qu'elle s'appréhende elle-même, se laisse définir en un système de lois qui nous renseignent à la fois sur son mécanisme formel et sur les modes indéfinis selon lesquels elle appréhende l'Etre. Ces lois se livrent dans leur totalité, il est impossible de les concevoir autres qu'elles ne sont, elles se montrent partout en harmonie avec elles-mêmes, elles sont partout identiques. C'est en raison de cette identité universelle et de ce caractère de nécessité qu'on les déclare *vraies* et que toute science, au cours de laquelle la Connaissance se décrit et s'appréhende elle-même, est dite soumise à un critérium de Vérité.

Il en est autrement de la Connaissance en tant qu'elle appréhende l'Être et elle prend soin, ainsi qu'on vient de le noter, d'en informer l'esprit au cours de la description qu'elle fait de son mécanisme. On est donc averti que l'Etre ne se révèle à la Connaissance que partiellement, qu'il reste mystérieux, dans ses origines et dans sa fin. Ce qu'il laisse saisir de lui-même, il le divulgue dans la sensation. La sensation est pour la Connaissance la pénombre de laquelle s'élève le monde extérieur avec l'appétit qu'il excite. Elle est, selon l'expression de Nietzsche, « le poids, la balance et le peseur ». La Connaissance ne fait donc rien de plus qu'interpréter, selon la forme de ses lois, ce que l'Être livre de lui-même dans la sensation, et ces lois, situant l'objet de la sensation dans le temps et dans l'espace, le soumettant au mécanisme de la causalité, ont précisément pour effet, respectueuses du mystère où l'Etre se dérobe, de soustraire l'objet et le désir qu'il entraîne à toute détermination et à toute construction définitives; elles ont pour effet de rendre à jamais insaisissables dans son entier, dans son principe et dans sa fin, l'objet et le désir qu'elles dispersent, par le geste même par lequel elles les étreignent, dans le monde de la diversité irréductible à l'identique. Impuissante à saisir l'Etre en sa totalité dans la sensation, à plus forte raison la Connaissance est-elle impuissante à le susciter, à le façonner, à exercer sur lui une action impérative. Car elle ne possède aucun de ces pouvoirs sur la sensation où l'Etre se laisse entrevoir selon qu'il lui convient : elle ne la crée ni ne la détermine en quantité ou en qualité.

Tandis que le monde de la Connaissance relève expressément du concept de Vérité, le monde de l'Etre ne souffre donc jamais l'application de ce concept. C'est pour marquer fortement cette différence que Nietzsche a donné pour condition à l'Etre le *non-vrai*. Aussi faut-il entendre par le *non-vrai* tout le contenu de la Connaissance par opposition à sa forme. Le *non-vrai* c'est ce qui ne supporte aucune explication intégrale, ce qui se dérobe à tout pourquoi et c'est aussi tout le réel, c'est la sensation dans son essence intangible, c'est l'objet, le goût, la vision, le désir, tout ce qui emporte lutte, conflit, appréciation, et fixation de valeurs.

Or toutes les erreurs et tous les malentendus propagés involontairement ou d'une façon préméditée par la philosophie ont pour cause l'application à l'une de ces deux catégories — être et connaissance — du principe qui régit l'autre. C'est ainsi que les métaphysiques et les morales qui dépendent de la catégorie de l'Etre ont été transportées dans la catégorie de la Connaissance. En raison de cette confusion, on a voulu les réduire à une identité qu'elles repoussent expressément, on a voulu les apprécier et les juger au moyen d'un critérium de vérité dont elles ne relèvent aucunement et qui ne saurait les atteindre. Cett confusion est l'œuvre du rationalisme. Ce terme cependant ne devrait pas désigner autre chose que le système logique des lois de la raison; mais il a été détourné par l'usage de son sens authentique au point que l'on est contraint de n'y plus voir que l'erreur grossière qui y fut introduite et qu'il n'a plus d'autre emploi que de la désigner.

Si l'on persistait à situer, avec le rationalisme, les métaphysiques et les morales dans le monde de la Connaissance formelle, comme il est impossible d'établir leur vérité, il serait nécessaire de nier qu'elles existent. Mais la philosophie de la Connaissance ne saurait consacrer pareille confusion. Elle les retire donc de la Catégorie formelle où vainement on a cru les reléguer et, les considérant sous la catégorie d'existence, elle les regarde, non plus sous le jour de la vérité, mais sous le jour de la réalité — et les découvre aussitôt.

Partout en effet où la vie humaine apparaît, elle se montre accompagnée de métaphysiques et de morales. Les métaphysiques et les morales se manifestent ainsi comme les attributs d'une énergie donnée, à ce titre comme des réalités. Il n'y a pas à s'enquérir si elles sont vraies, — s'enquérir si une réalité est vraie ne comporte aucun sens, — mais à déterminer leur nature et les conditions sous lesquelles elles se produisent. Or on les voit indissolublement liées à une énergie physiologique en dehors de laquelle elles n'ont point d'existence. Il en faut déduire qu'à cette énergie physiologique appartient la réalité véritable, la qualité, la quantité et le pouvoir d'engendrer des effets. Les métaphysiques et les morales sont les ombres où se représentent, dans le monde de la mentalité et de la motivation, cette qualité, cette quantité et ce pouvoir de causalité du réel. Ainsi peut-on les définir des réalités mythologiques, des fictions aussi, en ce sens que toute représentation diffère par nature de l'objet qu'elle représente et n'est jamais une adéquation. Mais par suite d'une inversion qui est l'essence même du monde moral, c'est d'après cette représentation mythologique, où le réel nous apparaît, que nous apprécions le réel; c'est à ces ombres portées que, pour la facilité du langage, nous attribuons le pouvoir effectif qu'elles figurent. Ce qu'il nous faut donc considérer dans les métaphysiques et les morales, c'est leur harmonie logique d'une part, qui atteste l'harmonie et l'équilibre de l'énergie physiologique qu'elles représentent; c'est, d'autrepart, leur efficacité à déterminer des croyances et des actes utiles qui témoignent de la force et de la santé de cette énergie. Or, cette efficacité se mesure à leur pouvoir d'illusionner. C'est donc en ce pouvoir d'illusionner que consistent l'importance et la réalité véritable des métaphysiques et des morales; c'est là qu'en bon connaisseur de fictions, d'ombres et de mythologies, il les faut regarder pour apprécier à ce symptôme la valeur de la réalité physiologique qu'elles figurent.

II

Des considérations qui viennent d'être exprimées il résulte que les lois formelles de la Connaissance ne sont point qualifiées pour engendrer des métaphysiques et des morales, et que, si des métaphysiques et des morales existent, c'est dans le monde de la réalité historique et psychologique qu'il les faut rechercher.

En ce qui touche aux métaphysiques, l'histoire consultée répond qu'une explication de l'Univers et la foi qu'elle exige pour satisfaire l'inquiétude de l'esprit n'ont jamais fait défaut aux activités humaines assemblées en groupes sociaux. Dès que se manifeste le besoin de cette explication, elles trouvent en elles-mêmes la force de l'engendrer et de l'accepter, car elles possèdent alors un pouvoir d'hallucination proportionné à leur ardeur. C'est ainsi que les religions suscitent avec précision les paradis et les mythes sacrés. Or les holocaustes, les martyres et les guerres saintes témoignent, avec abondance, de la foi que ces inventions soulèvent. Plus tard, aux esprits moins tendus ou qui plutôt, sous l'action de la Connaissance, ont compensé en besoin de lumière ce qu'ils perdaient en force de désirer, des croyances aussi strictes ne sont plus nécessaires. Il leur suffit de savoir que leur conception du monde n'est pas en désaccord avec les lois de la Connaissance. Une métaphysique pour eux n'est plus qu'une explication de l'Etre selon le vœu d'un tempérament. Si bien faite qu'elle puisse être et si harmonieuse, elle ne saurait jamais devenir vérité et objet de foi absolue. Elle demeure une hypothèse. Comme telle elle possède pourtant une vertu apaisante pour l'esprit clairvoyant qui trouve en elle un équilibre et à qui la certitude offerte en des matières qui ne l'admettent pas ne saurait apporter que malaise et inquiétude.

On a vu Nietzsche donnant du monde une explication circonscrite dans l'intérieur du phénomène, justifier et glorifier l'Etre comme phénomène esthétique. Or, cette explication est entièrement valable pour tout être dont l'énergie, impuissante à s'objectiver en l'illusion d'un bien suprême et d'une finalité, éprouve avec force l'émotion de beauté. Cette émotion, qui s'érige en raison d'être et en sujet de l'Univers fournit alors à l'esprit et à son pourquoi la réponse et le principe d'explication dont il est avide.

D'ailleurs, et de ce que Nietzsche s'est interdit de donner une explication de l'Univers en dehors des limites du phénomène, suit-il qu'une telle explication soit interdite? L'existence phénoménale a-t-elle un envers? Une chose en soi est-elle possible? C'est là en somme l'interrogation la plus anxieuse adressée par l'esprit à la philosophie de la Connaissance. Or cette philosophie ne saurait nier qu'une chose en soi ne soit possible non plus qu'elle n'en saurait affirmer la réalité: la chose en soi, à supposer qu'elle existe, est inconnaissable pour elle-même, telle est la seule proposition que formule sur ce point la philosophie de la Connaissance. Les interprétations de l'Hindouisme et de Schopenhauer demeurent des hypothèses possibles, sous la réserve de cette restriction, qui les situe hors de tout état de connaissance, et que d'ailleurs elles impliquent. Or cette restriction, malgré l'effroi que tout d'abord elle cause, est seule propre à rassurer ceux dont l'aspiration métaphysique s'exerce à la lumière et sous le contrôle de l'Intellect. A ceux-ci les lois de la Connaissance sont connues; ils savent qu'elles n'engendrent rien d'achevé, rien qui comporte avec une construction finie un apaisement et une solution. Ils savent que c'est en retirant la solution métaphysique, ainsi que sa nature l'exige, du domaine de la Connaissance, en la scellant de la pesanteur du mystère, qu'elle échappe à toute puérilité en même temps qu'à la loi d'insatiabilité qui régit tout désir.

III

Au retour de cette exploration dans le domaine métaphysique, on entend formuler cette question plus immédiate : la philosophie de la Connaissance engendre-t-elle la morale ? Mais on sait maintenant que cette question peut être posée par ceux-là seuls qui, à la manière théologique, voient dans la faculté de connaître les sources de la vie, dans une catégorie de la raison le principe de la morale et dans la vérité la cause du réel. La philosophie de la Connaissance, ainsi qu'on vient de l'exposer, a précisément pour objet de mettre l'esprit en garde contre ces confusions. Elle ne peut donc avoir de réponse pour une question posée en ces termes et grosse de la préoccupation théologique qu'elle dissimule.

Mais comme elle a fait pour les métaphysiques elle regarde la Vie et constate que des morales existent. Le phénomène moral se révèle comme un fait ; il est une réalité au même titre qu'une variété végétale ou qu'une espèce animale. A ce titre, il peut être l'objet d'une science d'observation et il y a lieu de se préoccuper de son essence, de son origine, des conditions de son existence, de ses différents types, des modes de son évolution.

Dans cet ordre d'idées, on remarque que toute société humaine, passée l'époque de la pure spontanéité, se commande à quelque moment de son évolution une série de prescriptions propres à entretenir sa santé et sa force; que l'ensemble de ces prescriptions diffère d'une société à une autre, mais qu'il ne fait entièrement défaut à aucune et qu'il est partout la première manifestation du fait moral. On définit donc une morale une attitude d'utilité particulière à une physiologie donnée. Il en faut déduire aussitôt qu'il n'existe point de morale qui n'ait pour racine une physiologie déterminée, individuelle ou ethnique.

On remarque ensuite que toute activité sociale qui formule sa morale engendre en même temps les mensonges nécessaires pour la rendre efficace. Les plus habituels de ces mensonges sont la croyance que la morale propre à la race est supérieure à toutes les autres races, — la présomption étant un attribut de tout ce qui est vivant, — puis, la croyance au libre arbitre et à la responsabilité qui en découle. Une philosophie qui tient le non-vrai pour une condition de vie n'a pas lieu de s'étonner lorsqu'elle voit la Vie engendrer des fictions. Pour apprécier ces fictions et juger de leur valeur, elle s'inquiète seulement, a-t-on dit, de rechercher si elles ont le pouvoir d'illusionner et à quel point. L'imagination d'un souverain bien, la croyance à la liberté dont la philosophie de la Connaissance a établi le caractère illusoire, alors qu'un faux rationalisme s'efforçait de les imposer comme des vérités, sont donc considérées par la philosophie de la Connaissance, du point de vue d'une science d'observation, traitant du réel et non du vrai, comme des éléments caractéristiques du phénomène moral à ses débuts dans la plupart des sociétés.

Poursuivant d'un tel point de vue cette enquête, on constate que ces éléments du fait moral se manifestent à l'origine et d'une façon presque universelle sous la forme de religions. Qui s'intéresse à la science du phénomène moral doit donc étudier les religions avec un soin minutieux. Or, par leur variété et par leurs nuances, en harmonie avec la diversité des races et des groupes humains, elles témoignent de leur caractère physiologique. Mettant à profit ce témoignage, on remarque que le groupe social n'est propre à donner naissance à une religion qu'à une époque déterminée de son évolution. Comme les autres phénomènes naturels, comme la fermentation du vin nouveau sous les douves, comme la crise de la dentition chez l'enfant, comme la crise de la puberté chez l'adulte, le phénomène religieux se produit dans un groupe humain, à une date précise.

A mesure que le groupe s'éloigne de cette date, la loi religieuse perd sur lui son empire et les fictions qu'elle avait instituées perdent leur pouvoir d'illusionner. Le philosophe qui observe le phénomène moral avec une impartialité scientifique et ne fait point métier, selon la guise des moralistes de profession, de l'inventer, de le fabriquer et de le débiter, ce philosophe ne blâme pas la Vie de ce qu'il en est ainsi. Un vin qui vieillit se dépouille ; en même temps il gagne en parfum ce qu'il perd en degré. La religion qu'un peuple s'est donnée perd de même la force par où elle contraignait les volontés ;

en même temps les attitudes qu'elle ordonnait, enregistrées maintenant par l'atavisme, deviennent chez les individus des dispositions naturelles. Lorsque ces vertus sont devenues natives, il serait dangereux sans doute qu'elles fussent commandées avec la rigueur d'antan : car aucune de ces vertus n'est bonne en soi et d'une façon absolue. Elles ne valent que pour s'opposer à une tendance contraire dont l'exagération serait nuisible à l'organisme social et irait au gaspillage de sa force. C'est ainsi que la chasteté absolue pratiquée par un groupe humain mettrait ce groupe en péril de mourir ; mais, prescrire la chasteté à des tempéraments trop emportés vers la volupté, c'est seulement les garantir contre un épuisement prématuré, et c'est aussi rendre possibles entre les hommes des associations dont la lutte trop ardente pour la possession des femmes irait à compromettre l'existence. La religion, a-t-on constaté précédemment, n'a d'autre valeur que celle d'un frein, il est bon que le frein se proportionne à l'impulsion de la force dont il a pour but de régulariser l'exercice ; il est bon que ce frein s'use et perde de sa rigueur à mesure que de soi-même s'adapte et se restreint à sa tâche utile la force d'impulsion dont il devait régler l'élan. Il en est de l'esprit de renoncement comme il en est de la chasteté. Le renoncement n'est pas bon en soi pour la Vie ; il n'a de valeur que dans la limite où il empêche l'égoïsme de courir à sa propre perte, soit, parmi un groupe social, dans la mesure où il est nécessaire pour permettre aux individus du groupe de se coordonner. Mais s'il dépasse cette limite, il va mettre ce groupe en état d'infériorité vis-à-vis des sociétés voisines où règne un moindre esprit de renoncement.

A mesure que les vertus morales d'une société se transposent dans la coutume, il semble donc utile que la religion qui prescrivait ces vertus voie diminuer son pouvoir effectif. En fait, d'ailleurs, il en est ainsi et c'est également une loi physique qu'un corps perde sa chaleur dans la mesure où il la communique à un autre.

Ainsi que Carlyle l'a fort bien senti, lorsqu'un groupe social a dépassé l'époque où il est apte à produire le phénomène religieux, le principe moral qu'il renferme encore s'objective d'une part dans la coutume; il s'exprime et se traduit aussi dans l'œuvre littéraire : sans l'entremise d'aucune fiction, une sensibilité, forte et nationale, interprète d'une façon supérieure l'idéal commun aux individus d'un même groupe ; à la manière d'une suggestion dans un milieu propice, elle agit directement sur d'autres sensibilités parentes, pour les fortifier, les exalter ou les affiner.

Donc, les morales existent. Loin que la philosophie de la Connaissance les conteste, elle les tient pour des réalités physiologiques essentielles et les montre se manifestant tour à tour, aux divers âges d'un groupe social et d'une façon concrète, dans la religion, la coutume et la littérature. Mais comme toute chose vivante, la morale est spontanée; elle se développe, en dehors de toute intervention préméditée de l'esprit humain et la philosophie de la Connaissance lui reconnaît ce caractère : aux moralistes volontaires qui lui reprochent de ne pouvoir fonder une morale sur ses propres principes, elle répond qu'elle ne revendique pas ce rôle s'il ne lui est pas destiné. Il est possible qu'à l'époque où elles parviennent à la philosophie de la Connaissance les intelligences des hommes aient dépassé la période où une morale émane d'elles. Cela établirait simplement que le savant ne doit point rechercher le phénomène moral en cette période du développement humain. Peut-être en faudrait-il conclure aussi que les intelligences situées à un point de vue de pure connaissance n'ont pas besoin d'une morale en dehors de cette attitude esthétique où on les a vues se complaire à un détour de la philosophie de Nietzsche. Il n'en resterait pas moins établi par la philosophie de la Connaissance que le phénomène moral existe et que les activités lui donnent naissance dans des conditions déterminées, sous des formes diverses et successives.

§

Est-il acquis toutefois que la philosophie de la Connaissance exclue chez ceux qui la possèdent toute action moralisatrice sur le groupe auquel ils appartiennent, sur le groupe qui a favorisé et permis leur croissance. « Tout est nécessité, dit Nietzsche, ainsi parle la science nouvelle, et cette science elle-même est nécessaire (1). » Or, la philosophie de la Connaissance, production dernière et la plus raffinée d'une physiologie, engendre nécessairement à son

(1) *Humain, trop humain*, p. 132.

tour ces esprits libres qui, entièrement dégagés du préjugé religieux de la Vérité, considèrent la morale comme une science d'observation et le phénomène moral comme un phénomène d'utilité. Aux époques de civilisation avancée, alors que la religion particulière à une société voit diminuer son pouvoir d'illusionner, alors que la coutume se voit contester son empire, alors que le goût étranger menace d'altérer par l'invasion de son art et de sa littérature la sensibilité particulière du groupe, l'intervention de ces esprits libres est seule capable de retirer des fictions anciennes prêtes à sombrer, tout ce qu'elles contenaient d'utile et d'essentiel. Seuls, ces esprits parce qu'ils sont indemnes, ainsi que de toute autre croyance, de la croyance nouvelle à la Vérité, ne tiennent pas rigueur à ces fictions de ce qu'elles ont cessé de paraître vraies. Sous leur travestissement idéologique de vérités, dont ils ne furent point dupes, ils n'ont jamais manqué de reconnaître leur réalité physiologique. Elles seront donc pour eux des documents auxquels ils auront recours pour définir et reconstituer l'ensemble des attitudes d'utilité particulières à la race et qui composent sa morale. Ils restitueront ainsi au groupe, menacé d'une dissociation, un idéal de lui-même, un exemplaire de son type normal propre à le fortifier. Il apparaît alors qu'avec la philosophie de la Connaissance, l'énergie physiologique de la race, si elle ne crée plus une morale dont elle a déjà engendré tous les éléments, se donne avec la conscience de l'esprit scientifique un moyen nouveau de s'objectiver. Dans une société où la mentalité supérieure que l'on vient de décrire serait devenue prépondérante, il est vraisemblable que cette considération d'un type normal, représentatif de la beauté et de la santé du groupe, se montrerait pourvue d'une efficacité égale à celle des fictions anciennes pour tirer de l'énergie sociale son plus grand effort. Pour qui tient avec Nietzsche le non-vrai comme une condition de vie, ce pourrait être l'objet d'une recherche nouvelle que de déterminer le mensonge, ou tout au moins le principe d'illusion, en lequel s'objectiverait ce point de vue scientifique et auquel se reconnaîtrait son efficacité.

Cette hypothèse d'un groupe humain où serait réalisée communément, cette mentalité impartiale peut-elle être considérée comme possible? C'est là un pronostic hasardeux à formuler. Ce que l'on peut constater, c'est que cette mentalité existe déjà de nos jours parmi une élite dans tout groupe humain de civilisation supérieure. On observe, en effet, que, dans l'intérieur d'un même groupe, les fictions successives où se représente la morale, ne se remplacent pas brusquement les unes les autres : il arrive que les plus anciennes se transforment pour une part en les plus récentes et persistent à côté de celles-ci. La religion se mue en la coutume et chez les plus intellectuels se formule en conscience scientifique; mais après que cette dernière métamorphose s'est produite, la religion et la coutume continuent d'exercer leur empire sur une part plus ou moins grande du groupe social, et il est bon que tous ceux qui trouvent encore en ces modes anciens de l'illusion l'aliment qui leur convient n'en soient pas privés. C'est ainsi qu'une même physiologie ethnique réalise par des modes en rapport avec l'évolution intellectuelle des individus qui dépendent d'elles une même attitude d'utilité. C'est donc un fait favorable à la santé et à la vigueur d'un groupe social que les modes représentatifs de sa morale, différents en degré au point de vue de l'évolution intellectuelle, coexistent et pourvoient aux besoins de la nation tout entière; mais il est d'une importance suprême que tous ces modes émanent de la physiologie même de la race et ne laissent pas place, à l'état du moins d'influences prépondérantes, à des modes enracinés dans la physiologie d'une autre race. Or, c'est, dans chaque société humaine, au groupe le plus avancé, à celui qui a pris une conscience scientifique des attitudes d'utilité de la race, qu'il appartient de veiller à ce qu'aucun élément étranger ne vienne compromettre la vitalité de la race, et jeter l'anarchie dans son organisme. C'est là dans le domaine de l'action, la tâche la plus immédiate et la moins douteuse de ce groupe purement intellectuel. Seul indemne de tout préjugé religieux, il est seul capable d'apprécier la valeur organique du préjugé religieux. Il devra donc prendre soin que la religion particulière adoptée par la race à l'époque où elle a fait sa fermentation religieuse demeure religion d'état, celle offerte à tous ceux-là dont le cerveau est conformé de façon à puiser encore dans la fiction religieuse l'aliment moral particulier à la race. C'est le fait d'une basse sentimentalité philosophique d'imaginer que les religions diffèrent entre elles par le degré de leur vérité, qu'elles aient une réalité véritable une fois détachées de l'organisme ethnique qui les a produites. Mais tous les esprits scientifiques, à quelque groupe qu'ils appartiennent, savent que la religion est un fait physiologique, en sorte qu'un peuple qui se laisse imposer la religion d'un autre peuple est un peuple vaincu par un autre dans son intimité physiologique.

Le groupe le plus intellectuel de toute société veillera avec le même soin à la conservation de la coutume parce qu'elle est un deuxième état de la morale. Il est vrai que l'ampleur de l'Intelligence consiste à *connaître*, c'est-à-dire à se donner en spectacle, un grand nombre d'attitudes mentales différentes, attributs d'une infinité d'organismes; mais la force et la santé de l'Intelligence, et sa vertu critique, consistent à ne pas perdre de vue que *connaître* et *vivre* sont deux choses et que s'il est intéressant de savoir comment respirent un oiseau ou un poisson, on ne respire soi-même qu'avec ses propres poumons, qu'aussi on ne persiste dans l'existence qu'au moyen de son propre organisme moral. Les esprits scientifiques seront donc tenus en raison du mécanisme impérieux qui les gouverne et à l'encontre au besoin de toute admiration contraire, de préconiser pour la race à laquelle ils appartiennent la religion, la coutume, la littérature, la langue qui se sont développées sur la souche physiologique en vertu d'une loi naturelle, supérieure à toute logique verbale.

L'attitude la plus contraire à l'esprit scientifique

dont la philosophie de la Connaissance tend à assurer la suprématie, c'est ce faux rationalisme institué par Kant avec la *Critique de la raison pratique* et auquel se sont attachés avec fanatisme tous les malvenus de la mentalité, tous les impuissants dont l'énergie, contrefaite et bâtarde, ne sait s'objectiver ni en la rigueur de la foi, ni en la perfection de la coutume, ni en l'impartialité de la conscience scientifique, tous ces esprits infantiles dont la puberté religieuse retardée se manifeste et bourgeonne en une moralité intolérante, en une religiosité inquiétante et louche à un âge de l'évolution qui ne comporte plus ces phénomènes. Tandis que les diverses religions positives de l'humanité, filles de la révélation, au temps où la révélation était féconde, offrent l'apparence d'êtres conçus selon le vœu des lois naturelles et selon la logique de l'anatomie mentale, tandis qu'elles montrent encore, avec la beauté logique du squelette, les secrets de leur construction, la religion rationnelle, avec son aspect de monstre hybride, a sa place marquée au musée secret de l'anthropologie philosophique.

Pourtout ce faux rationalisme avec la morale universelle qu'il engendre, promulgué par Kant, favorisé par les philosophes de l'Encyclopédie, résurrection spectrale du phénomène chrétien avec la Révolution française, a été la menace de ce siècle et sa grande maladie. Il faut le tenir pour un symptôme d'anémie et pour un mal de langueur dans tous les groupes sociaux où il s'est manifesté. Car c'est par défaut de force qu'une physiologie ne se traduit plus en les attitudes d'utilités qui lui sont propres et qu'elle croit se reconnaître en un fantôme idéologique dépourvu de réalité. C'est lorsqu'elle est impuissante à engendrer une représentation d'elle-même qu'elle se conçoit autre qu'elle n'est, se reconnaît en des reflets étrangers et, par cette fausse conception, se renie et se supprime.

Le fantôme rationaliste est particulièrement dangereux dans tous les pays où le christianisme s'est manifesté sous la forme catholique; car il emprunte son apparence vitale et les oripeaux de sa morale universelle à une autre forme religieuse plus voisine du christianisme primitif, à la forme protestante, expression d'une réalité physiologique véritable. Sous couleur de rationalisme, c'est un protestantisme déguisé qui s'offre à la mentalité des races catholiques, et lorsqu'il s'impose il marque, ainsi qu'on l'a noté, la victoire d'une physiologie sur une autre: son triomphe équivaut, pour la race qui le subit, à une défaite sur un champ de bataille. D'ailleurs, il ruine ici toutes les sources de la morale. Car arrachant les racines de la religion et de la coutume, avilissant la tradition où l'esprit scientifique saurait retrouver, et pour les reconstituer en une synthèse, les éléments vitaux du groupe social, il propose à des races d'une haute maturité intellectuelle, en France ou en Italie par exemple, un mensonge grossier et mal apprêté qui ne saurait avoir de prise sur elles.

Moins dangereux pour l'énergie sociale dans les pays de race protestante, il est ici plus spécialement un péril pour l'esprit. Car, se confondant, par son enseignement moral, avec la religion et la coutume ancienne, et sous couleur d'interpréter dans un sens plus libéral la religion et la coutume, il retient en ces modes du passé quelques intelligences dont une rigueur plus stricte eût aiguisé l'impatience, leur communiquant l'élan nécessaire pour bondir, par delà les fictions anciennes, dans la région de l'esprit scientifique.

On veut croire ici que la régression religieuse dont le rationalisme, sous les formes, souvent, de la libre pensée, menace encore de retarder le cours de l'évolution intellectuelle, sera enrayée. A côté de l'admirable lignée de savants qui ont été, en notre pays et en des nations voisines, l'honneur de la pensée humaine au cours de ce siècle, l'œuvre géniale d'un Frédéric Nietzsche est aussi un symptôme d'heureux augure. Cette œuvre manifeste que si le rationalisme a plus de prise sur les races protestantes et menace leur plus haut développement, ces races produisent des esprits assez vigoureux pour opposer au mal une violence proportionnée à sa force. A la fin de ces pages consacrées entièrement à analyser les symptômes de ce mal rationaliste qui guette les débiles à l'issue de la religion et de la coutume, on propose l'œuvre de Nietzsche comme le contre-poison le plus efficace à opposer à une éducation bassement sentimentale de la raison, comme le sel le plus propre à purifier l'atmosphère de l'esprit. En assainissant, après Schopenhauer, la *Critique de la raison pure*, en lui restituant son sens intégral et toute sa force de destruction, en s'opposant d'autre part au pessimisme, en montrant, par delà les ruines de l'ancienne métaphysique, la Vie continuant avec plus d'ardeur son évolution, par-dessus tout, en enseignant la valeur du non-vrai, Nietzsche a réconcilié pour un temps l'Instinct de Connaissance avec l'Instinct vital. Il rend possible par ce contrat provisoire, en faisant accepter une philosophie de la Connaissance pure, le règne d'une modalité scientifique qui, parmi toutes les formes de l'illusion, semble la plus nouvelle et la plus riche en promesses, celle qui inspirant le plus de confiance à l'élite de l'humanité, semble la plus apte à assurer des réalisations nouvelles et curieuses du phénomène Vie.

TABLE

ACHEVÉ D'IMPRIMER

le vingt-trois février mil neuf cent

PAR

BLAIS ET ROY

A POITIERS

pour le

MERCVRE

DE

FRANCE

Poitiers. — Imprimerie du Mercure de France, BLAIS et ROY, 7, rue Victor-Hugo.

www.ingramcontent.com/pod-product-compliance
Ingram Content Group UK Ltd.
Pitfield, Milton Keynes, MK11 3LW, UK
UKHW020236180726
13839UKWH00001B/12